U0811908

移动互联网时代的媒介素养概念和课程建设

The Concept and Course Development of
Media Literacy in the

ERA OF MOBILE INTERNET

张 洁　张丽荣　温建新　徐 雯 ◎ 编著

中国传媒大学出版社
·北京·

前 言

科学研究要理论联系实际。

实践是检验真理的唯一标准。

已经不记得是何时、在哪学到的这些名言了。但有人说能作为名言流传的事，通常是人们很难做到的事。可能就是因为又重要、又正确，但又很难做到，所以才会被当作至理名言广为流传吧。确实，在我努力开展媒介素养实践研究多年后，越发觉得这两句话无比的正确，但要做到确实不易。

开展实证研究对被视为人文社会学者的媒介素养教育研究者来说很难。不知有多少选择读传播学专业媒介素养方向的研究生以为，所谓的研究生生活就是每天到环境优雅的图书馆里，觅一处铺满阳光的书桌，伴着一杯香气宜人的咖啡，优哉优哉地阅读、批判。所以每次招募研究生时，我都要花很大的力气向学生解释："我们的研究方式是每周至少花2—3天时间泡中小学，反复观察老师上课，自己努力设计课，自己给中小学生讲课，当然还得开发测量工具，收集数据、分析数据……中小学通常在早上8:00就开始上第一节课，如果我们要赶去某些路途遥远的学校听课或上课，那意味着早上5:00就得起床。哦，对了，帮教师摆放桌椅，帮忙在课后打扫卫生……这些也常是我们的工作内容。"当我一口气把自己的日常生活详细介绍给学生后，他们通常满脸惊愕。甚至还有一些先期加入研究团队的学生跟我说："老师，我以为你当初是骗人的，没想到你这么实在（捂脸）。"他们还好心地提醒我说："老师，今年你招募新同学入组时，能别把实际情况说得这么清楚吗？这么辛苦，谁想来呀？”每当这时，我眼前都会浮现出袁隆平院士的面容，那是一张地地道道农民老伯的脸。我是做实证研究很久后才意识到的，对呀，不天天下地耕作，怎么研究水稻杂交？同理，作为媒介素养教育研究者，不每周去中小学“下地”，怎么研究媒介素养教育？于是，我会跟好心提醒我的研究生说：“如果你后悔了，可以随时退出。科学研究就是不断地实证测量、纠错、调整、再实施、再测量……我也没有办法改变这一事实。如果怕辛苦，那就不适合做科学研究，还是别打着爱研究的名义自欺欺人吧。”

然而，实证研究不仅对研究者十分不易，对被研究对象也十分困难。比如我们的研究对象——中小学师生，他们都有自己繁重的本职工作、学习任务要完成，我们发起的每一次研究设计、实施、测量……无论对老师还是对学生都是额外的负担。很多研究者认识不到这一事实，总觉得自己能走进学校、深入课堂开展研究是对学校和师生莫大的恩惠，我真想提醒这些自视过高的人——与其参与你的研究，老师和同学们都巴不得能清静一会儿。

在对科学研究有了这样的认识后，我发现我和我的研究生们是多么的幸运。自2010年以来，中国传媒大学附属小学（以下简称“传媒附小”，前身为“北京市朝阳区定福庄二小”，于2014年9月更名为“中国传媒大学附属小学”，书中为论述方便，除特殊情况，均使用现名。）热情地张开双臂，为我们提供了无与伦比的实践研究机会。首先，传媒附小近在咫尺，我们可以随时进行“田间管理”，在交通问题令人无比头痛的北京，这对我们来说真是极大的幸福。其次，无论我们提出什么样的研究设想，张丽荣校长、温建新副校长以及所有涉及的老师、同学，都会给予我们全力的支持。很多教师，如薛宝卫老师、王颖老师、马万颖老师、王学红老师、王会如老师、关秀伟老师……（啊，这个名单会无限延伸下去）投入大量的业余时间，帮我们答疑解惑，跟我们一起研讨改进。当我们的研究需要平板电脑、移动网络等硬件设施时，学校会立刻给予资金支持，出资购买相关设施、设备。当我们发现教学效果不理想，希望下学期能再选一个年级再做一轮教学时，当我们希望能有一间专用教室时，当我们希望邀请教师和我们一起参加学术会议时……我的印象中，张校长、温校长似乎从未拒绝过我们。

如何报答传媒附小师生对我们的如此厚爱呢？我想唯有真正从学校的需要出发，从师生的需要出发，从真实的教育问题出发，用我们所学的理论，真正帮助师生解决疑问，真正帮助学校实现发展，而不是为了发表多少篇期刊论文、写多少本学术专著，那我们所学的理论才有真实的意义，我们对师生的“打扰”，才不会被拒绝。

转眼间，我们与传媒附小的合作已经迈入第十个年头，相继有三届研究生共四位同学在传媒附小完成了自己的毕业研究，而这本书是对前三项研究的系统回顾。在回顾这三项研究的点点滴滴中，我似乎看到了传媒附小的传媒特色课程体系这株幼苗，从无到有，从第一片嫩芽，到后来开枝散叶的生长过程。是的，真正的科研成果就是这样从“现实”的沃土中，一点一点生长出来的。

我们在传媒附小的耕耘、播种、收获还在继续，非常高兴能有机会对我们业已取得的成果进行系统的回顾，相信这是我们取得更大收获的前奏。

张 洁

2020年春

目　录

绪　论　1

一、技术发展与媒介素养　/ 1

二、媒介素养具有学术研究和教育实践的双重性　/ 3

三、基础教育视角下的技术发展　/ 4

四、新研究思路的确定　/ 5

第一章　媒介素养范式变迁及移动互联网时代的媒介素养概念　8

一、媒介素养概念是媒介素养教育的起点　/ 8

二、技术发展与媒介素养范式变迁　/ 9

三、媒介素养范式对媒介素养教育目标及教学法的影响　/ 13

四、移动互联网时代对新媒介素养概念及新研究的呼唤　/ 14

第二章　对媒介素养教育融合课程的初步探索　21

一、媒介素养融合课程的含义　/ 21

二、融合课程的目标　/ 23

三、融合课程的内容选择与组织原则、策略、方法　/ 33

四、融合课程内容——以《品德与社会》五年级上册第一、二单元为例　/ 43

五、融合课程的实施　/ 72

六、融合课程的评价　/ 79

七、研究收获、发现问题及对后续研究的启发　/ 88

第三章　对媒介素养教育教学法的创新研究 96

一、教学法概念及中外媒介素养教育教学法研究现状　/ 97

二、研究思路与研究方法　/ 103

三、研究过程及主要结果　/ 107

四、需要注意的问题　/ 115

五、建构媒介素养教育教学法的尝试　/ 119

六、对后续研究的启示　/ 128

第四章　初步构建移动互联网时代媒介素养教育课程体系 133

一、数字化媒介素养教育校本课程开发研究　/ 133

二、数字化媒介素养与国家课程融合课例开发师资培训　/ 157

三、数字化媒介素养与国家课程融合课例开发成果　/ 171

四、传媒特色课程体系初现　/ 181

第五章　中国传媒大学附属小学传媒特色课程体系建设方案 183

一、学校传媒特色化发展的整体构想　/ 183

二、传媒特色课程体系的具体内容　/ 185

三、传媒特色课程的环境支撑　/ 187

四、传媒特色的师资队伍建设　/ 192

附录一　小学生趣味问卷（前测） 195

附录二　小学生趣味问卷（后测） 200

附录三　小学生媒介素养教育融合课程开发研究前测访谈提纲 205

附录四　小学生媒介素养教育融合课程开发研究后测访谈提纲 207

附录五　移动互联网时代小学生媒介素养水平调查问卷（前、后测） 209

参考文献 215

绪 论

在从事媒介素养教育实践研究多年后，我突然意识到，每一次技术创新都像在池水中投入石子，会引发圈圈涟漪。小发明、小创造引发小涟漪；大突破、大创新就会引起大波澜。不同学科、不同领域的研究者、实践者，总是从自己所处的视角，提出对技术应用的主张、见解，最终大家合力使新技术、新发明融入生活，成为常态。直到下一次创新、发明再次打破池水的宁静，引发新一轮的涟漪。

一、技术发展与媒介素养

尽管人类历史上的发明创新层出不穷，从未间断，但自工业革命以来，技术创新的速度不断加快。就媒介领域来说，1895年12月，法国的卢米埃尔兄弟第一次放映影片《火车进站》标志着电影诞生，到1936年，世界上第一家电视台英国广播公司（BBC）正式开播，人类社会正式进入大众传播时代。[①]1976年，美国工程师史蒂夫·沃兹尼亚克（Steve Wozniak）设计并制造出世界上第一台个人计算机，开启了人类历史上的个人计算机时代。1981年，早期的互联网NSFNET在美国大专院校投入使用，互联网很快开始了爆炸性增长，让全人类迅速进入网络时代。2007年，智能手机、平板电脑等应运而生，人类社会又旋即进入移动互联网时代。[②]如果说西方发达国家用100多年的时间，经历了令人炫目的转变，那么中国不仅把这百余年的历程压缩在几十年中完成，而且还后来居上，即将成为移动互联网时代的全球领跑者。

① 佐藤卓己.现代传媒史[M].诸葛蔚东，译.北京：北京大学出版社，2004:98-209.

② 吴军.全球科技通史[M].北京：中信出版集团，2019:358-359.

2002年，当我寻找硕士论文选题时，中国正处在媒介技术飞速发展、媒介环境迅速改变的时期，很多生活经历及感悟让我对媒介对人、对社会产生的深层影响很感兴趣。在广泛涉猎中外文献的过程中，我十分幸运地接触到媒介素养领域。通过梳理，我发现原来早在1933年，英国学者R.F.利维斯（F. R. Leavis）和丹尼斯·汤普森（Denys Thompson）就在《文化和环境：培养批判意识》（*Culture and Environment: The Training of Critical Awareness*）一书中首次提出“媒介素养”的概念，开辟了人类审视技术发展的新视角。

回望历史不难发现，人们在面对新事物时，担忧恐惧总是多过欢欣鼓舞，利维斯和汤普森当时也主张要警惕电影等新媒介对青少年的不良影响，希望通过阻断，保护青少年及传统高雅文化的纯洁。然而，随着媒介技术的迅速发展，西方发达国家的媒介素养研究者们渐渐认识到，媒介对人与社会的影响是复杂的、多方面的，对于不断涌现的新技术不能一禁了之。慢慢地，媒介素养研究者对媒介与人关系的认识，经历了从“保护主义”到“甄辨挑选”，再到“批判慎用”，直到互联网时代的“赋权赋能”等多次范式转变。[①]但无论怎么变，媒介素养研究者其实一直都在致力于改善人与媒介技术的关系，让媒介技术使人真正“受益”。只是随着时代的发展，“受益”一词的内涵有很大差别。但究其本质，媒介素养研究者一直在从一个独特的视角努力思考，人究竟应该如何与不断发展的媒介技术共处。因此，从媒介素养视角来说，媒介是人们需要不断学习、了解、思考的对象。

在中国，媒介技术发展的历史虽然被高度浓缩，甚至出现跨越式发展，但人们对媒介与人关系的认识很难一夜成熟。因此，我们看到尽管西方媒介素养研究者在进入网络时代后，早已经摒弃了通过隔绝来保护青少年的思想，普遍主张通过对青少年及社会公众的教育、培训，提升人们对网络技术的应用能力，增强其对网络信息的搜集、甄别、运用，从而让人们普遍享有网络赋予的传播权利，但中国公众在网络迅速发展的初期，特别是在面对很多青少年因网络受到不良影响或侵害时，仍然会倾向于从保护主义范式出发，希望通过隔绝阻断使青少年免受伤害。作为中国较早接触西方媒介素养研究的研究者，我和我的研究伙伴们深受西方学者研究成果的启发，希望通过开展媒介素养教育帮助中国青少年、公众更全面地认识、思考媒介与人、与社会的关系，从而真正享有技术发展的福祉。

---

① 陆晔. 媒介素养的全球视野与中国语境[J]. 今传媒，2008（2）：11-14.

二、媒介素养具有学术研究和教育实践的双重性

媒介素养研究不仅需要深刻洞察媒介技术与人及社会的互动关系，更需要在社会公众中普及相关意识及技能，从而改善人们应用媒介时的态度及行为。因此，自2002年有幸接触媒介素养概念以来，我就意识到媒介素养不仅是重要的学术研究领域，更需要全面多样的教育实践。因为离开了教育实践，所有的思想主张就只能是空中楼阁，而不能真正转化为人们的态度或行为，因此也就不能真正促进人与技术的良性互动。为此，我一直努力寻找进行媒介素养教育实践的机会。

最初我谋求过与课外教育机构、社会公益组织、少先队、团中央、妇联等各种组织、机构合作，采用夏令营趣味活动、家庭教育公益讲座、大队辅导员培训等各种形式推广普及媒介素养概念。尽管参加讲座、培训的父母、大队辅导员老师都高度认可学习内容的意义、价值，参加趣味活动的小朋友们也对与媒介相关的内容很感兴趣，但我发现这样的活动很难持续、深入、系统地开展，因此，这些活动虽然对普及媒介素养概念有很大益处，但离真正改变人们的观念、行为还相距甚远。在不断地探索实践中，我慢慢意识到，中小学校，特别是其正式课堂，才是开展大规模系统教育的主阵地。若想实现对互联网时代全体公民的思想启蒙、素养提升、行为塑造，最有效的做法莫过于让媒介素养教育成为学校课堂教学的一部分。经过多方努力，2008年9月，我们终于获得北京市东城区黑芝麻胡同小学的支持，使媒介素养课成为该校五年级学生课程表中一门贯穿学期始终、每周固定开展的课程。从此，我和我的研究生们开始了每周深入小学课堂，努力将赋能赋权的媒介素养理念转变为学生生活实践的历程。这一历程从2008年9月开始就从未中断，一直持续到2010年7月。

在每周与学校师生的亲密接触中，我们渐渐了解到基础教育界对媒介技术的飞速发展并不是不闻不问、毫不关心的，相反，世界各国的教育工作者、研究者对每一次技术发展和变革都有积极回应，只是他们关注的角度、思考的问题与媒介素养研究者有所不同而已。此外，基础教育作为社会有机体的重要组成部分，不仅具有悠久的历史、完备的体系，也具有自身发展的逻辑和趋势，媒介素养若想真正融入其中，需要从基础教育的需求及特征出发，找准切入点，以恰当的方式融入，而并非再给学生开一门新课就万事大吉了。

三、基础教育视角下的技术发展

我发现中外基础教育工作者、研究者们一直高度关注技术发展，也非常积极地将技术引入教学，只不过他们并不像媒介素养研究者那样认为技术是人们需要不断学习、了解、思考的对象，而更多地把技术视为实现其他学科教学目标的手段。例如，早在1906年美国宾夕法尼亚的一家出版公司就出版了名为《视觉教育》（*Visual Education*）的专著，向教师介绍如何拍摄照片、如何制作和利用幻灯片进行教学。[①]而早在1923年，美国教育协会就建立了视觉教育分会，专门研究如何运用当时最先进的视觉技术辅助教学。随着无线电广播、有声电影、录音机的先后出现和普及，教育工作者和研究者们立刻敏锐地意识到，可以用这些“新技术”改进教学。1947年，美国教育协会的视觉教育分会改名为视听教学分会，正是教育工作者们充分重视技术发展的表现。[②]

在我国，教育工作者积极利用媒介技术开展教学的历史也很悠久。早在20世纪80年代初，就有很多老师采用音频、视频技术辅助教学，这种做法在我国的基础教育实践中或教育学研究中被称为“电化教育手段”。后来，以广播电视和卫星技术为主体的远程教育形式，不仅催生了广播电视大学这样的新型教育机构，还促使教学的组织、学习方式和教学方法发生了一些变革。80年代中后期起，计算机、网络技术、通信技术的不断成熟和进步，一直为各级教育主管部门所重视。1999年6月13日，我国教育部颁发了《中共中央国务院关于深化教育改革全面推进素质教育的决定》，其中对我国教育信息化和教学手段现代化的发展提出了明确的要求：大力提高教育技术手段的现代化水平和教育信息化程度。2004年12月25日，教育部印发了《中小学教师教育技术能力标准（试行）》，这是我国颁布的第一个有关中小学教师的专业能力标准。2016年6月7日，我国教育部又印发了《教育信息化“十三五”规划》，明确指出云计算、大数据、物联网、移动计算等新技术已使社会整体信息化程度不断加深，在这种时代背景下，信息技术对教育的革命性影响日趋明显，因此我国要坚持促进信息技术与教育教学深度融合，让技术进步对学生的全面发展起到真正的促进作用。

---

① Keystone View Company. Visual Education: teacher's guide to keystone “600 set” [M]. Meadville: Keystone View Co. 1906.

② AECT in the 20th century: a brief history[EB/OL]. [2019-10-12] https://aect.org/aect_in_the_20th_century_a_br.php.

除了将新技术用于辅助教学外，中外基础教育界也常常自觉更新已有学科的内容，以回应媒介发展对当代学生日常生活的改变。例如，随着广播、电视、流行文化的盛行，1987年，加拿大安大略省教育部将初高中英语课程的内容进行了调整，提出中高级英语课程中至少有三分之一的课程必须用于媒介学习；在七年级和八年级（12岁和13岁），10%的课堂时间必须用于某种形式的媒介研究。1995年，为进一步适应学生生活方式的改变，加拿大安大略省又对中小学英语课程的内容进行了更新，规定从小学一年级开始，关于媒介的内容就应成为语文课程的一部分。①

说来惭愧，当我们一门心思地想要把媒介素养课加入我国中小学课程体系时，我从未仔细了解过其他学科的教学目标及内容。当很多听过我们课的教师、教研员在课后表示，他们的学科中也有很多关于媒介的内容，并问我如何看待媒介素养课与信息技术课、语文课、品德与社会课等学科的关系时，我才赶紧找来其他学科的课程标准、教材认真研读。这时我才意识到，媒介技术作为现代人生活环境的重要组成部分，早已成为当代儿童、青少年成长的前提。因此，即使国家课程中尚未设置专门的媒介素养课程，但其实很多学科都已涉及关于媒介的知识或议题。如人教版《语文》教材五年级下册中有题为“走进信息世界”的综合性学习单元。小学《数学》四至六年级的课程标准中，有“能从报纸杂志、电视等媒体中，有意识地获得一些数据信息，并能读懂简单的统计图表”的教学目标。2017版部编人教版《道德与法治》教材八年级下册中，有名为“网络生活新空间”的章节。更不要说我国中小学早就开设了“信息技术课”。

四、新研究思路的确定

从2008年9月到2010年7月，随着研究的不断深入，我们为黑芝麻胡同小学高年级学生开发的媒介素养课，已经从最初的一两节，扩展为由浅入深、涵盖各种媒介议题的十五节、三十节。我们甚至陆续出版了《畅游媒介海洋》②《网海生存训练营》③《儿童媒介之旅》④等一系列专门的媒介素养教材、教学资源包。但随着移动

① PUNGENTE J . The second spring: media education in Canada’s Secondary Schools[J]. School Libraries in Canada， 1997, 17(2):N/A.

② 张洁，杜军.畅游媒介海洋：小学生媒介素养教育教学手册[M].北京：中国少年儿童新闻出版总社，2010：36-41.

③ 张洁，马贝贝，成盼盼，等.网海生存训练营[M].北京：中国少年儿童新闻出版总社，2010：12-15.

④ 张洁，王秀江等.儿童媒介之旅[M].北京：中国传媒大学出版社，2013：19-21.

互联网时代的全面开启以及我们对基础教育体系更全面、深入的了解，我们越来越确信，将媒介素养作为一门新课程加入中小学课程体系的奋斗目标，不太符合时代发展所需。

首先，如前所述，基础教育界一直高度重视技术发展，信息技术与教育教学深度融合早就成为人们的共识，而且关于媒介的议题、内容早就被各个学科积极采纳，在这种情况下与其坚持开设专门的媒介素养课，不得不面对培养大量师资，开发系统教材，在本已高度饱和的课程表中争取课时，无法避免与其他课程的教学目标、教学内容产生交叉、重叠等一系列问题，不如将媒介素养作为一种时代元素、一种思想方法，融入师生运用媒介的过程中或相应的学习内容里。媒介素养教育的重点本来就是思维的提升、素养的培育，而不是对某些固定知识的传授，因此，后一种融合的思路不仅能避免单独开课带来的诸多问题，还更符合媒介素养教育的本质。

其次，自2010年平板电脑、智能手机横空出世以来，移动互联网技术突然风行全球，“互联网+”成为重要的社会发展趋势。一时间，移动互联网技术对零售业、金融业甚至传媒产业的颠覆性影响，让基础教育界也掀起了对移动互联网技术与教育教学深度整合的研究热潮。由于我们在黑芝麻胡同小学的研究成果引起了北京基础教育界的关注，北京教育科学研究院基础教育课程教材发展研究中心开展的“北京市基础教育电子教材开发机制与实验研究项目”“北京市中小学生学习方式系统变革实验研究项目”等研究项目，邀请我作为指导专家全程参与。2010年6月，中国传媒大学附属小学（当时名为“北京市朝阳区定福庄二小”）向我们发出了合作邀请。

在前期研究成果的基础上，我们决定抓住新的机遇，调整研究思路，变开发单独的媒介素养课程为在智能终端、移动互联网条件下，通过改变教学方式，努力寻找媒介素养与已有学科的融合点；把基础教育一直关注的“用媒介教”（teaching through media）和媒介素养教育重视的“学习有关媒介的知识”（teaching about media）完美地融合起来。新的研究思路不仅得到传媒附小校领导、骨干教师的大力支持，也吸引了很多中国传媒大学研究生的参与。2010年9月起，我们共同组建了由传媒附小校领导、教师及我们研究中心师生共同参与的研究团队，每周召开研讨例会，制订研究计划，实施实验教学。

在研究过程中，中国传媒大学传播学专业媒介素养方向2010级研究生况瑞娟、李篆，2012级研究生郭馨蕾，分别根据项目组的研究所需及自己的研究兴趣选定了自己的毕业研究主题，并在项目组全体成员的大力支持下开展了深入细致的研究，先后完成了题为《小学媒介素养教育融合课程开发研究》（况瑞娟，2013年）、《对小学媒介素养教育教学法的实验研究》（李篆，2013年）、《移动互联网时代小学生媒介素养教育课程行动研究》（郭馨蕾，2015年）的硕士论文。传媒附小的薛宝卫、王颖、关秀伟、马万颖、王会如、王智威等数十位老师，也先后从各自学科的角度出发，深度参与融合课的研发实施以及课程体系建设的多轮研讨。正是在这三篇研究设计严谨、数据翔实的硕士论文以及数十位老师不断创新实践基础上，我与张丽荣校长、温建新副校长从传媒附小建设传媒特色课程体系的需求出发，一起研讨撰写了《中国传媒大学附属小学传媒特色化发展课程建设方案》（2015年9月）。至此，我们的媒介素养教育实践研究，已经完全超越了以开发一门课为奋斗目标的阶段。在崭新的媒介环境及教学条件下，我们开始尝试从学校课程体系构建的全局出发，通过与国家课程从内容到形式的全方位融合，重新确定媒介素养教育在学校教育中应有的位置及作用。

本书是对我们这段重要研究旅程的系统回顾。其中，第二章以况瑞娟的毕业论文《小学媒介素养教育融合课程开发研究》为基础改写，第三章以李篆的毕业论文《对小学媒介素养教育教学法的实验研究》为基础改写，第四章以郭馨蕾的毕业论文《移动互联网时代小学生媒介素养教育课程行动研究》及老师们的创新实践成果为基础改写，第五章以《中国传媒大学附属小学传媒特色化发展课程建设方案》为基础改写。

下面就让我们一起回顾这段令人难忘、收获丰硕的研究旅程吧。

第一章　媒介素养范式变迁及移动互联网时代的媒介素养概念

一、媒介素养概念是媒介素养教育的起点

2002年，我最初接触媒介素养概念是通过美国学者詹姆斯·波特（James Potter）的著作。詹姆斯·波特就媒介对人各方面影响的细致观察、深刻思考让我大为震惊。例如，他指出经常看电视新闻的人，会觉得自己所在城市或社区的刑事案件发生概率远远高于实际情况；人们在看电视时吃零食的概率远远高于不看电视的时候，因此经常看电视的人体重超重的概率远远高于不看电视的人；很少有以老年人、乡下人为主角的电影，因为能去电影院看电影的主要是城市中的年轻人；等等。作为从小看电影、电视长大的人来说，我不得不承认，在看到这些论述以前，我从未觉察到电影、电视会对人有这么多潜移默化的影响。这不由得让我心头一惊，就好像电影《楚门的世界》（*The Truman Show*）[①]中男主角突然发觉了自己的处境那样，我开始认真反思自己和电影、电视以及生活中各种媒介的关系。随着学习的深入，我发现媒介与人的关系，真不像我曾经以为的那样简单。在日益媒介化的世界中，究竟谁才是主人？怎样才能免于盲从，保持独立思考、做出准确判断？我想我不仅应该自己觉醒，更应该努力提醒其他人，特别是青少年，尽早注意到媒介对人的复杂影响，从而更有意识地积极运用媒介。

---

① 彼得·威尔导演，金·凯瑞、劳拉·琳妮、诺亚·艾默里奇等主演。该片于1998年6月1日在美国上映。楚门是一档热门肥皂剧的主人公，他身边的所有事情都是虚假的，他的亲人和朋友全都是演员，但他本人对此一无所知。最终楚门不惜一切代价走出了这个虚拟的世界。

然而，2005年夏，当我满怀信心地与青少年夏令营合作，通过趣味活动向孩子们揭示广告有可能激发人们不合理的消费需求，动画片中的暴力情节可能会对观众的言行产生负面影响时，协助组织活动的老师指出："哦！媒介素养就是要告诉我们媒介里的东西都是假的，我们一定不能上当受骗。"孩子们立刻跟着大声附和。我觉得有些不对劲，赶紧回应说："媒介素养不是单纯的怀疑主义，更不是犬儒主义，提升人们的媒介素养并不是要毁掉人们使用媒介进行娱乐、沟通时的愉悦。""那媒介素养究竟追求什么呢？"老师听到我的意见追问。媒介素养的最终目标究竟是什么？我当时并不能很好地回答这个问题，于是，活动结束后我赶紧去查更多文献，希望把媒介素养的定义搞确切。然而，看的材料越多，我越发现不同时代、不同国家的媒介素养内涵并不一致。

技术发展催生的媒介素养概念并不是一成不变的。每一种新媒介技术的出现都会引发社会主流传播方式的改变，而新的传播方式会引发新的问题，迫使人们不断更新媒介素养的内涵。而不同国家、地区的技术创新进展不同，因此，要开展适切的媒介素养教育，应根据所在地区的媒介环境来选择或界定适合本地区的媒介素养概念。那么，在2010年已进入移动互联网时代的中国，需要什么样的媒介素养概念呢？为了回答好这个问题，回顾一下媒介素养概念发展演变的历史是大有裨益的。

二、技术发展与媒介素养范式变迁

以媒介素养概念的发源地英国为例，仔细梳理会发现从20世纪30年代媒介素养概念诞生，到21世纪初人类进入互联网时代，媒介素养范式共经历了四次转变。每次转变都与当时的技术创新、传播学研究进展及盛行的教育理念、教育模式密切相关。

（一）保护主义范式

20世纪30年代至50年代，英国报业、广告业开始出现并迅速发展，曾经被视为杂耍的电影也日益发展壮大，成为不可小觑的新兴产业。通俗报纸为追求销量，"媚俗化"倾向严重，形象生动的电影尤为儿童和青少年喜爱，电影对他们影响颇大，这些变化都极大地影响了整个社会的价值观。当时，大众传播效果研究的刺激—反应式理论盛行，该理论认为，“受众像靶子无法抗拒子弹的射击一样对大众传媒的力量无法抗拒。受众只能消极被动地等待和接受媒介传播的信息，并会产生大致相同的反应。”①在这一理论的支持和影响下，以R.F.利维斯（F. R. Leavis）为首的精英文化代言人将大众传媒视为“下九流”的“带菌者”②，认为大众媒介传播的文化完全不能与传统的精英文化或高雅文化相提并论，只是一种“低水平的满足”。并且，这种“低水平的满足”对社会尤其是青少年有害，它破坏了原有的社会道德和生活秩序，腐蚀着人们的人生观与价值观。为了提升公民对大众媒介的辨别力，保护青少年不受大众媒介的影响和伤害，利维斯和汤普森在《文化与环境：批判意识的培养》（*Culture and Environment*: *The Training of Critical Awareness*）一书中，首次提出“媒介素养”的概念，认为媒介素养教育的职责是给公众打预防针，最好通过隔绝阻断或防止侵害。另外，利维斯还提出要将媒介素养教育引入学校课堂，并采取一种“对抗式”的教育形式，通过“批评意识的训练”，帮助学生抵制大众媒介的诱惑，最终抛弃大众媒介及其文化。具体来说，这种对抗式的教育形式，即“将社会上存在的高雅与低俗一并呈现在学生面前，让学生学会认识并区别对待，更好地拥抱传统文化”③。

（二）甄辨范式

20世纪60年代至70年代，电影不仅没有在像利维斯那样持保守观点的学者“诅咒下”销声匿迹，反而日益发展壮大，成为重要的现代艺术形式。这一时期，学者对电影问题的研究层出不穷，“大众艺术运动”应运而生。大众媒介及其传播的内容不再仅作为树立传统文化地位的反衬，一定程度上，它们有了自己的立足之地。大众媒介及其传播内容的合理性，也逐渐被研究者所接受。雷蒙德·威廉姆斯（Raymond Henry Williams）关于“文化”的认识、伊莱休·卡茨（Elihu Katz）的“使用与满足”大众传播效果理论对这一时期的媒介素养内涵和教育理论产生了重要影响。其中，以英国文化学派雷蒙德·威廉姆斯为代表的历史主义文化观认为，“既然文化是一种社会过程和全部的生活方式，既然大众媒介及其传递的大众文

---

① 胡正荣，段鹏，张磊. 传播学总论[M]. 2版.北京：清华大学出版社，2008：59-63.

② 陆晔. 媒介素养的全球视野与中国语境[J]. 今传媒，2008（2）：11-14.

③ 杨击. 传播·文化·社会：英国大众传播理论透视[M]. 上海：复旦大学出版社，2006：37-42.

化并非工业文明的负面副产品，而是创造文化共同体的机制之一，那么，人们需要提升的，就不是免疫力而是分辨力，以辨别不同媒介内容品质的良莠高下，并根据自身的需要进行选择”①。威廉姆斯关于“文化”的新阐释，承认了“文化”的多元性，在一定程度上肯定了大众文化在社会中的地位和作用，这与当时的主流大众传播理论——“使用与满足”理论不谋而合。“使用与满足”理论认为受众在与媒介的关系中并不是完全被动的，相反，受众具有很强的主动性，是根据自己的需要选择接触媒介的，并在使用媒介的过程中获得满足。另外，由于这一时期占主导力量的研究者多是在“新”媒体环境下培养出来的，与作为精英主义的代表利维斯的成长环境不同，他们对于大众媒介及其传播的内容有了更深层次的宽容与理解，大众文化与传统文化之间抵触、对抗的意识明显消退。

基于上述原因，英国这一时期媒介素养教育的重心不再是传统文化与大众文化的对立，而是转换到如何引导受众进行明智的选择，并在接触媒介的过程中去其糟粕，取其精华，为我所用。可以说，这一时期媒介素养教育的目的就是帮助学生在媒介文化里学会辨析好坏、抵抗不良媒介的影响。为实现这一目标，教学中主要使用比较、辩论等方法。

（三）批判范式

20世纪70年代至80年代，以电视为代表的大众传媒产业后来居上，成为英国社会乃至全球最具影响力的传播方式。与之相对应，媒介素养教育研究进入“电子屏幕”阶段。这一时期，受到符号学、媒介批判学派尤其是法兰克福学派的影响，声讨、批判以大众媒介为主体的文化工业浪潮日益高涨。传播学在这一时期的重要研究成果“议程设置理论”“涵化理论”等，使媒介素养研究者们逐渐意识到，在媒介不断蔓延、渗透的生活情境中，受众具有的选择权、决定权是非常有限且表浅的。无处不在的媒介以及表面繁荣多样实则非常有限的选择，让受众在不知不觉中接受了由媒介强加的议题及价值观念，如什么是美？什么是成功？应该如何对待少数族裔？在巴以冲突中，应该支持谁，又应该反对谁？媒介成了占统治地位的主流文化的代表，无声无息地影响、操控着受众。②在这样的背景下，以莱恩·马斯特曼

① 雷蒙德·威廉姆斯. 文化与社会[M]. 吴松江，张文定，译. 北京：北京大学出版社，1991.

② MASTERMAN, L. Foreword: the media education revolution［C］//HART. Teaching the media: international perspectives, NJ: Lawrence Erlbaum, 1998.

(Len Masterman)为代表的媒介素养研究者认为,这一阶段的媒介素养教育重点在于揭示大众媒介文本建构的"媒介真实"与现实世界的差异,以及文本中暗含的主流意识形态是如何麻痹受众的。[①]

具体来说,英国这一时期的媒介素养教育不再局限于指导学生对某些具体的媒介内容进行好与坏的评价,也不再教给学生具体的媒介评价标准,而是将重点放在对学生所谓"批判性思维"的培养上,并从更深入的层面让学生理解媒介是如何运作的,如何组织的,它们如何产生意义,如何再现"现实",谁又将接受这种对现实的"再现"等。为了实现这些更抽象的教学目标,"文本分析法""角色扮演法"等代替了以往的"比较法""辩论法",成为媒介素养教育的主要教学方法。

(四)赋权范式

20世纪90年代,随着个人计算机的普及,特别是互联网的诞生及飞速发展,英国的媒介素养批判范式受到了来自现实和理论的双重挑战。一方面,媒介环境的改变让英国的媒介素养研究者意识到,媒介素养教育的对象并非对媒介一无所知。20世纪90年代,即使是儿童或青少年也早已在和媒介共生的社会化过程中积累了基于切身体验的、相当丰富的媒介认知。另一方面,仅局限于对媒介内容解读或对媒介产业了解的媒介素养教育内容过于狭隘,不足以帮助公众适应日益媒介化的社会。"媒介环境学""媒介生态学"成为传播学领域的最新理论。在这一背景下,"参与式社区行动"的范式被媒介素养研究者提出,如詹姆斯·波特、勒尼·霍布斯(Renee Hobbs)等学者认为,媒介素养教育不仅要教学生如何使用媒介,还要教他们如何挑战媒介组织,[②]以及需要深入探究影响公众媒介认知和行动能力的社会心理机制和条件。因此,这一时期的媒介素养内涵在批判性解读的基础上又有所发展,希望"通过'赋权'促成健康的媒介社区,而非仅仅指责媒介的不是"[③]。为了实现上述目标,不少学者提出了很多新的教学法。如吴翠珍认为,"文本分析、脉络分析、个案研究、改作与模拟、动手做"[④]等教学策略非常适用于媒介素养教育课程;"先游戏、后说理"的教学理念也被应用于香港地区2003年出版的《小学传媒

① 陆晔. 媒介素养的全球视野与中国语境[J]. 今传媒, 2008(2): 11-14.
② LEWIS J,JHALLY S. The struggle over media literacy[J]. Journal of communication, Winter, 1998:88-89.
③ 陈世敏. 媒介素养概论. 台北: 台湾五南图书出版股份有限公司, 2005.
④ 吴翠珍, 陈世敏. 媒体素养教育[M]. 台北: 巨流图书股份有限公司, 2007.

教育全攻略（教师手册）》[①]一书。总之，参与式教学、项目式教学成为这一阶段媒介素养教育的主要教学法。[②]

三、媒介素养范式对媒介素养教育目标及教学法的影响

通过对英国媒介素养范式变迁历程的梳理，我们不难发现，媒介素养概念并不是无本之木，更不是媒介素养研究者的主观意愿，相反，它深深地根植于当时当地的媒介环境，由重大的技术创新激发，一方面从同时期的传播学研究成果中汲取营养，以确定其价值追求；另一方面，因其价值追求的变化，在实施教学的过程中要选择相应的教学方法，以顺利实现其教学目标。因此，可以说媒介素养概念根源于技术创新，在价值追求及理论表述上与当时当地的传播学研究保持一致，同时在教育实践中遵循教育学的相关规律，是一个理论与现实紧密结合、传播学与教育学深度交叉的系统工程。

对我这个具有传播学学科背景的研究者来说，要理解媒介素养概念及媒介技术发展与传播学研究的关系并不困难，但意识到不同的媒介素养范式意味着不同性质的教育目标，以及不同的教育目标需要通过不同的教学方法来实现，这是我和我的团队通过2008—2010年的教学实践才最终达成的。现在想想，教育目标要与教学方法配套的道理似乎很简单：如果你的最终目标是教会学生捕鱼、打猎，那么你肯定知道光给学生做关于鱼类、野兽的知识讲座是没有用的；相反，你得带学生去河沟、猎场反复练习。因此，如果教学目标是让学生具备某项技能，那么肯定得主要采用基于实际情境的实操练习法教学，否则永远也不可能达成目标。如果你的目标是丰富学生对鱼类及野生动物的知识，这时充满精美图文、娓娓道来的知识讲座就很恰当了；相反，如果你指望通过带领学生去河沟、猎场现场观察鱼类及野兽来增长他们的知识，那一定是吃力不讨好的选择。对媒介素养教育来说，每一种范式都意味着不同性质的教育目标，相应地也就意味着教学中应采用不同的教学方法。以“赋权范式”为例，该范式下的媒介素养教育目标主要在于，帮助生活在互联网时代的学生意识到自己具有参与媒介生产、挑战媒介组织的权利，并能从自身出发积极创造健康的媒介环境。要实现这一目标，除了给学生讲述互联网的传播特

① 何惠仪，莫蔚姿，陈洁萍．小学传媒教育全攻略（教师手册）[M]．香港：突破出版社，2004．

② 张洁．北京市东城区黑芝麻胡同小学媒介素养教育课程实验研究报告[R]，2012．

征，通过示范教学生如何在互联网上得体发言，甚至教学生自制网页等，更重要的是给学生创造参与媒介活动的机会，从而让学生真正体会到自己在互联网媒介环境中的作用及价值。仅凭单纯的知识讲授，很难实现教学目标。

值得庆幸的是，在2010年打算与中国传媒大学附属小学合作开始新一阶段的媒介素养教育实践研究时，我们已经可以以英国的媒介素养概念发展历程为线索，详细列出不同历史时期的媒介素养范式及相应的传播学理论基础，以及对应的教学目标、教学法了（如表1.1）。这个框架成为我们确定传媒附小实践研究具体内容的重要依据。具体来说，我们一方面要根据2010年以来中国媒介环境的发展及时更新媒介素养概念的内涵；另一方面，我们得思考并确定什么样的教学方法能够与新的媒介素养概念相匹配。

表1.1　媒介素养范式与传播学理论基础、教育目标、教学法的对应关系表

时间	传播学理论基础	媒介素养范式关键词	代表人物	媒介素养教育目标	教学法
20世纪30—50年代	刺激—反应理论	保护	利维斯	抵制大众媒介的诱惑，维护传统文化、价值观	对抗式教学法
20世纪60—70年代	使用与满足理论	甄辨	雷蒙德	学会辨析媒介好坏，抵抗不良媒介的影响	比较法
20世纪70—80年代	议程设置理论、涵化理论	批判	马斯特曼	理解、批判大众媒介建构的“媒介真实”	文本分析法、角色扮演法
20世纪90年代后	媒介生态学	参与/赋权	波特、霍布斯	使用和挑战媒介，能积极创造健康的媒介环境	参与式、项目式教学法

四、移动互联网时代对新媒介素养概念及新研究的呼唤

（一）前期研究发现两大问题

非常幸运，2008—2010年，北京市东城区黑芝麻胡同小学为我们这些基础教育的门外汉提供了深入课堂开展媒介素养教育实践研究的机会。现在回想，我们当

时的研究目标非常简单，就是想通过实践检验以吴翠珍、陈世敏、[①]詹姆斯·波特、大卫·白金汉（David Buckingham）[②]等学者为代表的媒介素养教育理论，如何在中国转变为教育现实，从而真正帮助中国青少年，最终是全社会，了解媒介素养概念，提升媒介素养水平，以更好地适应快速发展变化的媒介环境。[③]

通过三年的努力，我们取得了很大进展，陆续出版了《畅游媒介海洋》《网海生存训练营》《儿童媒介之旅》等媒介素养教材或教学资源包，但我们通过实践发现的问题其实更多。这些问题日益紧迫地提醒我们要转变研究思路，开启新的研究。具体来说，我们发现的问题主要集中在媒介素养课程定位及课程形态两方面。归结为一点，其实就是媒介素养究竟应该以何种方式融入基础教育体系。

第一，所谓课程定位问题，是我们在黑芝麻胡同小学开课多年后才逐渐了解到，黑芝麻胡同小学之所以能把媒介素养课排进学生的课表，是因为杜军校长高度认可媒介素养教育的价值，因此把媒介素养课作为体现黑芝麻胡同小学特色的"校本课程"纳入了学校课程体系。而所谓"校本课程"，是2001年起，教育部为增强我国中小学课程体系的灵活性、适应性，同时促进我国中小学特色化发展，给予学校的一种课程设置的自主权。在小学阶段，校长每周可以为学生自主安排5—6课时的学校特色课程、地方课程及综合实践活动，占学生在校学习总课时数的10%—20%。初中、高中阶段校长也具有比例不等的自主安排"校本课程"的权力。但对于语文、数学、英语等"国家课程"，无论小学还是初、高中校长都必须按照国家规定开足、开齐，在种类及课时数上不能擅自修改。这意味着，如果媒介素养课作为"校本课程"，那就要高度依赖校长的选择，而校长们通常喜好各异，因此很难保证每所学校都开设媒介素养课。如果想确保媒介素养课的开设达到较普遍的程度，最好的解决办法就是说服教育主管部门把媒介素养课纳入"国家课程"。然而，我专门就此问题咨询过教育主管部门的相关领导，得到的答复是：那将是一个极其漫长的过程。因为现有的国家课程都有极为悠久的历史，有各自完备的知识体系，已发展出从小学到高中的教材、教师用书、教辅资料等，并且在师范教育中有专门的师资培养系统做支撑。要具备这些条件，媒介素养研究者至少还有数十年的路要走。

---

① 吴翠珍，陈世敏.媒体素养教育[M].台北：巨流图书股份有限公司，2007.

② BUCKINGHAM P. Media educaiton: literacy, learning and contemporary culture[M].UK : Polity Press, 2003.

③ 张玲，秦学智，张洁.媒介素养教育课程论.[M].北京：中国广播电视出版社，2013：190-223.

第二，所谓课程形态问题，是指我们真的要按照语文、数学、英语等国家课程的样貌来发展从小学到高中的媒介素养课，最终形成一门“独立的”媒介素养课程吗？我开始进行黑芝麻胡同小学实践研究的时候，就是抱着这样的目标。作为教育界的门外汉，我完全不了解“课程形态”为何物，更不知道除了“独立式”课程外，我们还有哪些选择。如我在绪论部分已经指出的那样，当我仔细浏览中小学已有学科的课程标准及教材时，我才意识到，媒介技术作为现代人生活环境的重要组成部分，早已成为当代儿童、青少年成长的前提，因此，即使国家课程中尚未设置独立的媒介素养课程，但其实很多学科都已经涉及了关于媒介的知识或议题。在这种情况下，如果我们还坚持开发从小学到高中的独立式媒介素养课程，那么无疑会造成媒介素养课程与其他课程在内容、目标上的交叉、重叠，这对将来要参加媒介素养课程学习的学生来说，无疑是一种额外的负担。

（二）新元素启迪新思路

在我们努力解决这些问题的过程中，新概念、新元素的涌入让我们找到新的方向。首先是“融合课程（integrated curriculum）”的概念。通过对“课程论”“教学论”等教育学原理的学习，我发现原来课程形态不只有“独立式”一种。关于融合课程的定义将在第二章详细介绍，这里更想向大家分享的是，通过学习相关原理，我们对媒介素养具有学术研究和教育实践的双重性特点，或者说对媒介素养的研究是传播学与教育学的跨学科研究领域，有了更切身的体会。虽然自接触媒介素养概念起，我就一直在尝试了解媒介素养的跨学科属性，但直到问题暴露出来，我才深刻体会到我对教育学原理、国家教育体制、教育现状的陌生和无知。在我们研究的过程中，这种专业知识的不均衡性极大地制约了我们的研究思路。这提醒我们要重视对教育学专业知识的学习，努力补足短板，进而开展真正意义上的跨学科研究，如此才能真正让研究得益于多学科的营养输送，从而让我们的研究更符合现实及时代所需。

正是在加强对教育学原理、我国教育体制、教育现状的了解中，我才发现原来教育界一直十分重视对新技术的引进及应用，甚至有教育技术学、计算机辅助教育等众多教育学二级学科或研究领域，只不过教育学者更多地将技术视为“手段”或“方法”，而媒介素养教育研究者更多地视技术为“目的”或“对象”。

在当今学生在校学习时间非常有限，已有国家课程的种类、数量已经相当饱和，不少学科内容、目标与媒介素养课多有交差重叠，国家又十分鼓励、倡导教师在课堂教学中引入新技术的情况下，我们是否应当转变思路，不再力图开发独立的媒介素养课程，而改为在各科教师努力运用新技术进行教学的过程中，将媒介素养作为一种视角或思想方法，有机融入教师的教学中，不仅让教师把技术运用得更合理，而且更好地达成学科及媒介素养教育目标。如果能够这样，那么我们不仅可以避免开发大量课程内容、教材，进行漫长烦琐的行政审批，培养大量师资等挑战，还可以将媒介素养作为一种时代元素迅速融入已有的国家课程，在不增加师生负担的同时，让师生的教与学都更具时代特色。

正当我们为有了新的研究思路而感到欢欣鼓舞，积极筹划新的研究计划时，2010年平板电脑、智能手机的横空出世，迫使我们必须加快媒介素养课程变革的步伐。这是因为移动互联网大幕的开启，不仅迅速改变了社会生活的方方面面，也让我们在黑芝麻胡同小学开发出来的很多媒介素养课程内容迅速落伍。例如，在《畅游媒介海洋》中有“媒介家族见面会”一课。[①]这节课的内容是在2008年开发的，分门别类地引导学生认识了解报纸、杂志、广播、电视、电脑、网络、手机的差别，并学会根据自己的需要和不同的场合恰当使用不同的媒介，符合当时的媒介环境，因而是具有现实意义的。然而，2010年平板电脑、智能手机的问世，彻底打破了原有广播、电视、电脑、网络、手机之间的差别。2010年，传媒附小的学生在上这节课时，就疑惑地问老师：“用手机看电视节目，到底算看电视还是算看手机呢？”由此可见，不仅交叉学科的学理属性要求我们转换思路，开启新的研究，媒介技术的现实发展也要求我们加快课程更新的步伐。

（三）课题研究带来新契机

事实上，移动互联网时代的到来不仅逼迫我们积极应对新的挑战，而且如前所述，基础教育研究者、管理者也十分关注技术发展对基础教育的深刻影响。2010年，北京教育科学研究院基础教育课程教材发展研究中心受北京市教委的委托，积极筹备开展题为“北京市基础教育电子教材开发机制与实验研究项目”“北京市中小学生学习方式系统变革实验研究项目”等多项课题研究。这些课题是在智能终端、移动互联网浪潮席卷全球之际，世界各国纷纷开展旨在适应未来传播环境

① 张洁，杜军.畅游媒介海洋：小学生媒介素养教育教学手册[M].北京：中国少年儿童新闻出版总社，2010:29-39.

的新型教育技术、教学方式研究的大背景下开展起来的。北京市教委希望通过实证研究探讨改变传统教材形式，将新技术用于日常教学的可能、规律及方法。由于我们在黑芝麻胡同小学的研究成果获得了北京教育科学研究院基础教育课程教材发展研究中心领导的肯定，这些课题的负责人纷纷把我当作媒介专家，邀请我全程参与研究。

尽管这些课题在找到我的时候，我很清楚它们的研究重点都是“如何通过媒介教”（teaching through media），而不是媒介素养强调的“教关于媒介的知识、技能”（teaching about media），但我看到这些课题都将以师生人手一台平板电脑为教学条件，那么，印刷时代无法企及的多媒体素材、功能新颖甚至堪称神奇的应用程序，以及以全新方式将人们连接在一起的移动互联网等最新的媒介元素都将进入课堂。在这样充斥着媒介元素的课堂中，媒介素养总会有用武之地吧？我心中暗想。此外，我们不是已经确定了要走“融合课程”的路线吗，那么，不如让我们不仅在教学目标、教学内容上努力寻找与其他已有国家课程的融合点，同时也让我们在教学手段、研究重点上努力谋求与教育学研究的深度融合吧。

在此要特别感谢传媒附小张丽荣校长、温建新副校长对我们这种双向融合研究思路的高度肯定和鼎力支持。一方面，学校积极响应我的推荐，正式申请加入了北京教育科学研究院基础教育课程教材发展研究中心主持进行的多项科研课题，这不仅让我们在研究过程中能够得到专业教育研究者的细致指导，也为学校和教师争取到在北京市市级层面及时展示研究成果的平台；另一方面，学校不仅多次斥资购买开展研究所需的平板电脑、集中充电车等设备、设施，建设了覆盖高速Wi-Fi、配备新型桌椅的专用教室，为我们提供了专门的办公室等，还精心选拔了各个学科教学功底深厚，热爱教育研究的教师分期分批地参与我们的研究。可以说，传媒附小对我们所有的研究需求都大力支持，为我们提供了堪称完美的研究条件，这是我们能把各种想法都付诸实践的坚实基础。

（四）新思路、新概念、新研究

在确定了以中国传媒大学附属小学为新的研究基地，以智能终端、移动网络为新型教学条件，努力尝试将媒介素养作为一种元素融入国家已有课程的新思路后，我们着手进行最后的研究准备：第一，根据移动互联网时代的新传播现象及最新的传播学理论研究成果，更新媒介素养概念；第二，确定具体的研究主题。

在概念更新方面，我们主要关注到的是，智能终端、移动互联网的出现极大地改变了受众的地位，它让每个人都有可能成为具有巨大影响力的传播者。尽管自互联网诞生起，受众拥有的选择权、发声权就已经与经典大众传播时代的电视观众、报纸读者完全不同，但互联网时代的受众权利，仍然不能与移动互联网催生的社交媒体彻底打破电视、报纸、网络既有格局后的状况相提并论。很多媒介素养研究者都注意到了移动互联网时代受众身份的变化，提出了"新媒介素养（New Media Literacy）""网络素养（Networking Literacy）""比特素养（Bit Literacy）"等概念。如美国学者亨利·詹金斯（Henry Jenkins）认为，参与式文化中的受众不再是消极的信息接收者与媒介消费者，而是积极的信息传播者与媒介使用者。"在这种全新的参与式文化形态中，以受众为中心的媒介研究必然走向新媒介素养"①。这里提到的"新媒介素养"，是指由听觉、视觉以及数字素养相互重叠共同构成的一整套能力与技巧，包括对视觉、听觉力量的理解能力，对这种力量的识别与使用能力，对数字媒介的控制与转换能力，对数字内容的普遍性传播能力，以及轻易对数字内容进行再加工的能力等。②与詹金斯相同，《美国新闻与世界报道》前主编李·雷尼尔（Lee Rainier）和加拿大社会学家巴里·韦尔曼（Barry Wellman）在《网络化：新的社会操作系统》（*Networked: The New Social Operating System*）一书中也提到了公民作为传播者需要具备的素养，包括参与力和协作力等。③"虚拟社区"概念的提出者，美国斯坦福大学、加州大学伯克利分校媒介教育领域学者霍华德·莱因戈德（Howard Rheingold）也强调这两种能力在网络时代的重要作用。④

在借鉴众多学者研究成果的基础上，我们认为：移动互联网时代的媒介素养应包括受众素养和传者素养两大维度。其中，"媒介使用""利用媒介资源完善自我""媒介内容分析"以及"媒介评价"四个方面是受众素养的主要内容，这在我们黑芝麻胡同小学研究时期的媒介素养概念中就有所体现；传者素养则是应移动互联网时代的传播特征新增的内容，包括"媒介作品制作与发布""媒介伦理道德"两方面，具体内容如表1.2所示：

---

① 李德刚，何玉．新媒介素养：参与式文化背景下媒介素养教育的转向[J]．中国广播电视学刊，2007（12）：39-40.

② A global imperative: the report of the 21st Century literacy summit[R/OL].New Media Consortium,[2019-10-26].http://www.nmc.org/publications/global-imperative.

③ RAINIE, WELLMAN. Networked: the new social operating system[M].Cambridge: The MIT Press, 2012:78-81.

④ RHEINGOLD H. Net smart: how to thrive online[M]. Cambridge: The MIT Press, 2012:36-40.

表1.2　移动互联网时代的媒介素养内涵

	一级维度	二级维度	具体内容
移动互联网时代的媒介素养	受众素养	媒介使用	能够积极、健康、有节制地使用媒介
		利用媒介资源完善自我	能够主动地利用媒介学习、丰富生活
		媒介内容分析	能够判断媒介内容是否真实，是否符合个人需要，具备批判、怀疑精神以及对垃圾信息的识别能力
		媒介评价	能够理解媒介背后所隐含的意识形态，知道媒介的运作受经济、政治、文化、社会等因素的影响
	传者素养	媒介作品制作与发布	能够制作媒介作品，并通过合适的途径、形式发布
		媒介伦理道德	能够对自己传播的东西负责，具备规则意识，版权、知识产权意识以及其他伦理道德意识，具备社会主义核心价值观

需要特别指出的是，在每项具体研究中，准确界定媒介素养概念都是重要的研究起点，但表1.2中的概念表述并不是我们在启动传媒附小新一轮研究之前就制定好的，相反，这个定义是我们经过多轮研究后，根据研究结果及不断收获的感悟对最初定义修正后的阶段性成果。每项研究起始时对媒介素养概念的定义，我会在具体的研究项目中详细介绍。通过不断地更新、比对，我们发现对任何概念的界定实际上都是一个持续的过程，因为不仅现实环境在不断改变，很多想法也需要经过实践检验才能被确认无误。

在具体的研究计划方面，首先，我们希望重点探索将媒介素养作为一种元素融入基于智能终端、移动网络的国家课程是否可行；其次，我们也希望对移动互联网时代的媒介素养教育是否需要专门的教学法进行研究。确定研究主题只是万里长征的第一步，具体实施起来就会发现时光飞逝。2010年9月至2012年6月，我们在与传媒附小校领导共同确定研究主题后，花大量精力完成了对具体学科、实验年级的选定，对平板电脑、相关设备的选购、调试，对参与研究的研究生、教师进行了平板电脑的操作技能培训，对基于智能终端、移动网络的融合式媒介素养课程进行了选点尝试……经过复杂的设备、人员、教学环境、教学内容等多项准备，2012年9月，"以'媒介素养'与'品德与社会'融合课程为例的数字环境下小学媒介素养教育融合课程开发研究"及"数字化环境下的小学媒介素养教育教学法实验研究"，得以正式实施，并双双取得丰硕且极富启发意义的成果。下面就让我们来详细了解这两项研究的过程及主要发现吧。

第二章　对媒介素养教育融合课程的初步探索

2012年9月，经过长达两年的准备，我们以小学五年级学生为教学对象，以“媒介素养”与“品德与社会”学科相融合为课程主题，以平板电脑、移动网络为教学环境的媒介素养融合课程教学实验即将拉开帷幕。此次研究的主要目的是验证能否将媒介素养作为一种元素系统融入已有的国家课程，通过融合课程这种课程形态，在一次教学中同时完成两门学科的教学目标。承担此次实验教学的是具有丰富教学经验，极具创新精神的薛宝卫老师，我和中国传媒大学传媒教育研究中心的多位研究生组成的研究团队与薛宝卫老师共同进行课程研发，并协助薛老师实施教学。

一、媒介素养融合课程的含义

（一）融合课程

融合课程即integrated curriculum，有综合、整合、融合课程等含义，在我国教育领域也常被译为综合课程。[①]国外有专家认为，integrated curriculum “通常由同一个教师或同一群教师，把两个学科合并、融合在一起”[②]。国内学者有宝华则将integrated curriculum定义为“是将具有内在逻辑或价值关联的原有分科课程内容

① 有宝华.综合课程论[M].上海:上海教育出版社，2002:333.

② DRAKE，Burns.综合课程的开发[M].廖珊，黄晶慧，潘雯,译.北京:中国轻工业出版社，2007:8-9.

以及其他形式的课程内容统整在一起的，旨在消除各类知识之间的界限，使学生形成关于世界的整体性认识和全息观念，并养成深刻理解和灵活运用知识综合解决现实问题能力的一种课程模式”①。

我们认为融合课程是指将两门或多门课程自然地、有机地融合在一起的课程，旨在增强课程之间的联系，帮助学生建立对世界的整体认识，增强学生解决实际问题的能力。

（二）媒介素养教育融合课程

对于媒介素养教育融合课程，我们并未找到明确的定义，但是却发现媒介素养教育融合课程一般采用跨学科综合（又叫科际整合，interdisciplinary）的课程模式。如美国学者勒妮·霍布斯在《媒介素养的任务》（*Assignment Media Literacy*）一书中提到，媒介素养教育的任务是“媒介素养和许多课程领域相联系，包括语言艺术、社会学科、数学、健康等。这些课程计划提供多种技能和科际整合的方法将媒介素养与这些科目的课程相联系”②。

我们希望在传媒附小尝试开发的媒介素养教育融合课程指，将媒介素养与其他国家课程中的知识、技能、情感·态度·价值观等目标进行自然、有机地融合的课程，旨在不增加学生课时负担的情况下，帮助学生了解媒介与人、与社会的复杂关系，培养学生做负责任、有能力的积极传播者。

（三）课程开发

在课程研究领域，有“课程开发（curriculum development）”“课程设计（curriculum design）”“课程编制（curriculum making）”等众多概念，研究者们对这些概念的内涵并没有明确的界定，且经常混淆。我们采用课程开发的概念，这是因为“‘开发’意味着发展、形成，是一个不断改进的过程”③。这与我们的研究过程非常一致。我们认同我国课程专家钟启泉先生对课程开发的定义，即“课程开发

---

① 有宝华.综合课程论[M].上海:上海教育出版社，2002:25.

② HOBBS R. Assignment media literacy [EB/OL].(2011-06-30)[2012-05-10]. http://www.marylandpublicschools.org/MSDE/programs/medialit/mediagettingstarted/getting_started.

③ 钟启泉.课程论[M].北京:教育科学出版社，2007:62.

是指经过精心计划的活动，开发出一项课程并将其提供给教育机构中的人们，以此作为进行教育过程的方案，它包括课程目标的确定、课程内容的选择与组织、课程的实施与评价等阶段”①。因此，我们的媒介素养融合课程的开发也分别从课程目标、课程内容、课程实施和课程评价四个方面展开。

二、融合课程的目标

“确定课程目标，不仅有助于明确课程与教育目的的衔接关系，从而明确课程开发工作的方向，而且有助于课程内容的选择和组织，并可作为课程实施的依据和课程评价的准则”②，因此，确定课程目标是整个课程开发的起点。对于媒介素养教育融合课程的开发来说，我们需要解决的第一个问题就是课程目标如何制定。由于本融合课程包含品德与社会以及媒介素养教育两门课程，因此我们先从熟悉的媒介素养课程目标入手，根据我国基础教育国家课程通用的三维目标体系将媒介素养课的课程目标进行转化，为找到两门课程目标的融合点奠定基础；然后，通过对两门课程三维目标具体内容的细致比较，找出媒介素养和品德与社会融合课程的重点目标、长期目标。

（一）媒介素养的课程目标及三维目标化改造

由于媒介素养课程是我们根据媒介素养理论自行开发的校本课程，因此在本研究中我们采用了在黑芝麻胡同小学时期制定的媒介素养课程目标。我们认为小学阶段的媒介素养共分为“健康、安全地使用媒介”“文明、负责地使用媒介”“有效地获取信息”“有效地分析和评价信息”“有效地传播信息”“有效地生产信息”六个维度，每个维度的具体内涵如表2.1所示：

① 钟启泉.课程论[M].北京:教育科学出版社，2007:264.

② 施良方.课程理论：课程的基础、原理与问题[M].北京:教育科学出版社，1996:83.

表2.1　小学阶段媒介素养教育课程目标

维度	具体内涵
1.健康、安全地使用媒介	身体健康：合理控制使用媒介的时间；注意使用媒介时的身体姿势；合理调节各种媒介的屏幕亮度和音量，保护自己的视力和听力。
	人身安全：注意使用媒介的场合，比如乘坐飞机、驾驶汽车以及在加油站时不应该使用手机等媒介，保护自己和他人的人身安全。
	信息安全：使用媒介时不随意透漏自己的个人信息、家庭情况等隐私，不轻信网上朋友的信息资料，不随便约见网友，约见网友时要注意选择公共场合，尽量有父母、朋友的陪伴。
	心理健康：遇到不良网站或信息时，应该尽快关闭网站，积极寻求父母的帮助，及时调节自己的心理，尽量远离类似的网站。
2.文明、负责地使用媒介	维护公共秩序：注意媒介的使用地点和场合，在图书馆、电影院等公共场合使用手机等媒介时不应影响他人、扰乱公共秩序。
	尊重他人的权利：在获取、传播信息时尊重他人的肖像权、隐私权、著作权等权利。
	友好地和他人沟通：在使用媒介与他人沟通、交流时，应文明、礼貌，不恶意诽谤、侮辱他人。
	传播真实的信息：传播信息时，不编造、扭曲事实，传播的信息应该经过权威部门的确认和核实，通过合理的渠道投诉不良信息，积极、主动地揭穿谣言。
3.有效地获取信息	能够选取适合的技术载体搜集信息；掌握上网搜集信息的技能，能够有效地获取所需信息，包括寻找合适的网站、确定关键词、选择合适的"栏目"；能够从文字、图片、视频等各种媒介文本中获取所需信息。
4.有效地分析和评价信息	掌握分析、评价各种形式的信息，比如新闻、照片、幻灯片、影视剧等的方法和标准，能够鉴别这些信息的真伪、优劣。
5.有效地传播信息	能够根据信息的形式选择合适的传播渠道或者能够根据传播渠道的特点选择合适的信息；掌握传递各种信息以及使用各种传播渠道的技能。
6.有效地生产信息	根据生产的内容选择合适的媒介；掌握生产信息的各种技能、制作规范和标准，能够制作出高质量的媒介作品；具备创作的热情，能够积极、主动、有创造性地进行媒介生产。

通过学习我们了解到，自2011年起，我国基础教育的所有国家课程统一采用从知识、技能、情感·态度·价值观三个维度构建课程目标的方法界定课程目标，[①]这个构建课程目标的方法在基础教育界被称为"三维目标体系"。依据"三维目标体系"界定的课程目标有其显著的特点，对于学生来说，能够全面地衡量个体的成长和进步，立体地反映个体成长的层次和过程；对于教育工作者来说，目标体系完整、结构清晰，具有很强的操作性。在我们制定融合课课程目标的研讨过程中，薛宝卫老师建议将媒介素养教育的课程目标按照三维目标体系进行细化，这样不仅有利于教师更好地理解媒介素养教育的课程目标，也更方便老师将媒介素养课程目标与自己所教学科的课程目标进行比对，从而找到融合点。我们立刻采纳了薛老

① 钟启泉.课程论[M].北京:教育科学出版社，2007:128.

师的建议，将表2.1中的媒介素养课程目标进行了三维目标化的改造，改造结果如表2.2所示：

表2.2 小学阶段媒介素养教育课程三维目标

媒介素养教育目标维度	知识	能力	情感·态度·价值观
1.健康、安全地使用媒介	1-1知道使用媒介时保护身体健康的各种措施，比如正确坐姿的标准、眼睛和屏幕的合适距离等；知道哪些场合不适宜使用媒介，例如在加油站、乘坐飞机、驾驶汽车时不应使用手机等媒介；知道保护自己及家人信息安全的各种方法，例如不随意在网上公开自己及家人的基本信息等；和网友交往时，知道如何保护自己的人身和信息安全。	1-2掌握调节屏幕亮度、音量等和健康使用媒介相关的技术操作；能够处理打开不良网站或信息等意外情况，并及时调节自己的情绪、心理；能够正确处理和网友的关系，和网友交往时能够保护自己。	1-3养成健康使用媒介的意识和习惯，例如自觉保持正确的坐姿、主动调节屏幕的亮度和音量；乘坐飞机时自觉关闭手机；养成和网上朋友相处时保护自己人身安全的意识；形成正确的消费观。
2.文明、负责地使用媒介	2-1知道在公共场合使用媒介时应该注意的事项和规则；在获取、传播信息时知道尊重他人的肖像权、隐私权、著作权等权利；知道未经核实的信息不能任意传播；知道举报不良信息的各种正规渠道。	2-2掌握合理引用他人信息的方法和技能；掌握举报不良信息的方法和技能。	2-3自觉遵守公共场合使用媒介的规则；在网络世界中，文明、礼貌地与他人交流；积极、主动地举报不良信息及其来源。
3.有效地获取信息	3-1知道获取信息的各种途径及其各自的特点。	3-2掌握各种获取信息的技能，例如掌握上网搜集、下载信息的方法。	3-3认识到获取信息与个人发展的密切关系，养成积极主动收集信息的意识和态度。
4.有效地分析和评价信息	4-1知道各种媒介的分类、特点、功能等；知道分析各种媒介的方法，包括辨别信息真伪的方法，鉴赏各种形式媒介文本优劣的标准；知道各种媒介对人们生产、生活、学习、工作、消费等产生的各种影响。	4-2能够正确地鉴别信息的真伪；客观地评价各种媒介发挥的作用和产生的影响。	4-3养成不轻信媒介的态度；养成积极主动地鉴别信息真伪、鉴别媒介作品优劣的意识。
5.有效地传播信息	5-1知道传播信息的各种渠道及其各自的传播特点。	5-2能够根据信息的形式选择合适的传播渠道，或者能够根据传播渠道的特点选择合适的信息；掌握使用各种传播渠道传递信息的技能。	5-3形成积极利用各种渠道传播正面、美好信息的意识和品质。
6.有效地生产信息	6-1知道生产各种媒介的技术和工具、组织和机构。	6-2能够根据媒介文本的形式选择合适的生产工具和组织机构；掌握生产各种媒介作品的技能、制作规范，能够制作出高质量的、有创意的媒介作品。	6-3具备生产、创作媒介作品的热情，形成积极、主动地生产媒介作品和表达自己观点的意识。

（二）品德与社会课程的三维目标

品德与社会课程作为义务教育阶段的国家课程之一，教育部制定的《义务教育品德与社会课程标准（2011年版）》明确规定了本课程的目标，包括课程的总目标和三维目标。其中，总目标为“旨在培养学生的良好品德，促进学生的社会性发展，为学生认识社会、参与社会、适应社会，成为具有爱心、责任心、良好行为习惯和个性品质的公民奠定基础”①。三维目标的详细内容则如表2.3所示：

表2.3 品德与社会课程三维目标②

目标维度	具体内容
情感·态度·价值观	1. 珍爱生命，热爱生活，养成自尊自律、乐观向上、勤劳朴素的态度。
	2. 爱亲敬长，养成文明礼貌、诚实守信、友爱宽容、热爱集体、团结合作、有责任心的品质。
	3. 初步形成规则意识和民主、法制观念，崇尚公平与公正。
	4. 热爱家乡，珍视祖国的历史与文化，具有中华民族的归属感和自豪感，尊重不同国家和民族的文化差异，初步形成开放的国际视野。
	5. 具有关爱自然的情感，逐步形成保护生态环境的意识。
能力与方法	1. 养成安全、健康、环保的良好生活和行为习惯。
	2. 初步认识自我，掌握一些调整自己情绪和行为的方法。
	3. 学会清楚地表达自己的感受和见解，倾听他人的意见，体会他人的心情和需要，与他人平等地交流与合作，积极参与集体生活。
	4. 学习从不同的角度观察社会事物和现象，对生活中遇到的道德问题做出正确的判断，尝试合理地、有创意地探究和解决生活中的问题，力所能及地参与社会公益活动。
	5. 初步掌握收集、整理和运用信息的能力，能够选用恰当的工具和方法分析、说明问题。
知识	1. 理解日常生活中的道德行为规范和文明礼貌，了解未成年人的基本权利和义务，懂得规则、法律对于保障每个人的权利和维护社会公共生活具有重要意义。
	2. 初步了解生产、消费活动与人们生活的关系，知道科学技术对生产和生活的重要影响。
	3. 知道一些基本的地理常识，初步理解人与自然、环境的相互依存关系，了解人类共同面临的人口、资源和环境等问题。
	4. 了解家乡的发展变化，了解一些我国历史常识，知道在历史发展过程中形成的中华民族优秀文化和革命传统，了解影响我国发展的重大历史事件和社会主义建设的伟大成就。
	5. 初步了解影响世界历史发展的一些重要事件，知道不同环境下人们有不同的生活方式和风俗习惯，懂得不同民族、国家和地区之间相互尊重、和睦相处的重要意义。

① 中华人民共和国教育部.义务教育品德与社会课程标准（2011年版）[M].北京:北京师范大学出版社，2011:5.

② 中华人民共和国教育部.义务教育品德与社会课程标准（2011年版）[M].北京:北京师范大学出版社，2011:5–6.

从品德与社会课程三维目标的排序可以看出，该课程最注重对学生情感·态度·价值观的培养，其次是对学生能力与方法的培养，知识目标位于最后，这是本课程非常突出的特点。

（三）两门课课程目标的关联性及融合课程的重点目标、长期目标

我们将进行了三维目标转化后的媒介素养课程目标和品德与社会课程目标进行详细比对，将两门课中重叠或者比较接近的课程目标作为融合课程的重点目标。

经过分析，我们发现品德与社会课中有些课程目标本身就是媒介素养教育课程的目标，如“初步掌握收集、整理和运用信息的能力，能够选用恰当的工具和方法分析、说明问题”，这与媒介素养教育课程目标中“有效地利用媒介获取、分析和评价、传播和生产信息”是完全一致的。有些课程目标与媒介素养教育的课程目标是高度相关的，如“珍爱生命”“养成文明礼貌、诚实守信、友爱宽容、热爱集体、团结合作、有责任心的品质”，这与媒介素养教育课程目标中的“健康、安全地使用媒介”“文明、负责地使用媒介”高度相关，因为对生活在网络时代的人来说，文明礼貌、有责任心的品质不仅应体现在现实世界中，还应体现在媒介世界中，可以说，品德与社会课中的这部分课程目标和媒介素养课程目标高度相关。还有一些课程目标则与媒介素养课的课程目标有一定的关系，但不是很显著，如“初步了解生产、消费活动与人们生活的关系，知道科学技术对生产和生活的影响”，虽然从本质上说这些目标也能与媒介素养课程目标中的某些内容相联系，如媒介在生产、消费及人们生活中的作用，媒介技术对生活的影响等，但这种联系不像前面两种那么直接或强烈。

通过细致比较，我们非常欣喜地确认两门课的课程目标确实存在高度的关联性，这种关联性为两门课的有机融合奠定了基础，也帮助我们确定了融合课程的重点目标。对于媒介素养课程目标中和品德与社会课程目标关联性不大的目标，如“知道各种媒介的分类、特点、功能等”“知道传播信息的各种渠道及其各自的传播特点”等，我们认为这些目标都是与个人表达能力密切相关的目标，可以适当地和品德与社会课程中“学会清楚地表达自己的感受和见解”等目标进行联系。因此，这些目标也可以根据具体情况加到融合课程的目标中，作为重点课程目标的补充。表2.4详细列举了两门课课程目标中完全重合或高度关联的部分。

表2.4 媒介素养和品德与社会课程目标对应一览表

维度	具体目标	对应的媒介素养课程目标
情感·态度·价值观	1.珍爱生命。 **	1–3
	2.养成文明礼貌、诚实守信、友爱宽容、有责任心的品质。 **	1–3
	3.初步形成规则意识和民主、法制观念。 **	1–3 2–3
能力与方法	1.养成安全、健康、环保的良好生活和行为习惯。 **	1–3
	2.初步认识自我，掌握一些调整自己情绪和行为的方法。 **	1–2
	3.学会清楚地表达自己的感受和见解，与他人平等地交流与合作。 *	5–2 6–2
	4.学习从不同的角度观察社会事物和现象，对生活中遇到的道德问题做出正确的判断，尝试合理地、有创意地探究和解决生活中的问题，力所能及地参与社会公益活动。 **	4–2 2–2 6–2
	5.初步掌握收集、整理和运用信息的能力，能够选用恰当的工具和方法分析、说明问题。 ***	3–2 4–2 5–2 6–2
知识	1.理解日常生活中的道德行为规范和文明礼貌，了解未成年人的基本权利和义务，懂得规则、法律对于保障每个人的权利和维护社会公共生活具有重要意义。 **	1–1 2–1
	2.初步了解生产、消费活动与人们生活的关系，知道科学技术对生产和生活的重要影响。 *	4–1

说明：***代表两门课目标完全重合，**代表两门课目标高度相关，*代表两门课目标一般相关

品德与社会课的课程目标尤其注重对学生情感·态度·价值观及能力的培养，而这两方面的目标都不是短期内就能实现的，要经过长期的培养才能达成。因此，其课程标准中要求“教师要在把握整个课程目标的基础上，设计单元或课的教学目标，处理好长期形成的目标和短期教学目标之间的关系”，例如“初步掌握收集、整理和运用信息的能力，能够选用恰当的工具和方法分析、说明问题”“养成文明礼貌、诚实守信、有责任心的品质”等目标需要一个长期养成的过程，它们不宜作为短期教学目标，而应作为长期形成的目标。[①]同样，媒介素养也注重对学生思维能力及正确媒介观的培养，这些目标也不是短期内就能达成的。因此，两门课程在情感·态度·价值观和能力两方面高度关联的目标成为融合课程的长期目标，应该分解到具体的课程教学中进行反复地、逐层递进地培养。

① 中华人民共和国教育部.义务教育品德与社会课程标准（2011年版）[M].北京:北京师范大学出版社，2011:18.

（四）媒介素养和品德与社会融合课程的课时目标

在确定了融合课程的重点目标、长期目标后，课程目标的构建进入更为具体的阶段——确定课时目标（或课时教学目标），这是实际教学中一线教师最为关注的问题。课程目标通常抽象、概括，并不能一次性实现，只有通过多次授课才有可能最终实现，因此，只有将课程目标转化为课时目标，授课内容对教师来说才具有可操作性。而所有国家课程除了有课程标准帮助教师明确课程性质、课程目标外，也有各出版社依据课程标准编写的教材，教材通常都已按课时规划好教学主题及内容，更易实施，因此，实际教学中教师更习惯依据教材来制订教学计划。为了检验媒介素养能否系统融入品德与社会课，2012年8月，我们在通过多轮尝试确定了媒介素养和品德与社会融合课的课程目标后，便根据薛宝卫老师2012学年第一学期的教学计划，以北京版《品德与社会》五年级上册第一、二单元[①]共16课时的教材为基础，尝试制定了这些课的课时目标。考虑到此次教学将在师生人手一台平板电脑的数字化环境下进行，我们还专门开发了两节关于平板电脑使用的课程（课程名称分别是"认识iPad"和"成为iPad使用高手"），以帮助学生快速掌握参与数字化教学的能力。在本轮实验中我们一共制定了18节课的课时目标。之所以确定18课时的总量，是因为按照北京市教委当时的课时安排[②]，五年级品德与社会课每周有2课时，每学期共教学17或18周，我们希望通过持续半学期的实验，一方面确保实验教学的相对长期、系统、完整性，以科学评估教学效果，另一方面也留出机动调整的空间。

我们制定融合课课时目标的具体方法是：以品德与社会课的课程总目标、三维目标为出发点，依据学生情况及教材内容，先确定每节课的教学主题，然后依据每节课的教学主题制定每节品德与社会课的课时目标，最后以融合课程的重点目标、长期目标对应表为依据，选择每节课适合融入的媒介素养目标，形成每节融合课的课时目标。在选择与每课时相匹配的媒介素养目标时，我们坚持的原则是既符合五年级学生的年龄特点、兴趣、需求，又有利于实现品德与社会课的目标，从而

---

① 北京教育科学研究院，首都师范大学出版社合编.品德与社会：五年级上册[M].北京：首都师范大学出版社，2010:1-57.

② 北京市实施教育部《义务教育课程设置实验方案》的课程计划（修订）[EB/OL].（2015-07-10）[2019-06-09].http://jw.beijing.gov.cn/xxgk/zxxxgk/201601/t20160128_1443532.html.

达成两门课的有机融合。

虽然总结方法并不难，但实际上真正确定这18节课的课时目标，并用准确的文字表述出来，是一个无比艰难、复杂的过程。每次研讨我们都要和薛宝卫老师争论很久，为每一个词是否准确而大伤脑筋。现在回想，我们对如何制定融合课程的课时目标形成了三点认识：第一，融合课程中每一节课的课时目标是否都要包含两门课的课程目标并不是绝对的，要视具体情况而定。一方面，小学每节课只有40分钟，容量非常有限；另一方面，小学生的认知水平较低、行动迟缓，一节课能完成的内容、达成的目标非常有限，因此，所谓的融合要在较长的课程周期中去体现，而不能机械地要求每节课都必须同时包含两门课的目标。第二，由于所有参与研究的师生对基于智能终端、移动网络进行教学的环境都是陌生的，因此我们制定的课时目标并不一定准确，在课程实施的过程中教师应根据学生课上的表现、需求等实际情况对已有课时目标进行调整。第三，我们发现所谓“融合”只是一种思路、方法，并没有统一的路径或标准，即使是同一学科的同一节课，也会因为学生的实际情况及教师不同的个人风格，设计出不同的融合课课时目标。

表2.5是我们在本轮研究中最终制定并根据授课反馈调整后的融合课程课时目标。

表2.5　2012学年第一学期中国传媒大学附属小学媒介素养和品德与社会融合课程课时目标一览表

序号	课时名称	课时目标		
		知识	能力	情感·态度·方法
1	认识iPad	知道iPad中各个按键的功能；知道数字课堂学习的基本规范。	掌握使用iPad的基本操作。	培养学生健康、安全使用平板电脑的意识以及在课堂中遵守基本规范的意识。
2	辽阔疆域	了解我国的地理位置、海陆疆域，知道我国幅员辽阔；了解电子教材的基本功能。	学会看纸质版和电子版的中国地图，学会从地图中通过观察、对比、分析等方法获取有效的信息；掌握使用电子教材的基本操作。	激发对祖国幅员辽阔的自豪感和爱国之情；激发学生使用电子地图、平板电脑、照片等媒介进行学习、创造的热情；培养学生健康、安全地使用平板电脑的意识。
3	众多邻国、行政区划	知道与我国相邻的国家众多；了解我国的行政区划。	学会看中国地图、行政区划地图，学会从地图中通过观察、对比、分析等方法获取有效的信息；学会使用网络查询邮编、电话区号以及行政区划来源。	激发学生对祖国的热爱和自豪之情；理性地分析新闻内容，不盲目模仿新闻中的行为；全面认识网络在生活中发挥的作用。

续表

序号	课时名称	课时目标		
		知识	能力	情感·态度·方法
4	**五种地形**	知道中国五种地形齐全；知道五种地形的名称和所占的比例；知道中国地势的特点。	能利用中国地形图查找五种地形，并且认识到地图中不同的颜色能传递不同的信息。	激发学生游历祖国风光的热情及对祖国大好河山的热爱；激发学生创造性地使用照片、幻灯片等媒介表达自己观点的热情；培养学生在公共场所文明使用媒介的意识。
5	**成为iPad使用高手**	知道给文件正确命名的规范及意义；知道平板电脑中的Keynote程序是一款制作演示文稿或者幻灯片的软件。	掌握给文件正确命名的操作；掌握Keynote的一些基本操作。	培养学生给文件规范命名的习惯；激发学生通过创作演示文稿表达观点、展示自己的热情。
6	**多山的国家**	初步了解我国是山地面积广阔的国家；了解、认识我国的名山大川；初步学习我国国土多山区、多宝藏的一面，同时也要看到我国多山地不利于耕作的一面，以及给人们生产、生活带来的影响。	学会看中国地形图，在地图上查找我国的主要山脉；掌握使用网络搜集信息的方法、步骤，并能够运用搜集到的信息分析我国国土多山的影响。	教育学生用一分为二的观点，全面、客观地看待问题；培养学生的民族自豪感，加深学生热爱祖国的情感和建设祖国的责任感；培养学生在公共场所文明使用媒介的意识。
7	**统一的多民族国家、港澳回归的喜悦**	知道中国自古以来就是一个统一的多民族国家；知道港澳回归是维护祖国统一的大事。	理解香港、澳门回归的意义和人们的喜悦之情；通过百科类网站搜集信息，解决学习中遇到的问题；能够对图片、视频等资料进行初步分析；比较诗歌、音乐在表达情感方面的不同。	体会华夏儿女期盼回归的渴望之情，感受港澳回归的喜悦；引导学生客观地看待文字、声音、影像等各种媒介，避免产生媒介有高低之分的偏见。
8	**两岸同胞盼统一**	从历史和地理的角度，了解台湾自古以来就是中国的领土；知道大陆和台湾“根脉相连”，台湾是祖国不可分割的一部分；了解我国政府为实现统一所做的不懈努力及现在两岸的友好往来。	能运用阅读、观察、倾听、测量等方法，对相关学习资料进行归纳分析；了解台湾的历史，感悟海峡两岸的根脉相连；提升学生录像的技能和意识；提升学生搜集信息、制作幻灯片的技能。	体会海峡两岸同胞盼望统一的心情，萌发维护祖国统一的情感。
9	**祖国的保卫者**	知道中国人民解放军是祖国江山的保卫者。	会搜集视频、图片、歌曲、新闻等各种信息，并能对各种信息进行归纳和分析，了解祖国保卫者的革命斗志和奉献精神。	体会人民与军队的鱼水情，萌发对解放军的热爱之情；全面认识文字、视频等各种媒介，避免产生媒介有高低之分的偏见。

续表

序号	课时名称	课时目标		
		知识	能力	情感·态度·方法
10	孕育中华文明、养育华夏子孙	知道黄河和长江在中华民族诞生、发展中发挥的作用。	从历史的角度认识一个民族的发展，初步分析人类的诞生和发展与自然环境之间的关系；培养积极、主动做事的能力，与人合作的能力；提升学生搜集信息、制作幻灯片、发送邮件的技能。	感受黄河和长江的壮阔，了解它们的历史功绩，激发学生热爱黄河、长江的情感，初步树立爱护、保护黄河、长江的意识；培养学生尊重他人劳动成果和版权的意识。
11	保护“母亲河”	了解保护“母亲河”的重要性及保护措施。	培养积极、主动做事的能力，与人合作的能力；培养搜集、整理信息及制作幻灯片、发送邮件的能力。	初步树立爱护、保护黄河、长江的意识。
12	富饶的黑土地	知道东北的地理位置、地形特点和黑土地的形成、主要物产；了解当地人们的生产和生活情况。	能够通过各种信息分析东北地区的自然环境对当地人生产和生活的影响；提升学生制作幻灯片的能力。	引导学生感受东北地区的壮阔和美丽，让他们认识到自然与人类和谐发展的重要意义；激发学生利用各种媒介进行学习的兴趣，并引导学生全面地看待媒介的功能；增强学生尊重他人劳动成果和版权的意识。
13	河流的赠礼	知道华北平原的地理位置、地形特点及其成因和主要物产。	能够通过各种信息分析华北平原的自然环境对当地人生产和生活的影响。	引导学生感受华北平原的壮阔和美丽，让他们认识到自然与人类和谐发展的重要意义；引导学生利用各种媒介进行表达，激发学生使用媒介进行创新的热情。
14	沟壑纵横的高原	知道黄土高原的地理位置、独特的地形及其成因和主要物产。	能够通过各种媒介分析黄土高原的自然环境对当地人生产和生活的影响；提升学生搜集信息、分析音乐等各种信息的能力。	引导学生感受黄土高原的壮阔和美丽，让他们认识到自然与人类和谐发展的重要意义；激发学生利用各种媒介进行学习的兴趣，并引导学生全面地看待媒介的功能。
15	小桥流水人家、美丽的苏杭	体会“小桥流水人家”的意境，感受我国南方优美的自然环境，体会“水乡”的清秀。	引导学生认识和理解自然环境与当地人生产和生活之间的关系，初步分析美丽的自然环境为人们的生活提供了哪些有利的因素；提升学生使用电子地图获取有效信息的能力。	激发学生热爱自然的情感和保护环境的意识。

续表

序号	课时名称	课时目标		
		知识	能力	情感·态度·方法
16	神奇的乐土、南海上的明珠	了解西双版纳、海南岛的地理位置、气候和资源，感知“南国”自然环境的特点。	引导学生通过各种媒介分析自然环境与当地人生产和生活之间的关系，能让学生初步分析出美丽的自然环境为人们的生活提供了哪些有利的因素；培养学生通过各种媒介有效获取信息的能力；提升学生生产、传播媒介的能力。	激发学生热爱自然的情感和保护环境的意识。
17	沙漠和绿洲、天山南北好牧场	让学生了解西部的地理位置，了解新疆的地形、环境和气候特点；知道新疆的矿产、农作物及畜牧业等丰富的资源。	初步理解和分析新疆的环境对当地人生产和生活的影响；让学生理解“媒介即人的延伸”的内涵，认识到媒介对自身认知的影响；培养学生的识图能力和分析信息的能力。	激发学生热爱自然的情感和保护环境的意识。
18	日光城和聚宝盆	了解青藏高原是我国海拔最高的地区；知道青藏高原地区的主要能源和察尔汗盐湖的主要资源；简要了解青藏地区的风土人情。	初步理解和分析青藏高原地区的环境对当地人生产和生活的影响；理解国家开发西部的意义；培养学生的识图能力和利用媒介解决问题的能力。	激发学生热爱自然的情感和保护环境的意识；启发学生制作图文结合的媒介作品来记录自己的生活、表达自己的情感。

说明：18节课中，除第1、第5课时为增强学生参与数字化教学的能力，由课题组自行确定“课时名称”及内容，并依据媒介素养课程目标确定课时目标外，其余16课时的“课时名称”依据北京版《品德与社会》五年级上册教材第一、第二单元的内容确定。

三、融合课程的内容选择与组织原则、策略、方法

课程内容是实现课程目标的重要手段和载体，直接指向“应该教什么”的问题，它是课程开发者在确定课程目标后首先需要解决的问题。在众多媒介素养教育的内容中选择和品德与社会学科相适切的课程内容，并将之进行巧妙整合，对两个领域的课程开发人员来说都并非易事。由于国家课程有成熟教材作为课时目标及课程内容的来源，教师也很习惯依据教材进行教学设计，因此，此次实验中，我们以实验教师使用的北京版《品德与社会》五年级上册教材为品德与社会学科的课时目标及教学内容来源，并尝试以已制定好的融合课课时目标为依据，选择适当的媒介素养课内容和品德与社会教材中的内容相融合，形成最终的融合课程内容。通

过18课时的尝试，我们对融合课程开发原理中提到的内容选择与组织原则、策略有了更深入的认识。

（一）融合课程内容选择与组织的原则

首先，在选择内容的过程中我们切身体会到，“人类社会累计起来的知识和经验浩如烟海，仅现有的学科门类就有数千门之多。而学生所要掌握的学科门类以及各学科的内容都是极其有限的，所以，课程内容必须经过严格地、精心地选择”①，尤其是在融合课程课时有限，又要同时达成两门课的目标的情况下，如何选择课程内容，使课程效果最大化地体现出来，就成为非常关键的问题。在课程开发领域，选择与组织课程内容有很多需要遵循的原则，这些原则是保证课程内容科学、有效的基础。媒介素养融合课程的内容选择及组织也应遵循这些原则，以确保课程内容的科学性、有效性。具体来说，我们应遵循的原则可以从选择及组织两个维度来归纳。

1. 融合课程内容选择的原则

（1）一般性原则

媒介素养融合课程在选择课程内容时，首先应遵循一般课程在选择课程内容时考虑的基本原则，如“注意课程内容的基础性；课程内容应贴近社会生活；课程内容要与学生和学校教育的特点相适应”②。我们在选择媒介素养课的教学内容时特别注意了这几项原则，优先选择基础性的、能够和社会生活及学生的生活经验密切联系的内容。例如，针对学生在教室使用电脑、手机时出现的不文明现象，教师不仅和学生探讨了在教室中使用媒介的规范、礼仪，还将教学内容延伸到了学校外的电影院、图书馆等其他公共场所，这不仅解决了学生在教室中没有规范使用媒介的礼仪问题，而且也为学生参与更广阔的社会生活奠定了基础。为了帮助学生更好地应对日益激增的信息量所带来的挑战，保证学生能够抓住信息时代的机遇，更好地规划自己，我们还围绕课程目标“使用媒介有效地获取信息、分析和评价信息、传播、产生各种形式的信息”，选择了搜集网络信息、发送电子邮件、制作幻灯片等内容。

---

① 施良方.课程理论：课程的基础、原理与问题[M].北京:教育科学出版社，1996:110.

② 施良方.课程理论：课程的基础、原理与问题[M].北京:教育科学出版社，1996:111–114.

（2）特殊性原则

在课程开发中，我们还发现融合课程的内容选择不仅应该遵循一般性原则，而且还应遵循特殊性原则，其中包括“主辅式原则”“融优化原则”等。主辅式原则是指两门课程在融合时以一门课程为主，一门课程为辅。我们在本次融合课程开发中就选择了以品德与社会课程的内容为主，以媒介素养课的内容为辅的方式。之所以遵循这样的原则，首先是因为国家课程具有法定地位，所有中小学有责任确保国家课程的完整、优质实施；其次，我们已经确定了将媒介素养作为一种时代元素融入所有国家课程的研究思路，此次以品德与社会课为切入点只是我们尝试开发媒介素养融合课的起点，因此在课程内容上以品德与社会课为主，这能为媒介素养融入其他课程提供借鉴。“融优化原则”是指开发课程内容时，应吸纳两门课的优点，精选两门课的内容，最有效地实现融合课程的目标。例如，品德与社会课的最大特点是“课程注重学生生活的价值”“课程必须贴近他们的生活，反映他们的需求”[①]，因此，品德与社会教材中的内容大多是从学生的生活和社会化需求出发，与学生生活经验密切相关。媒介素养课最大的特点是尊重学生的感知和体验。正如我国媒介素养教育专家卜卫在《对媒介素养教育及其研究的反思》一文中提到的那样：“媒介素养教育内容如何建构，不是教师自己可以决定的，按照批判媒介素养教育学的原则，应该是在承认参与者的经验的基础上，与参与者共同建构的。”[②]本次研究，我们综合两门课的特点，以“符合学生生活经验和需求”的内容选择原则为前提，选择了与学生生活经验相关、符合学生需求和兴趣的内容。

如何了解学生的生活经验和实际需求呢？首先，我们主要采用了问卷调查、焦点小组访谈以及课堂观察等方法。例如，在确定课程内容前，我们通过对参加课程的全体学生进行问卷调查，了解了学生的媒介接触、使用情况，并通过对部分学生进行焦点小组访谈，继续深入了解了学生使用媒介的经验以及兴趣，包括学生在搜集信息、制作幻灯片时是否遇到问题，遇到了哪些问题，遇到问题是如何解决的；是否希望深入学习制作幻灯片、发送邮件等，以便根据学生的这些经验和兴趣确定课程内容。其次，我们和一线教师一起认真观察学生上课时使用媒介的情况，及时发现学生在上课时普遍存在的问题。例如，在搜集信息时，很多学生不会使用关键

---

① 中华人民共和国教育部.义务教育品德与社会课程标准（2011年版）[M].北京:北京师范大学出版社，2011:3.

② 卜卫.对媒介素养教育及其研究的反思[M]//彭少健，王天德.2008中国媒介素养研究报告.北京:中国广播电视出版社，2008:17.

词，往往把教师提出的整个问题输入搜索框，导致找不到答案；还有很多学生不知道根据信息的形式选择合适的选项，如老师要求搜索图片，有些学生则到“百度音乐”中搜索，搜到相关信息后，学生往往不注意分析和鉴别网上的信息，直接将整个网页上的内容都复制、粘贴到自己的作品中等。学生存在的这些真实的问题，是融合课程选择课程内容的重要依据，这部分课程内容虽然不是上课之前就能预先确定好的，但是，教师应根据教学中的发现及时调整教学内容，以便最有效地实现融合课的课程目标。通过实践我们发现，媒介素养融合课程的内容并不能完全由教师根据经验或课程目标预设，而需要根据学生的实际情况及时调整，以更好地满足学生的需求。

2. 融合课程内容组织的原则

根据课程专家施良方先生的意见，在组织课程内容时我们经常碰到的几对关系分别是纵向组织与横向组织、逻辑顺序与心理顺序、直线式与螺旋式原则等。[①]根据本次融合课程开发的实际情况，我们主要采用了横向组织原则、纵向组织原则、心理顺序原则和逻辑顺序原则。

（1）横向组织原则

媒介素养融合课程作为一门综合课程，在课程内容的组织上首先要遵循的是横向组织原则，即打破课程的界限，建立两门课的横向联系，从而使两门课的内容有效联系，共同促进课程目标的实现。例如，在组织“众多的邻国”这节课的内容时，品德与社会教材中只是简单地介绍了我国邻国的数量、位置、分类等。根据我国邻国所处位置，可分为陆上邻国、海上邻国、陆地与海上邻国三类，在与邻国的交往原则中，品德与社会教材中只是非常简要地提到了国家间应遵循求同存异、睦邻友好、国际合作等原则，这些原则对小学生来说非常抽象，不易理解。我们就从当时的热点新闻中取材，以中日钓鱼岛争端为例，引导学生运用品德与社会教材中的原则来分析，新闻事件中中日民众的哪些行为是合理的，而哪些行为是应该避免和抵制的。在分析这些新闻事件时，教师让品德与社会课的教学内容更具体、生动，易于理解，促进了品德与社会课教学目标的达成，同时也巧妙地培养了学生关心时事、注意判断新闻来源、理性分析新闻内容的习惯，从而实现了媒介素养课的课程目标。通过横向组织原则组织课程内容，融合课程展示出1+1>2的魅力，也更加吸

① 施良方.课程理论：课程的基础、原理与问题[M].北京:教育科学出版社，1996:115-119.

引学生。

（2）纵向组织原则

除了要遵循横向组织的原则之外，融合课程在组织课程内容时也应遵循纵向组织的原则。所谓纵向组织的原则，即课程内容按照从已知到未知、从简单到复杂、从具体到抽象的先后顺序进行排列。通过《义务教育品德与社会课程标准（2011年版）》中规定的课程内容，[①]我们可以发现品德与社会课在课程内容组织中严格遵循了纵向组织原则，课程内容从家庭、学校到社区、国家、世界逐步扩展，课程内容难度随着学生年龄的增加逐步提升。媒介素养课的课程内容虽然在此次融合课程开发中受到品德与社会教材内容的制约，但在具体内容的组织中，也基本遵循了从易到难的纵向组织原则。例如，在教授学生使用平板电脑搜集、选择信息时，我们会先从浏览器、常用网站的选择及使用方法等简单内容开始，逐步扩展到关键词、信息类型的选择，以及信息质量的辨别和选择等更加复杂的内容。

（3）心理顺序原则

融合课程强调根据学生身心发展的特征以及他们的兴趣、需要、经验背景等组织课程内容，即要遵循课程组织的心理顺序。品德与社会课及媒介素养课都非常注重学生的生活体验，因此，在组织融合课程内容时，为了使课程内容符合学生的生活体验和兴趣，我们经常会进行课前调查，以更好地了解学生的生活经验，并以学生感兴趣的问题为线索组织各课时的教学内容。例如，在我们准备“祖国的保卫者”这节课的内容时，当时刚刚过完国庆假期，教师就提议以国庆大阅兵的视频作为教学内容，视频对学生来说不但非常吸引人，而且学生都很熟悉此内容，符合他们的生活体验，因此这样的课程内容容易激发学生对“祖国保卫者”这个主题的学习兴趣。又如，为了使融入的媒介素养课程内容符合学生的身心发展特征，我们会优先安排学生学习他们经常接触和感兴趣的媒介技能，如制作幻灯片、拍照、摄影、发送邮件等。

（4）逻辑顺序原则

融合课程内容的组织，在遵循学生心理顺序的同时，还应遵循课程内容的逻辑顺序。但在遵循这一原则的过程中，我们遇到了一些困难。首先，无论对强调培养学生情感·态度·价值观的品德与社会课来说，还是对强调思维启迪、能力培养

---

① 中华人民共和国教育部.义务教育品德与社会课程标准（2011年版）[M].北京:北京师范大学出版社，2011:7-17.

的媒介素养课来说，学科的内容逻辑都不像数学、语文这类知识性很强的学科那样明显，因此，即使我们在此次融合课程开发过程中选择以品德与社会教材为课程内容的基础，但是我们也很难看出品德与社会教材的内容逻辑究竟是怎样的。其次，由于我们选择以品德与社会课的教材为内容主线，媒介素养课作为元素在可以融合的地方融入，这样一来，品德与社会课的内容逻辑“表面上”看得到了比较严格的遵守（说“表面上”，指教材内容的顺序得到了完整的保留），但媒介素养课的内容不能保证完全按逻辑顺序组织，确实有零散、破碎的现象。对于品德与社会课、媒介素养课这样强调价值观、素养培养的课程来说，其内容逻辑究竟是什么，以及如何在两门或两门以上的融合课程中保证每门课的内容逻辑都完整、严谨，这需要我们做更多的研究来解答。

（二）融合课程内容选择与组织的策略及方法

在确定了媒介素养教育融合课程内容选择与组织的原则之后，如何使两门课的内容自然、有机地融合，成为融合课程内容开发的又一关键问题，这也是课程实践中一线教师最关心的问题。在澳大利亚从事媒介素养教育研究的万国芳博士在《媒介素养教育与学科融合》一文中提到：“关于媒介素养教育，教师们经常问到的一个问题是‘我怎样将媒介素养教育和我已经非常拥挤的课程相融合？’”①在本次课程开发中，我们采取了以下策略和方法。

1. 融合课程内容选择与组织的策略

通过分析品德与社会的课程标准和教材，我们发现品德与社会是一门综合课程，包含历史、地理、文化、环境、生命、安全等多个方面的内容，有些课程主题本身就包含媒介素养教育的内容，有些则与媒介素养教育的内容关系不大。因此，我们尝试按照课程主题是否与媒介素养教育相关的标准，将品德与社会课的主题划分为与媒介素养教育相关及与媒介素养教育不相关两类，并分别制定了两类主题在选择、组织融合课程内容时的策略。对于与媒介素养教育密切相关的主题，如电影、通信、网络、电子游戏等，尽量补充与本主题相关的媒介素养教育的课程内容。对于与媒介素养教育没有明显关系的主题，如本次实验研究中涉及的品德与社会

---

① WAN G F.Integrating media literacy into the curriculum [EB/OL].(2010-03-09)[2012-04-15]. http://www.cehs.ohio.edu/facultystaff/wang1/portfolio/13.pdf.

教材五年级上册第一单元、第二单元，其主题是关于中国各个地区和民族的地理、历史、文化等内容，和媒介素养教育没有明显联系。对于这类主题，我们的经验是可以围绕融合课程的重点目标、长期目标，适当增加相关的媒介素养教育内容，以实现二者的有机结合。

2.融合课程内容选择与组织的方法

关于融合课程内容选择与组织的具体方法，我们在融合课程开发理论的指导下，主要尝试了互补法、转换法、实践法、观察法、追问法、渗透法。这些方法各有特点，分别适用于不同的主题，我们的具体体会如下：

（1）互补法

“互补法”即围绕品德与社会课中与媒介有关的主题，在原有课程内容的基础上增加与媒介素养相关的内容，使课程内容更加丰富。例如，当我们详细查阅小学五、六年级（共四册）品德与社会教材时，发现其中有通信、电影、网络游戏等主题，这些主题本身就含有很多媒介素养教育的内容，只是以往因教师缺乏媒介素养方面的知识或意识，在授课时很可能对这些内容一笔带过，不做重点处理。在对这些主题融入媒介素养的教学目标后，我们会依据媒介素养教育的三维目标补充和扩展课程原有内容，在丰富品德与社会课内容的同时，实现更多媒介素养教育的课程目标，使两门课程相得益彰。“辉煌的电影艺术”便是使用这种方法开发的一节典型课例。在该课程内容的开发过程中，我们首先和薛宝卫老师一起梳理了教材原有内容，发现其中主要包括电影技术的发展和电影导演、演员的贡献，以及电影内容反映的生产和生活等。于是，我们从媒介素养教育的三维目标出发，增加了“对其他不同类别电影工作人员在电影制作中的角色、任务介绍”“使用电影海报等资料时应注明信息来源”“畅想自己如何参与电影制作”“尝试拍摄自己的小电影”等内容，以此丰富已有的课程内容，实现媒介素养教育中关于积极主动运用媒介技术，文明、负责地使用媒介，以及有效地分析和评价信息等方面的课程目标。

（2）转换法

“转换法”主要用于主题和媒介素养教育没有显著联系的品德与社会课程，这也是我们在融合课程开发中经常使用的方法。我们想到的切入点是，教师可以把品德与社会课程中出现的各种形式的媒介转换成课程内容，从媒介的形式、内容等多个角度进行分析和说明，这样就使媒介素养教育的内容自然而然地融入课程中。

具体来说：第一，教师可以对教学中选用的各种形式的表意符号，如文字、音乐、图片、视频等，进行更深入的讲解，以提高学生对不同符号在传达意义时存在差异的理解。例如，教师在学生阅读文本或观看视频前提出各种关键问题，引导学生除了关注文本、视频的内容外，也要注意文本、视频在表达相同主题时对人的不同影响，从而更好地理解为什么视频更吸引人，但文本也有视频不可取代的长处，因此，我们应该根据需要选择正确的媒介形式。第二，在关注媒介内容的同时，教师也要注意培养学生的批判性思维。如教师不仅可以利用新闻事件让品德与社会教材中的内容更丰富、更具现实性，而且可以选取不同立场、不同视角的同一主题新闻，通过对比分析帮助学生了解评价新闻信息真实性、权威性的方法，为学生讲解对待新闻应有的态度，鼓励学生关注时事等。第三，以往教师在使用幻灯片等媒介时，只注重用幻灯片讲授品德与社会学科知识，现在却可以适当地融入幻灯片制作技巧、电子文档命名规范、电子文档形式鉴赏等内容，帮助学生掌握多媒体制作、鉴赏等方面的知识，提升他们这些方面的能力。

（3）实践法

“实践法”即媒介素养教育中非常提倡的“做中学”法，它鼓励学生使用各种媒介进行学习、创造各种形式的媒介作品，从而提升学生的媒介使用、媒介作品制作、媒介作品鉴赏等能力。此方法不论是课程主题与媒介素养教育相关的还是关联不明显的课程都可以采用。我们本次实验在师生人手一台平板电脑的数字化教学环境下进行，这为教师使用“实践法”提供了条件。此外，在实际教学中，我们提醒教师除了在课上要积极鼓励学生恰当使用平板电脑，制作各种媒介作品外，课后也要经常为学生布置搜集信息、拍照、录像、制作幻灯片等练习，并要求学生通过电子邮件、教学平台等媒介发送和分享作业，这无疑极大地增加了学生动手实践的机会。

（4）观察法

“观察法”主要指教师通过在课堂教学中认真观察学生接触、使用各种媒介的行为、习惯，了解学生使用媒介的情况，抓住教学时机，有针对性地对学生进行指导。这种方法需要教师现场观察学生使用媒介的情况，以往因为学生的媒介使用行为大多发生在家里，故而教师缺乏观察的机会，本次实验的数字化教学环境为教师提供了充足的机会。通过课堂观察，教师能发现学生在使用媒介时存在的典型问题，如在使用平板电脑时坐姿不规范，缺乏保护视力和听力的意识及能力；

在播放音视频时不注意维护公共秩序，在搜集信息、制作幻灯片等媒介作品时技能不熟练、方法不规范等。针对这些问题，我们与教师及时研讨、调整课程内容，从而使课程内容对学生来说更具针对性、适切性。实践证明，通过观察法，教师能够及时发现很多新的情况和问题，抓住很多教学时机，这不仅提升了学生的媒介素养水平，也使课程内容更具现实性、针对性。这一结果不仅说明了观察法在媒介素养融合课开发过程中的重要作用，而且也提醒我们通过实践检验理论的重要性。

（5）追问法

"追问法"即在融合课堂教学中，当学生提到和媒介相关的内容时，教师能巧妙地抓住教学时机从媒介素养教育的角度对学生进行追问，并根据学生的回答给予客观、有效的点评和引导。这种方法要求教师具备充足的媒介素养专业知识和现场反应能力。在本课程中，教师经常使用的方法是在课堂教学中注意追问学生知识、观念的来源，并根据学生的回答引导其更深入地认识媒介的作用。经过课堂教学的检验，我们发现学生有很多知识、认识是从电视、电影、流行歌曲等媒介中获取的。如果没有教师的这种追问，学生就不会意识到媒介对自身产生的影响。通过追问法，学生增加了对媒介与自身关系的认识，教师也了解到了媒介对学生的认知产生的影响，师生都能有所提高。

（6）渗透法

除了以上方法外，我们在本次融合课程开发中还使用了"渗透法"，即慢慢地、逐渐地在课堂中对学生进行媒介素养教育的感染和熏陶。典型的做法是教师"以身作则"——教师在课堂上积极、巧妙地使用媒介，启发学生对媒介在学习、生活中的作用产生新的认识并大胆尝试。例如，在一次课上，薛宝卫老师灵机一动，通过录像、拍照的方法记录学生的学习行为，并现场播放这些内容，一边观看一边引导学生讨论，帮助学生反思、改进自己的行为。这种教学方式不但解决了以往的教学难点，而且也让学生感受到了录像、拍照等功能的巨大威力，扩展了学生对录像、拍照功能的认识。此外，薛老师还向学生展示了自己用幻灯片制作的旅游日记——"我的拉萨旅游日记"，一方面增进了学生对拉萨的了解和喜爱，另一方面也扩展了学生对多媒体写作的认识。与其他方法相比，"渗透法"主要是通过日积月累的渗透，逐步拓宽学生对媒介的认识，提升学生使用媒介的热情，激发学生的创造力。虽然这种方法耗时长、见效慢，但对于改变学生的意识及行为来说更具持久性、长期性，因此建议教师高度重视此方法。

表2.6是我们对以上各种方法的概括及总结：

表2.6　融合课程内容选择与组织的方法一览表

序号	方法	具体内容
1	互补法	围绕品德与社会课中和媒介有关的主题，在原有课程内容的基础上补充相关的媒介素养内容，让学生对与媒介相关的主题有更多的认识和思考。
2	转换法	学生在阅读印刷文本、观看图片、音视频等不同类型的媒介信息时，通过回答教师提前布置的各种问题，来了解不同符号在传达意义时产生的差异。
		在关注媒介内容的同时，指导学生客观地、全面地分析新闻等媒介文本，鼓励学生积极地利用新闻等媒介信息了解各种事情，对各种媒体呈现的信息进行批判性思考 。
		在使用幻灯片等媒介时，适当地融入幻灯片制作技巧、电子文档命名规范、电子文档形式鉴赏等内容，帮助学生掌握多媒体制作、鉴赏等方面的知识和提升他们这些方面的能力。
3	实践法	为学生展示电子地图、录像机、照相机等媒介的使用方法及搜集信息、制作幻灯片的操作过程，为学生提供练习的机会和相应的辅导，鼓励学生使用这些技能解决生活、学习中的问题。
		在学生展示使用网络搜集到的信息或其他成果时，教师应注意培养学生的辨别意识和能力，比如指导学生比较从不同网站获取信息的异同，指导学生搜集信息时注意信息来源、从多种渠道获取信息、注意分辨信息的真伪。
		在指导学生制作媒介作品时，引导学生引用资料时注明信息来源、搜索的时间等，尊重他人的劳动成果、版权、肖像权等权利。
		布置作业时，强调作业形式不限，鼓励学生制作各种形式的媒介作品。
		和学生一起制定评价媒介作品的标准，为他们提供展示和评价媒介作品的机会。
		学生制作幻灯片等作品时，鼓励学生发表自己的看法和观点，而不仅仅是使用从媒介中获取的资料。
		鼓励学生通过电子邮件、博客、微博、学习平台等各种方式传播、分享自己的媒介作品，提醒学生传播信息时要有保护隐私的意识。
4	观察法	观察学生的媒介使用行为（比如坐姿、屏幕的亮度、眼睛离屏幕的距离等），有针对性地对学生进行健康使用媒介方面的指导、训练。
		观察学生在教室等公共场合使用手机、播放音视频时的行为习惯，和学生一起探讨制定公共场合使用媒介的规范，并对学生的行为进行监督和提醒。
		观察学生使用媒介、制作媒介作品时的操作技能、制作规范，有针对性地提升学生的媒介使用、制作能力。
5	追问法	学生回答相关问题之后，注意询问信息来源，引导学生全面认识媒介在扩展认知方面的影响，使其能够客观看待电视、网络、电子游戏等媒介的作用。
6	渗透法	在教学中善用各种媒介，比如使用录像记录学生的典型行为等，以增加学生接触媒介的机会，同时拓宽学生关于媒介使用的思路，激发学生的创造性及使用媒介的热情。

事实上，通过实践我们意识到，融合课程的内容开发并没有固定的、标准的答案，只要能有机地将两门课的课程内容进行融合，有效地实现两门课的课程目标，任何策略、方法都可以采用。我们之所以要对我们尝试过的策略、方法进行总结，更多的是希望对未来要进行融合课程开发的教师、研究者提供一些借鉴启发。

四、融合课程内容——以《品德与社会》五年级上册第一、二单元为例

根据课程内容选择、组织的原则、策略及方法，我们以《品德与社会》五年级上册第一、二单元教材内容为基础，按照预先设计的教学环节“课程回顾—主题引入—主题讲解—课程总结—课后活动”尝试开发了每节课的课程内容。根据品德与社会课原有的课时计划，这些内容共16课时。为了帮助学生适应数字化教学环境，我们还单独开发了两节关于平板电脑使用的课程，在这两节课中，只包含媒介素养教育的目标。所有教案、作业单由张洁、况瑞娟、薛宝卫老师以及研究团队的其他研究生同学一起在课前研讨制定，课上由薛宝卫老师主讲，况瑞娟及其他研究生同学做助教辅助，张洁作为“总管”，尽可能地进行教学观摩。课后，我们一起根据薛老师的授课感受、学生反馈对教案、作业单设计进行修正。下面是由况瑞娟执笔修正的18节课的所有教案及课后作业单：

（一）认识iPad

授课日期	2012.9.4	授课年级	五年级	教学时间	40分钟
教学目标	**知识：**知道iPad中各个按键的功能，知道数字课堂学习的基本规范。 **能力与方法：**掌握使用iPad的基本操作，例如，开关机、调节屏幕亮度和音量大小、解锁屏幕、数字课堂应用程序登录方法等。 **情感·态度·价值观：**培养学生“媒介不仅可以用于娱乐，也可以用于学习”的意识，培养学生健康、安全使用平板电脑的意识以及在课堂中遵守基本规范的意识。				
教学重难点	**教学重点：**拓展学生对媒介作用的认识，帮助学生掌握使用iPad的基本操作，培养学生健康、安全使用平板电脑的意识及在课堂中遵守基本规范的意识。 **教学难点：**掌握使用iPad的基本操作，培养学生健康、安全使用平板电脑的意识及在课堂中遵守基本规范的意识。				
媒介素养教育结合点	**安全、健康地使用媒介：**知道使用平板电脑时应该注意维护设备的安全，轻拿轻放；同时也应该注意适当地调节亮度和音量，保护自己的视力和听力。 **文明、负责地使用媒介：**知道在公共场合（课堂）使用设备时，应该先将设备静音，以免设备发出声音扰乱课堂秩序。				
教学方式	讲授法、练习法				

续表

授课日期	2012.9.4	授课年级	五年级	教学时间	40分钟
教学过程	**一、主题引入** 教师通过提问学生是否使用过平板电脑，是否愿意在课堂中使用平板电脑进行学习，来了解学生对平板电脑的接触情况、使用意愿。进而告诉学生，在本学期的品德与社会课中，平板电脑将成为他们重要的学习伙伴。最后引入主题——认识平板电脑，学习平板电脑的基本操作。 **二、主题展开：认识平板电脑** **1.了解iPad的各个按键及其功能** 教师通过课件展示，图文并茂地介绍iPad的各个按键及其功能，让学生对iPad的基本操作有一个初步的了解。 **2.知道课堂中使用iPad学习的规范** 教师和学生共同探讨数字课堂的学习规范，制定课堂守则。在讲解保护设备安全的时候，教师要注意提醒学生在使用设备时尤其要注意保护自己的听力、视力，注意使用正确的坐姿，按照室内光线调节屏幕亮度，按照自己的需求调节音量，培养学生安全、健康使用媒介的意识；注意提醒学生在课前应先将电脑静音，防止设备出声，扰乱课堂秩序，培养学生文明、负责地使用媒介的意识。最后，形成课堂的新规范——“课前：支好支架，调节音量和亮度；课中：听从指挥、积极参与；课下：关闭程序，合上支架”。 **3.初步操作** 在教师的演示下，学生尝试初步操作iPad，学习开关机、解锁屏幕、调节屏幕亮度和音量大小，以及基本的指法操作、打开电子书、登录学习平台等，为以后在学习中使用iPad、电子书、学习平台等奠定基础。 **三、课程总结** 教师对本节课的课程内容进行总结：“通过今天的学习，我们初步了解了我们的学习伙伴平板电脑。相信在今后的学习中，同学们对这个伙伴的了解会逐步加深。希望在今后的学习中，大家和这个学习伙伴相处愉快。”				
教学准备	（1）教案； （2）课件； （3）相关程序：iBooks； （4）设备：平板电脑（教师机、学生机）、多媒体投影、无线网络。				

（二）祖国多辽阔——辽阔疆域

授课日期	2012.9.10	授课年级	五年级	教学时间	每次40分钟
教学目标	**知识：**了解我国的地理位置、海陆疆域，知道我国幅员辽阔。 **能力与方法：**学会看中国地图，学会从地图中通过观察、对比、分析等方法获取有效信息。 **情感·态度·价值观：**激发对祖国幅员辽阔的自豪感和爱国之情。				
教学重难点	**教学重点：**了解我国的地理位置、海陆疆域。 **教学难点：**学生识图能力的培养以及学生从地图中通过观察、对比、分析等方式获取有效信息的能力的培养。				

续表

授课日期	2012.9.10	授课年级	五年级	教学时间	每次40分钟
媒介素养教育结合点	**有效地获取信息：**学习电子教材的基础操作，比如图片缩放、批注、词汇表以及使用应用程序skitch画图的功能。初步培养学生使用电子地图准确、快速地获取所需信息的能力。 **有效地分析和评价信息：**开始逐步向学生渗透 “平板电脑具有丰富的学习功能”这种意识，为后续媒介素养教学做铺垫。 **有效地产生信息：**教师通过在课堂中巧妙地使用照片讲解课程内容，培养学生用拍照辅助学习、记录生活、表达情感的意识。 **健康、安全地使用媒介：**学生使用平板电脑之前，教师提醒学生注意坐姿、注意调节屏幕的亮度和音量的大小，保护好自己的听力和视力等，培养学生健康、安全使用媒介的习惯。				
教学方法	讲授法、练习法				
教学过程	**一、主题引入** 教师通过提问引入课程主题——“祖国的疆域”。“同学们，我们每个人都有家，都知道自己的家在哪里、有多大。作为中国人，我们有一个共同的家，这个家叫中国。你们熟悉这个家的地理位置和面积吗？” **二、主题讲解：辽阔的疆域** **1.祖国的位置和形状** 指导学生观察电子教材中的世界政区图，找到中国的地理位置，并描述中国所在的洲、濒临的大洋。在阅读世界政区图之前，教师应教学生阅读电子教材的方法，例如图片的缩放、翻页、批注的方法等。 **2.祖国的领土面积** （1）学习领土的概念：“领土是指在一国主权管辖下的区域，包括陆地、领水、领海、领空”，让学生对“领土面积”有正确的认识，防止学生产生“领土等于陆地面积”的误解。 （2）“找一找中国地理位置四至点”：教师带领学生阅读电子教材中的中国政区图，寻找中国地理位置四至点，并通过电子地图，测量哈尔滨到海南、北京到新疆的距离，感受中国疆域的辽阔。在这里，教师要指导学生学会使用电子地图，快速、准确地获取所需信息。 （3）认识祖国的领土面积：教师让学生自己阅读教材中关于祖国领土面积的内容，找到中国的陆地面积、海域面积、领土面积和陆地面积在世界的排名，再次感受祖国面积的辽阔。教师在学生阅读教材之前，教给学生在电子教材中做笔记的功能以及检测功能。 （4）感受同一时间不同景色：教师通过展示自己在冬季拍摄的广州的照片和北京的照片进行对比，让学生发现同一时间祖国的不同地域气候相差很大，进一步感受祖国疆域的辽阔。教师通过展示自己拍摄的照片，让学生感受到照片在学习中的重要作用。 **3.祖国疆域辽阔的优势** （1）找一找我国的四个海：通过让学生体验电子教材中关于“找一找我国的四个海”的互动游戏，了解我国的四个海，并知晓我国是海洋大国。 （2）了解海洋中蕴含的丰富资源：学生通过阅读教材中关于海洋资源的图片和文字，了解我国海洋中蕴含的石油、鱼类等丰富资源。 **三、课程总结** 教师对本课的内容进行总结：“这节课我们了解了中国在世界上的位置（位于北半球和东半球；亚洲东部，太平洋西岸）及其辽阔的国土面积。再加上我国拥有悠久的历史，因此人们常用‘纵横一万里，上下五千年’来描述我们伟大的祖国拥有的辽阔国土和悠久历史，这值得我们每一个中国人骄傲和自豪。” **四、课后活动** 建议学生课下对比纸质地图、地球仪、电子地图等在学习中的不同作用，复习巩固中国的地理位置、国土面积等知识，也感受不同媒介在传达相同主题信息时的差别，并尝试使用电子地图解决生活中的具体问题。				

续表

授课日期	2012.9.10	授课年级	五年级	教学时间	每次40分钟
教学准备	(1)教案; (2)电子教材(教师版和学生版); (3)相关程序:电子地图; (4)设备:平板电脑(教师机、学生机)、多媒体投影、无线网络。				
教师课后总结	**1.增加了健康使用平板电脑的内容** 在课堂中教师发现,学生使用平板电脑时存在严重的坐姿不规范问题,眼睛离屏幕的距离很近,因此,教师在课堂中增加了如何健康使用平板电脑的教学内容,及时纠正学生的坐姿,引导学生树立健康使用媒介的意识,并帮助学生养成正确使用平板电脑的习惯。 **2.关于课时的问题** 在课堂教学中发现学生对使用平板电脑、电子教材的技能不够熟练,需要教师继续培训相关技能,这占用了不少教学时间,原定教学内容无法在一节课内完成,因此不得不扩展成两节课。这说明学生熟练掌握数字化学习技能需要时间,我们对此预估不足。				

(三)祖国多辽阔——众多邻国、行政区划

授课日期	2012.9.17	授课年级	五年级	教学时间	40分钟
教学目标	**知识:**知道与我国相邻的国家众多,了解我国的行政区划。 **能力与方法:**学会看中国地图、行政区划地图等,学会从地图中通过观察、对比、分析等方式获取有效的信息。 **情感·态度·价值观:**激发学生对祖国的热爱和自豪之情。				
教学重难点	**教学重点:**知道与我国相邻的国家众多,了解我国的行政区划。 **教学难点:**学生识图能力的培养以及学生从地图中通过观察、对比、分析等方式获取有效信息能力的培养。				
媒介素养教育结合点	**有效地分析和评价信息:**和学生一起分析中国和邻国友好往来的新闻,激发学生关注时事新闻的热情。在分析近期中日之间因领土纠纷引发的一系列社会新闻时,引导学生理性地分析新闻人物的行为,不盲目模仿新闻中的行为。 **有效获取信息:**开展“我是小侦探”活动,请学生上网根据区号、邮政编码查询信息来源地,提高学生对网络功能的认识,引导学生了解网络在生活中起到的重要作用。 **健康、安全地使用媒介:**使用平板电脑之前,教师要提醒学生注意坐姿、调节屏幕的亮度和音量的大小,保护好自己的听力和视力。				
教学方式	讲授法、练习法				
教学过程	**一、课程回顾** 回顾上节课关于中国地理位置和领土面积的相关知识点。 **二、主题引入** 教师通过问题引入主题:“同学们,每个人都有自己的家,每个家庭都有自己的邻居,我们的国家也有自己的邻居,而且邻居众多,这些邻居有一个共同的名字——邻国,你知道中国有哪些邻国、他们的名字又是什么吗?” **三、 主题讲解:众多邻国** **1.了解邻国的数量、名称和分类** (1)邻国的名称和数量:教师教给学生通过国界线识别邻国的方法,让学生使用电子地图寻找众多邻国,要求学生能够说出邻国的名称和数量。在这里教师再次指导学生使用电子地图。				

续表

授课日期	2012.9.17	授课年级	五年级	教学时间	40分钟
教学过程	（2）邻国的分类：教师引导学生按照“陆地邻国”“海上邻国”“既是陆地邻国又是海上邻国”的方法对邻国进行分类。在这个过程中，提升学生的识图能力以及从地图中通过观察、对比、分析等方式获取有效信息的能力。 **2.我国与邻国友好交往** （1）与邻国友好往来：通过自主阅读电子教材中不同类型、不同主题的新闻，让学生从中总结出我国与邻国友好往来的具体表现，感受我国与邻国的友好关系，同时提升学生分析各种媒介信息的能力，启发学生注意不同类型的媒介在传达相同主题信息时的异同。 （2）如何处理邻里矛盾：教师结合“中日钓鱼岛争端”的新闻，为学生讲解邻国之间有时候也会有矛盾，并启发学生思考作为理性爱国者应该如何面对邻国之间的矛盾。首先，展示面对钓鱼岛问题时，不同人的不同做法，如“对日宣战”“打砸同胞开的日本车”等新闻，引导学生思考这些做法是不是解决问题的好方法，进而引导学生批判地看待这种“爱国”行为，学会理性爱国，不盲目模仿新闻中的行为。 **四、主题讲解：行政区划** **1. 了解我国的行政区划** （1）行政区划的意义：教师从学生的日常生活入手，如学校分为年级、班级，班级中有班长、小组长等职位，向学生介绍“分级管理”的重要意义，让学生知道国家设置行政区划是为了便于行政管理。 （2）行政区划的基本情况：让学生简单介绍自己知道的省级行政区后，带领学生观察中国行政区划图，了解我国的行政区划，知道我国有4个直辖市、23个省、5个自治区、2个特别行政区，并能在地图中找到这些行政区。 **2. 行政区划和我们的生活** （1）行政区划在生活中的应用：教师从身份证、邮政编码、车牌号、电话号码等日常生活中使用的与行政区划相关的事物入手，帮助学生了解行政区划在生活中的应用，并指出随着信息技术的发展，这些行政区划逐渐走向数字化的发展道路。 （2）“我是小侦探”活动：教师让学生利用网络查询电话号码的区号、信件的邮政编码等，使其体会行政区划的用处，感受网络在我们的生活、学习中发挥的重大作用，学习、掌握运用网络解决生活问题的方法。 **五、课程总结** 教师总结本节课的内容：“通过本节课的学习，我们既了解了我国有众多的邻居，知道了很多我国与邻国友好交往的故事，又了解了国家内部管理中的行政区划。我国拥有众多的邻居和众多的省级行政区划，这也让我们再次感受到了祖国疆域的辽阔。” **六、课后活动** 请学生尝试运用分级管理的方法，在课下有条理地管理自己的房间、自己的书籍或玩具等，为自己的书籍、玩具建立电子目录，培养学生学以致用的能力。				
教学准备	（1）教案； （2）电子教材（教师版和学生版）：精选近期中国和邻国友好往来的新闻、中日钓鱼岛相关的新闻等材料； （3）相关程序：电子地图； （4）设备：平板电脑（教师机、学生机）、多媒体投影、无线网络。				
教师课后总结	**关于课时的问题**：这节课的内容较多，而且学生使用平板电脑的技能仍有待提高，影响了课程的进展，一节课的课时不够，建议将这节课扩展为两课时。				

（四）多种多样的地形——五种地形齐全

授课日期	2012.9.21	授课年级	五年级	教学时间	40分钟
教学目标	**知识**：知道中国五种地形齐全，知道五种地形的名称和各地形在我国领土中所占的比例，知道中国地势的特点。 **能力**：能利用中国地形图查找五种地形。 **情感·态度·价值观**：激发学生游历祖国风光的兴趣及对祖国大好河山的热爱。				
教学重难点	**教学重点**：了解祖国多样的地形、地貌，知道我国的地势西高东低，呈三级阶梯状分布。 **教学难点**：培养学生认识不同类型地图的能力，通过识图提高和发展学生的空间思维能力，让学生知道我国的地势西高东低，呈三级阶梯状分布。				
媒介素养教育结合点	**有效分析信息**：教师讲解中国政区图和中国地形图中不同颜色代表不同地点或者地形时，让学生知道颜色也能传递丰富的信息。 **有效生产信息**：教师展示自己游历祖国各地时拍摄的照片制成的幻灯片，以及上一届学生希望游览祖国五岳想法的幻灯片，鼓励学生游历祖国的大好山河，同时，拓宽学生对照片、幻灯片功能的认识，激发学生创造性地使用照片、幻灯片记录自己生活，表达自己想法的兴趣。 **健康、安全地使用媒介**：使用平板电脑之前，教师要提醒学生注意坐姿，调节屏幕的亮度和音量的大小，保护好自己的听力和视力。 **文明、负责地使用媒介**：观看视频时，教师要提醒学生将视频调至合适的音量，尽量不打扰其他同学，并提醒学生准备耳机，今后拿耳机来上课并在课前将耳机插好，培养学生在公共场所文明使用媒介的意识。				
教学方式	讲授法、练习法、小组讨论（讨论法）				
教学过程	**一、课程回顾** 回顾前两节课学习的内容，知道我国疆域辽阔，有众多邻国。 **二、主题引入** 教师以提问的方式引入主题："很多同学都有外出旅游的经历，你们都去过哪些地方呢，这些地方给你留下的最深刻的印象是什么？"教师引导学生从自然景观的特点这方面进行回答，并通过播放《美丽中国》的视频片段，带领学生感受我国丰富的自然景观，最终引出"我们国家辽阔的疆域中有着多种多样的地形"这一主题。 **三、主题讲解：五种地形齐全** **1.学习使用中国地形图** （1）中国地形图的使用方法：教师通过比较中国政区图和中国地形图，引导学生观察两种地图的区别，思考地形图中不同颜色的意义，知道不同颜色代表的海拔高度，让学生知道颜色也能传递不同的信息。 （2）海拔的概念：让学生观看关于"海拔"概念的视频，帮助学生准确理解"海拔"的含义。 **2.查找我国的四大高原、四大盆地、三大平原** 教师让学生通过自学的方式，使用中国地形图，查找我国的四大高原、四大盆地、三大平原。 **3.我国地形的特点** （1）了解中国各种地形所占比例：学生通过查阅中国各种地形面积比例统计图，了解中国各种地形所占比例，知道山地占比最多，丘陵占比最少。 （2）中国地形的特点：通过观察中国地势三级阶梯示意图，引导学生了解我国地势西高东低的特点。借助歌词"大河向东流"来阐释中国地势的特点，让学生知道我国长江、黄河等河流自西向东流与地势西高东低的特点有关。 **4.多种地形对生产、生活的影响** 教师提问："我国的地势和多种多样的地形对我们的生产、生活有哪些影响？"要求学生通过小组讨论的方式寻找答案，最终让学生知道，多种多样的地形给我们带来了丰富的物产和旅游资源等。				

续表

授课日期	2012.9.21	授课年级	五年级	教学时间	40分钟
	四、课程总结 教师通过介绍自己的“旅游足迹”，向学生展示自己去过的不同地区的照片和心情，展示上一届学生制作的希望游历祖国名山大川的幻灯片，激发学生游历祖国风光的兴趣及对祖国大好河山的热爱；同时拓展学生对照片、幻灯片功能的认识，激发学生使用幻灯片记录生活、表达自己想法的热情。 **五、课后活动** 请学生根据自己的兴趣、爱好借助书籍、网络等媒介搜集资料，了解自己想去游览的名山大川，尝试制作幻灯片作品。				
教学准备	（1）教案； （2）电子教材（教师版和学生版）：包括《美丽中国》视频片段、讲解“海拔”概念的微课视频、“我的旅游足迹”幻灯片和上一届学生制作的希望游历祖国名山大川的幻灯片等内容； （3）相关程序：电子地图； （4）设备：平板电脑（教师机、学生机）、多媒体投影、无线网络。				
教师课后总结	**课程内容较多，40分钟难以容纳：**在教学中再次出现课程内容较多，教师难以在40分钟内完成教学计划的情况。这提醒我们应当减少后续课程的内容，确保课程能按计划完成。				

（五）成为iPad使用高手

授课日期	2012.9.24	授课年级	五年级	教学时间	40分钟
教学目标	**知识：**知道给文件正确命名的规范及意义，知道平板电脑中的Keynote程序是一款制作幻灯片的软件。 **能力与方法：**掌握给文件正确命名的方法，掌握用Keynote制作幻灯片的基本操作，例如添加文字、图片，放大、缩小、移动图片以及将做好的幻灯片文件发送到邮箱等。 **情感·态度·价值观：**激发学生通过创作幻灯片来表达自己观点的兴趣，培养学生给文件规范命名的习惯。				
教学重难点	**教学重点：**知道给文件正确命名的规范及意义，掌握用Keynote制作幻灯片的基本操作，激发学生通过创作幻灯片来表达自己观点的兴趣，培养学生给文件规范命名的习惯。 **教学难点：**知道给文件正确命名的规范及意义，激发学生创作幻灯片的兴趣，培养学生给文件规范命名的习惯。				
媒介素养教育结合点	**文明、负责地使用媒介：**知道给文件规范、准确地命名，不仅能方便自己管理、查找文件，也方便分享、传播。 **有效地生产、传播媒介：**掌握文件命名、Keynote制作的基本技能以及用邮件附件发送电子文件的技能。				
教学方式	讲授法、练习法				
	一、课程回顾 教师简单回顾前几节课学生使用平板电脑的情况：“通过前几节课的学习，同学们已经掌握了平板电脑的基本操作，学会了如何使用电子教材，可以看出，大家对平板电脑的使用方法越来越熟练了。”				

续表

<table>
<tr><td>授课日期</td><td>2012.9.24</td><td>授课
年级</td><td>五年级</td><td>教学
时间</td><td>40分钟</td></tr>
<tr><td>教学过程</td><td colspan="5">**二、主题引入**
教师展示自己用幻灯片制作的图文并茂、极具吸引力的“自我介绍”，接着提问：“同学们想不想制作这么好看、生动的幻灯片呢？”激发学生尝试制作幻灯片的兴趣，为后续学生用幻灯片展示自己观点、参与课堂学习进行铺垫，引入今天的课程主题。
三、主题展开：成为平板电脑使用高手
1.理解规范命名的意义
教师通过展示一些没有规范命名的幻灯片（例如幻灯片名称“作业1”“作业2”等）以及规范命名的幻灯片（包含文件主题、作者姓名、日期等内容），提问：“哪一种文件名能让老师更快地找到某位同学的作业？”引导学生思考规范命名的意义，让学生认识到规范命名很重要，既能方便自己查找、管理文件，将文件发送给别人时也能方便他人使用，这是制作电子文档时一种负责任、替他人着想的表现。
2.掌握Keynote的基本操作
（1）了解Keynote的基本功能：教师从大家熟悉的PowerPoint入手，将Keynote和PowerPoint相联系，让学生理解在iPad中Keynote就是一款制作幻灯片的软件，功能和PowerPoint很相似。
（2）找到Keynote：教师告诉学生Keynote程序的标志，并让学生在自己的平板电脑中找到这个程序。
（3）学习Keynote的基本操作：教师先演示讲解，然后让学生自己操作练习，帮助学生学习Keynote的基本操作。主要内容包括：如何打开Keynote，如何建立一个新的演示文稿，给演示文稿命名，在演示文稿中添加文字、图片及移动、缩放图片，分享发送幻灯片文件等。在给文件命名的操作中，教师再次强调规范命名的重要性，并为学生提供命名规范：“平台号—主题—姓名—日期”，让学生以后在课堂中或课下制作电子文档时都使用这样的命名规范，逐步培养学生规范命名的意识和习惯。
四、课程总结
教师总结课程的主要内容：“通过今天的学习，我们知道了规范命名的意义和方法，学习了很多制作幻灯片的技能，相信大家通过不断深入的学习，很快就能成为平板电脑的使用高手。”
五、课后活动：
要求学生课下用今天所学的电子文件命名规范，将自己家中的电子文件重新命名，进行整理。</td></tr>
<tr><td>教学准备</td><td colspan="5">（1）教案；
（2）课件；
（3）相关程序：Keynote；
（4）设备：平板电脑（教师机、学生机）、多媒体投影、无线网络。</td></tr>
<tr><td>教师课后总结</td><td colspan="5">**时间问题：**课程内容仍然偏多。限于时间，在实际教学中，学生动手操作的时间偏少，影响了学生掌握技术的程度。</td></tr>
</table>

（六）多种多样的地形——多山的国家

授课日期	2012.9.28	授课年级	五年级	教学时间	40分钟
教学目标	**知识：**初步了解我国是山地面积广阔的国家。了解、认识我国的名山大川，如“五岳”等。初步认识我国国土多山区、多宝藏的一面，同时也要看到我国多山地、不利于耕作的一面，了解这样的特征给人们生产、生活带来的影响。 **能力与方法：**学会看中国地形图，学会在地图上查找我国的主要山脉，培养学生的识图能力。 **情感·态度·价值观：**教育学生用一分为二的观点，全面、客观地看待问题，树立珍惜、合理利用每一寸土地的意识，培养学生的民族自豪感，加深学生热爱祖国的情感和建设祖国的责任感。				
教学重难点	**教学重点：**知道我国的山地面积占全国总面积的1/3，我国是一个多山的国家；山地多对人们的生产、生活有有利的方面，也有不利的影响；认识我国的五岳、喜马拉雅山脉等名山大川。学习查找地图上我国的主要山脉。 **教学难点：**了解我国山地面积广大给人们生产、生活带来的双重影响，初步理解因地制宜、扬长避短的道理；学习全面、客观地看问题的方法；加深对祖国的热爱与自豪之情。				
媒介素养教育结合点	**有效获取信息：**教师分三步指导学生搜集信息——“思考搜索的内容”“寻找合适的关键词”“网上搜集信息、筛选信息”，提升学生有效获取信息的能力。 **文明、负责地使用媒介：**教师提醒学生课前将耳机插好，没有带耳机的同学在看视频时应该将视频调至静音，培养学生在公共场所文明使用媒介的意识及习惯。				
教学方式	讲授法、研究法、讨论法				
教学过程	**一、课程回顾** 回顾上节课的课程内容，通过提问的方式复习五种地形及其各自的特点。 **二、主题引入** 展示“中国各种地形面积比例统计图”，让学生说出山地的比例。以“把山地、丘陵、高原统称为山区”为标准，让学生计算山区占我国国土面积的比例。展示我国“山区比例图”，说明山区约占我国总面积将近80%的比例，让学生感受到我国是一个山地面积广阔的国家，引出本课主题。 **三、主题展开：多山的国家** **1.了解我国的名山大川** 通过阅读电子教材，让学生了解我国的“五岳”和喜马拉雅山脉的位置、特点等，感受祖国山川的雄伟壮丽。通过提问的方法，了解学生阅读的情况，指导学生在阅读时抓住关键信息。 **2.山地多的利与弊** （1）山地多的利与弊：让学生以小组为单位，阅读教材相关内容及上网搜集到的资料，分析、讨论山地多的利与弊，并以小组为单位进行汇报。汇报时要求学生能够用网上找到的资料证明自己的观点。在学生开始自学前，教师以搜集图片为例，对如何搜集信息进行示范演示，通过“思考搜索的内容”“寻找合适的关键词”“网上搜集信息、筛选信息”这三步，让学生掌握搜集信息的步骤和方法。 （2）如何变劣势为优势：教师通过提问“如何变山地的劣势为优势”，引导学生思考如何开发和利用山地资源，让学生认识到因地制宜、扬长避短的重要性并了解具体做法。 **四、课程总结** 教师引导学生认识到我国是一个人口众多、人均耕地面积少的国家，激发学生珍惜和合理利用每一寸土地的意识，引导学生一分为二地看待山地多的国情以及身边的各种事物。 **五、课后活动** 要求学生课下使用教师讲解的搜集信息的方法，继续搜集和山地多带来的利与弊相关的照片、文字资料，拓展对课文主题的认识，同时巩固搜集信息的技能。				

续表

授课日期	2012.9.28	授课年级	五年级	教学时间	40分钟
教学准备	（1）教案； （2）电子教材（教师版和学生版）：“五岳”和喜马拉雅山脉的图片，山区人民使用索道翻山越岭的视频等素材； （3）相关程序：电子地图； （4）设备：平板电脑（教师机、学生机）、多媒体投影、无线网络。				
教师课后总结	**关于有效获取信息的技能的培养：**在本次教学中，教师分三步指导学生搜集信息。从学生表现来看，大部分学生尚未熟练掌握这个方法，需要在后续教学中反复练习。 **关于文明、负责地使用媒介的意识的培养：**上节课教师提醒学生上课时应自备耳机，但今天只有几位学生拿着耳机来课堂，这说明小学生的理解力、执行力较弱。教师应继续强调耳机的重要性，逐步培养学生在公共场所文明、负责地使用耳机的意识。				

（七）祖国领土不可分割——统一的多民族国家、港澳回归的喜悦

授课日期	2012.10.8	授课年级	五年级	教学时间	40分钟
教学目标	**知识：**知道中国自古以来就是一个统一的多民族国家，知道港澳回归是维护祖国统一的大事。 **能力和方法：**能够对图片、视频等资料进行初步分析，理解香港、澳门回归的意义和人们的喜悦之情。 **情感·态度·价值观：**体会华夏儿女期盼回归的渴望，感受港澳回归的喜悦。				
教学重难点	**教学重点：**让学生了解中国自古以来就是统一的多民族国家，知道新中国成立后，在中国共产党的领导下，各民族人民团结起来共建我们的国家。 **教学难点：**了解中国自古以来就是统一的多民族国家。知道历史上许多人为国家的统一做出过贡献。能够对图片、视频等资料进行初步分析。				
媒介素养教育结合点	**有效获取信息：**教师指导学生通过百科类网站搜集信息，解决学习中遇到的问题。在学生观看视频之前，教师提前布置问题，引导学生在观看视频时，注意各种细节，从中获取有效信息。 **有效地分析和评价信息：**教师将《七子之歌·澳门》的诗和歌曲两种媒介形式进行对比，引导学生比较两种媒介在表达情感方面的不同作用。在学生观看文字、图片、视频时，教师要注意引导学生积极地从各种媒介中获取信息，避免学生只观看图片、视频，而不喜欢阅读文字的情况，引导学生平等地看待各种媒介，避免产生高低之分。				
教学方式	讲授法、研究法				
教学过程	**一、课程回顾** 教师带领学生一起回顾前两节课的内容，包括祖国领土的面积及地形等知识点。 **二、主题引入** 教师通过讲解祖国领土曾被占领的一些历史，指出祖国领土不能保持完整有内部战乱和外部战争两种情况。引入本课的主题“统一的多民族国家”。 **三、主题展开：统一的多民族国家** 教师带领学生一起学习秦始皇的历史功绩，在讲解课文时，同时注意讲解阅读教材的方法和要求，重点讲解遇到不明白的知识点时，如何通过百科网站进行搜索的方法。接着要求学生自主阅读教材其余内容。最后通过提问，让学生复述几位历史人物的功绩，让学生感受到历史上曾有许多人为国家的统一做出过贡献。				

续表

授课日期	2012.10.8	授课年级	五年级	教学时间	40分钟
教学过程	**四、主题展开：港澳回归的喜悦** **1.香港、澳门被侵占的历史** 教师从外因及钓鱼岛事件引入香港、澳门曾被外国侵略的主题，简要介绍香港、澳门被侵占的历史。 **2.华夏儿女盼回归** 要求学生朗读《七子之歌·澳门》这首诗歌，为学生播放这首歌曲，让学生从诗歌和歌曲中体会华夏儿女期盼回归的渴望之情，并引导学生比较两种媒介在表达情感方面的不同作用，分析诗歌和歌曲两种媒介的特点（诗歌朗朗上口，歌曲的旋律更容易激发人的情绪）。 **3. 港澳回归的喜悦** 让学生分别阅读香港和澳门回归的文字、图片、视频资料，让学生了解港澳回归的相关知识，理解香港、澳门回归的意义和人们的喜悦之情；同时，提升学生从视频、图片、文字中获取信息的技能。教师应尤其注意引导学生理解各种媒介都能传递丰富的信息，文字、图片、视频等媒介没有高低之分，培养学生全面、正确的媒介观。 **五、课程总结** 教师总结本课内容："通过本课的学习，我们知道中国自古以来就是统一的多民族国家，新中国成立后，经过中国共产党的努力，港澳也回到了祖国母亲的怀抱，现在中国内地和港澳人民交往密切，正携手共同走向繁荣。" **六、课后活动** 鼓励学生课下根据自己的兴趣、爱好，借助各种媒介查询港澳回归的资料，更深入、全面地了解港澳回归的历史。				
教学准备	（1）教案； （2）电子教材（教师版和学生版）：《七子之歌·澳门》的诗歌、音乐；港澳回归的新闻、视频、图片等素材； （3）相关程序：电子地图； （4）设备：平板电脑（教师机、学生机）、多媒体投影、无线网络。				
教师课后总结	**询问学生信息来源，巧妙抓住教学时机，融入媒介素养教育内容：**授课教师在教学中能够抓住教学时机，融入媒介素养教育内容。如在询问学生信息来源时，学生说是玩游戏时知道的，教师应立刻引导学生思考电子游戏的作用，让学生认识到电子游戏不仅具有娱乐功能，如果正确使用也可以帮助学习知识。这种追问信息来源的方法，能从学生的实际生活出发进行媒介素养教育，在今后的教学中，教师也应继续努力推进这种方法。				

（八）祖国领土不可分割——两岸同胞盼统一

授课日期	2012.10.12	授课年级	五年级	教学时间	40分钟
教学目标	**知识：**从历史和地理的角度，了解台湾自古以来就是中国的领土。知道大陆和台湾"根脉相连"，台湾是祖国不可分割的一部分。了解我国政府为实现祖国统一所做的不懈努力及现在两岸的友好往来关系。 **能力与方法：**能运用阅读、观察、倾听、测量等方法，归纳、分析台湾的历史，感悟海峡两岸根脉相连。提升学生有效使用录像进行学习的技能，继续提升学生搜集信息、制作幻灯片的技能。 **情感·态度·价值观：**体会海峡两岸同胞盼望统一的心情，萌发维护祖国统一的情感。				

续表

授课日期	2012.10.12	授课年级	五年级	教学时间	40分钟
教学重难点	**教学重点：**通过教学让学生知道台湾自古以来就是中国的领土。了解我国政府为实现祖国统一所做出的不懈努力，以及现在两岸友好往来的现状等。激发学生维护祖国统一的情感。 **教学难点：**体会海峡两岸同胞盼望统一的心情，萌发维护祖国统一的情感。				
媒介素养教育结合点	**有效生产媒介作品：**教师让学生录制学习收获小视频，提升学生有效使用录像进行学习的技能和意识。 **有效获取、生产、传播信息：**为学生布置搜集相关信息并制作幻灯片的作业，并要求学生使用电子邮箱发送作业，提升学生的媒介使用技能。				
教学方式	讲授法、研究法、练习法				
教学过程	**一、课程回顾** 教师带领学生简单回顾上节课的内容，知道我国是统一的多民族国家，在党和人民的努力下，香港、澳门也回到了祖国母亲的怀抱。 **二、主题引入** 通过提问“同学们知道中国第一大岛是哪个岛吗”，教师引入本节课的主题。 **三、主题展开：台湾自古以来就是中国的领土** **1.从地理位置的角度分析** 让学生通过“自主阅读电子教材、使用教材中的检测题进行知识检测”这种自学、自测的方式，掌握台湾的地理位置、台湾岛形成的原因，提升学生的自学能力；同时让学生体会到“从地理位置这个角度来说，台湾岛是我国领土的一部分”。 **2.从历史的角度分析** 教师提问“为什么说台湾自古以来就是中国的领土”，让学生带着问题阅读教材中关于台湾的历史，并通过检测题检测学生知识点的掌握情况。最后，教师带领学生简单复述我国历朝历代和台湾的关系，让学生认识到“从历史的角度来说，台湾岛自古以来就是我国的领土”。 **3.从文化、习俗的角度分析** 教师带领学生阅读教材中的文字、图片、视频等内容，并通过检测题进行检测的方法，让学生知道台湾与祖国大陆有着共同的祖先、文字、语言、节日等文化习俗，引导学生进一步感受“台湾与大陆根脉相连”。 最后，通过“拍一拍”的活动，鼓励学生总结台湾是祖国领土的各种原因，通过录像的方式，将自己的观点记录下来。这样做不仅巩固了课堂知识，而且提升了学生拍摄、录像的技能以及表达能力，拓宽了学生对录像与学习之间关系的认识，激励学生在日常生活中创造性地运用媒介。 **四、主题展开：海峡两岸同胞盼望统一** **1.两岸人民盼统一** 教师带领学生阅读余光中的《乡愁》，一起感受两岸人民盼统一的心情。 **2.政府积极努力实现统一** 让学生了解我国政府为实现祖国统一采取的一系列措施和“一个中国的原则”，感受我国政府为实现祖国统一所做出的不懈努力。 **3.两岸交往密切** 让学生了解近年来台湾同胞和大陆人民在政治、经济、文化等方面的密切沟通、交流，体会两岸友好往来的关系。 **五、课程总结** 教师对本课内容进行总结：“港澳台自古与大陆根脉相连，人民渴望着祖国的统一。相信在我国政府和人民的共同努力下，祖国一定会统一的，让我们来共同关注吧。” **六、课后活动：制作幻灯片** 请学生使用电脑、书籍等媒介，搜集一些海峡两岸同胞盼望祖国统一的故事、诗歌、散文，体会其中的感情，并将搜集到的资料和自己的感受进行整理，制作成图文并茂、内容丰富的幻灯片，对幻灯片进行正确命名，以附件形式通过邮箱发送给教师。				

续表

授课日期	2012.10.12	授课年级	五年级	教学时间	40分钟
教学准备	(1)教案； (2)电子教材(教师版和学生版)：台湾清明祭祖的视频、台湾街头图片及台湾和大陆密切交往的图片等素材； (3)相关程序：相机、Keynote、电子地图等； (4)作业单：品德与社会融合课《两岸同胞盼统一》作业单； (5)设备：平板电脑(教师机、学生机)、多媒体投影、无线网络。				
教师课后总结	**课时有限的问题：**本节课的内容仍然偏多，导致“两岸之间密切交往”这部分内容进行得较为简略。				

品德与社会融合课《两岸同胞盼统一》作业单

1.请围绕海峡两岸同胞盼望祖国统一这一主题，搜集你觉得恰当的故事、诗歌、散文等，体会其中的情感。

2.请将你搜集到的资料和自己的感受进行整理，制作成幻灯片，幻灯片的页数在2—4页之间，并对幻灯片文件进行正确命名(平台号码—主题—姓名—日期)。

3.在本周日下午5点之前发送至品社作品邮箱：pinshezuopin@163.com。

(九)祖国的保卫者

授课日期	2012.10.15	授课年级	五年级	教学时间	40分钟
教学目标	**知识：**知道中国人民解放军是祖国江山的保卫者。 **能力与方法：**会对资料进行归纳、分析，了解祖国保卫者的革命斗志和奉献精神。 **情感·态度·价值观：**体会人民与军队的鱼水情，萌发对解放军的热爱之情。				
教学重难点	**教学重点：**通过南海卫士的情怀、抢险救灾等具体事件，知道人民解放军是祖国江山的保卫者。 **教学难点：**体会人民与军队的鱼水情，萌发对解放军的热爱之情。				
媒介素养教育结合点	**有效地生产、传播信息：**教师对学生的幻灯片作品进行点评，帮助学生巩固电子文件的命名规范、标注信息来源及发送邮件时给邮件正确命名等知识、技能。 **有效地获取信息：**指导学生运用正确方法上网搜集能够体现“军爱民、民拥军”的视频、图片、新闻等信息，巩固、拓展学生搜集信息的能力。在学生阅读电子教材时，教师注意引导学生体会“阅读文字”“看图片”“看视频”都能获取有用的信息，帮助学生建立正确的媒介观，避免学生过渡沉溺视频。播放歌曲《当兵的人》，让学生从歌曲的旋律和歌词中感受军人对祖国、人民的热爱。播放汶川地震时战士奋力抢救人民群众的视频。提前布置问题，让学生在观看视频时注意细节，从中获取有效信息。				
教学方式	讲授法、小组合作练习				

续表

授课日期	2012.10.15	授课年级	五年级	教学时间	40分钟
教学过程	**一、作业点评** 教师从电子文件命名规范、标注信息来源、发送邮件时给邮件正确命名等角度对学生的幻灯片作业进行指导。 **二、课程回顾** 以提问的方式带领学生回顾上节课的内容。 **三、主题引入** 播放国庆大阅兵的视频片段，要求学生思考视频中出现的人物和事件，引入人民解放军的概念。展示北极哨所解放军的新闻视频，让学生体会解放军保卫祖国边疆的辛苦，引入本课主题“祖国的保卫者”。 **四、主题展开：“军爱民”** 带领学生阅读电子教材，了解解放军在战争时期的英勇事例及在和平时期保家卫国、参加现代化建设的事迹；播放汶川地震时空降兵的英勇事迹视频，引导学生体会解放军为了保家卫国，不怕牺牲的精神。播放视频前，教师应先提出问题，以培养学生从视频中获取关键信息的能力。最后，教师播放歌曲《当兵的人》，引导学生通过歌词和旋律，感受解放军的心声，萌发对解放军的热爱。 **五、主题展开：“民拥军”** **1.“民拥军”事例** 带领学生阅读电子教材中“民拥军”的内容，引导学生思考“自己如何拥军”。在学生阅读教材时，教师注意引导学生体会“阅读文字”“看图片”“看视频”都能获取有用的信息，帮助学生建立正确的媒介观。 **2.“搜一搜”活动** 教师为学生讲解搜集信息的方法、步骤，并布置以“军爱民”“民拥军”为主题，上网搜集能体现此主题的信息。要求学生以小组为单位，合作完成任务，提升学生小组合作的能力及搜集各种形式信息的能力。 **六、课程总结** 教师对本课进行总结：“人民解放军是祖国的钢铁长城，是人民的守卫者，是祖国现代化的建设者。人民群众的实际行动折射出他们对人民解放军的爱心，激励解放军以实际行动报效祖国，守卫和平。军爱民，民拥军，军民团结心连心。” **七、课后活动** 教师鼓励学生课下调查走访，深入挖掘、了解身边“军爱民”“民拥军”的真实事例。				
教学准备	（1）教案； （2）电子教材（教师版和学生版）：国庆大阅兵的视频、北极哨所解放军的新闻、汶川地震时空降兵英勇事迹的相关视频、《当兵的人》歌曲、歌词等素材； （3）相关程序：iBooks、Safari浏览器； （4）设备：平板电脑（教师机、学生机）、多媒体投影、无线网络。				
教师课后总结	**作业点评内容没有全部完成：**教师在点评学生幻灯片作品的过程中，对电子文件命名规范、邮件主题命名方法等进行了指导，但忘记讲解注明资料来源等问题，说明教师仍需继续熟悉媒介素养教学的内容。				

（十）哺育我们的母亲河——孕育中华文明、养育华夏子孙

授课日期	2012.10.22	授课年级	五年级	教学时间	40分钟
教学目标	**知识：**知道黄河、长江在中华民族的诞生、发展中发挥的作用。 **能力与方法：**从历史的角度认识一个民族的发展，初步分析人类的诞生、发展与自然环境之间的关系。培养学生积极、主动做事的能力、与人合作的能力。提升学生搜集信息、制作幻灯片、发送邮件的能力。 **情感·态度·价值观：**感受黄河、长江的壮阔和历史功绩，激发学生对黄河、长江的热爱之情，初步树立爱护、保护黄河、长江的意识。培养学生尊重他人劳动成果、保护版权的意识。				
教学重难点	**教学重点：**从历史的角度认识一个民族的发展，初步分析人类的诞生、发展与自然环境之间的关系。感受黄河、长江的壮阔和历史功绩，激发学生对黄河、长江的热爱之情。 **教学难点：**从历史的角度认识一个民族的发展，初步分析人类的诞生、发展与自然环境之间的关系。				
媒介素养教育结合点	**有效获取信息：**学生在搜索"黄河、长江的长度及发源地等信息"时，教师向学生展示使用不同关键词搜索出的结果的区别，指导学生提炼恰当的关键词，选择合适的类型进行搜索。 **有效生产、传播信息：**点评学生作业，提升学生制作幻灯片、发送邮件的能力。 **文明、负责地使用媒介：**教师在点评作业时注意强调要标注信息来源，增强学生尊重他人劳动成果、保护版权的意识。				
教学方式	讲授法、研究法（以小组合作为主）				
教学过程	**一、作业点评** 教师对学生完成的《两岸同胞盼统一》作业进行点评，建议教师着重从幻灯片的形式（字体的大小、字体颜色和背景颜色的搭配等）、内容（图片和文字是否相符、是否有自己的观点、是否标注信息来源、命名是否规范）等方面进行点评，并再次讲解发送邮件时的注意事项，提升学生制作幻灯片、发送邮件的能力。 **二、课程回顾** 教师通过串讲，简要回顾第一单元的内容。 **三、主题引入** 教师提问学生"水是生命之源"这句话表明了什么，让学生认识到水对人类的重要性；接着提问"水来自哪里"，引导学生了解河流是重要的水源，是河流孕育了人类；进而引出"长江""黄河"是我国最重要的两条河流这个主题。 **四、主题讲解：孕育中华文明** 通过"寻找证据活动"，教师引导学生自学教材中的相关内容，找出黄河、长江孕育中华文明的证据，然后进行小组交流、讨论，最后以小组为单位汇报本组发现。带领学生体会黄河、长江在中华民族的诞生、发展中发挥的作用。 在学生自学时，教师引导学生阅读教材中黄河流域、长江流域的原始居民遗址，从种植、养殖、制陶、工具、纺织等方面寻找相关证据，并引导学生初步分析人类的诞生、发展与自然环境之间的关系。 **五、主题讲解：养育华夏子孙** **1.了解长江、黄河的基本情况** 教师让学生自己上网查找黄河、长江的长度、发源地、入海口等基本知识，使其对长江、黄河的基本情况有所了解。在学生搜集信息时，教师为学生提供"百度""必应""维基百科"等网站，并展示使用不同关键词时搜索出的结果的区别，指导学生提炼恰当的关键词，并选用合适的信息类型搜索，提升学生搜集信息的能力。 **2.寻找母亲河孕育中华儿女的证据** 学生阅读教材，寻找长江、黄河养育中华儿女的证据。在这个环节中，教师重点引导学生了解黄河、长江在灌溉耕地、发电、运输、渔业资源等方面的重大作用。				

续表

授课日期	2012.10.22	授课年级	五年级	教学时间	40分钟
教学过程	**3.了解长江、黄河的水利枢纽工程** 学生“自学自测”，先自主阅读黄河、长江上的水利枢纽工程部分，然后做检测题，掌握基础知识。 **六、课程总结** 教师对本节课的内容进行总结：“通过今天的学习，我们可以了解到，从古至今，勤劳智慧的中华民族都在利用黄河、长江的巨大潜能，造福中华儿女，黄河、长江也因此被中华民族称为‘母亲河’。” **七、课后活动：制作幻灯片作品** 要求学生搜集赞美黄河、长江的诗、歌曲、视频等资料，阅读后谈谈自己的感受，并将搜集到的资料和自己的感受制作成2—4页的幻灯片；给幻灯片正确命名，并以附件形式通过邮箱发送给老师。				
教学准备	（1）教案； （2）电子教材（教师版和学生版）：《长江之歌》音频、“浙江余姚河姆渡遗址博物馆”和“陕西西安安珀博物馆”网址等素材； （3）相关程序：iBooks、Safari浏览器、电子地图； （4）作业单：品德与社会融合课《孕育中华文明》作品要求； （5）设备：平板电脑（教师机、学生机）、多媒体投影、无线网络。				
教师课后总结	**课时问题**：课时有限，课程内容仍然偏多，导致学生没有时间完成水利枢纽工程部分的检测题。 **巧妙抓住教学时机，对“有效地分析、评价信息”进行指导**：学生在搜集长江的长度时，发现“百度百科”和“维基百科”中关于长江长度的描述不一致。教师抓住教学时机，让学生认识到网上的信息并不一定真实、准确，需要多方查证，才能找到正确答案，以此培养学生“鉴别信息真伪”的意识和能力。				

品德与社会融合课《孕育中华文明》作品要求

1.请你尽可能多地搜集赞美黄河、长江的诗歌、歌曲、视频等资料，阅读后谈谈自己的感受。

2.请将你搜集到的资料和自己的感受进行整理，制作成幻灯片，幻灯片的页数控制在2—4页，并对文件进行正确命名（平台号码—主题—姓名—日期）。

3.在本周日下午5点之前发送至品社作品邮箱：pinshezuopin@163.com。

(十一)哺育我们的母亲河——保护“母亲河”

<table>
<tr><td>授课日期</td><td>2012.10.26</td><td>授课年级</td><td>五年级</td><td>教学时间</td><td>40分钟</td></tr>
<tr><td>教学目标</td><td colspan="5">知识:知道保护“母亲河”刻不容缓,并了解一些保护措施。
能力与方法:培养学生积极、主动做事的能力;与人合作的能力;培养学生搜集、整理信息、制作幻灯片的能力。
情感·态度·价值观:初步树立爱护、保护黄河、长江的意识。</td></tr>
<tr><td>教学重难点</td><td colspan="5">教学重点:知道保护“母亲河”刻不容缓,并了解一些保护措施。初步树立爱护、保护黄河、长江的意识。
教学难点:培养学生积极、主动做事的能力、与人合作的能力;培养学生搜集、整理信息、制作幻灯片的能力。</td></tr>
<tr><td>媒介素养教育结合点</td><td colspan="5">有效获取信息、生产信息、传播信息:搜集“母亲河被污”的图片,继续提升学生搜集信息的能力。课下要求学生制作图文并茂的幻灯片,并以附件形式通过邮箱发送给老师,以此提升学生制作幻灯片、发送邮件的能力。</td></tr>
<tr><td>教学方式</td><td colspan="5">讲授法、研究法、练习法</td></tr>
<tr><td>教学过程</td><td colspan="5">一、课程回顾
教师带领学生简要回顾上节课的内容,知道黄河、长江是孕育中华文明、养育华夏子孙的“母亲河”。
二、主题引入
教师通过提问学生“‘母亲河’现在的状况怎么样,有没有遇到什么问题”,引入黄河、长江被严重污染的问题。
三、主题展开:“母亲河”面临的问题
教师让学生阅读教材总结“母亲河”面临的问题;接着提问“这些问题会导致什么样的后果”,让学生认识到保护“母亲河”刻不容缓、非常重要。
四、主题展开:保护“母亲河”
1.了解保护“母亲河”的行动
学生阅读教材中政府和大众保护“母亲河”的行动,了解保护“母亲河”的情况;教师引导学生思考自己可以采取哪些措施保护母亲河。
2.“搜一搜”活动
教师带领学生搜集“母亲河”被污染的照片,再次巩固本节课的知识点,同时提升学生“提炼关键词”“选取适当类型”及“复制、粘贴图片”的能力。
五、课程总结
教师对本节课的内容进行总结:“她以丰富的乳汁哺育着我们,呵护着我们的成长,不能让她毁在我们的手上,我们一定要用自己的努力让更多的人了解‘母亲河’的现状,并加入治理和保护‘母亲河’的队伍中来。”
六、课后活动:制作幻灯片作品
要求学生搜集黄河、长江被污染的情况及保护“母亲河”的措施等资料,思考自己能够采取哪些措施保护“母亲河”,将这些内容制作成图文并茂、内容丰富的幻灯片。要求幻灯片有封面,封面包含主题、姓名、班级、日期等内容,正文图文结合、形式丰富,有自己的观点,且文件命名准确,以附件形式通过邮箱发送给教师。</td></tr>
<tr><td>教学准备</td><td colspan="5">(1)教案;
(2)电子教材(教师版和学生版):黄河、长江被污染的图片、新闻报道,保护黄河、长江的新闻及法律条文等素材;
(3)相关程序:电子地图;
(4)作业单:品德与社会融合课《保护“母亲河”》作品要求;
(5)设备:平板电脑(教师机、学生机)、多媒体投影、无线网络。</td></tr>
<tr><td>教师课后总结</td><td colspan="5"></td></tr>
</table>

品德与社会融合课《保护“母亲河”》作品要求

一、请围绕保护“母亲河”的主题，制作包含4—5张幻灯片的作品。具体要求如下：

1.封面（1张幻灯片）：注明作品主题、班级、姓名、制作日期；

2.“母亲河”现状（1张幻灯片）：找1—2张“母亲河”被污染或被破坏的图片，搭配50—100字的说明；

3.保护“母亲河”的方法（1—2张幻灯片）：找1—2种保护“母亲河”的方法，例如植树造林、保护环境等，用50—100字加以说明，并搭配1—2张图片；

4.我的行动（1张幻灯片）：思考你可以采取哪些措施保护“母亲河”，用50—100字加以说明。

二、在本周日下午5点之前发送至品社作品邮箱：pinshezuopin@163.com。

（十二）白雪飘飘的北国——富饶的黑土地

授课日期	2012.10.29	授课年级	五年级	教学时间	40分钟
教学目标	**知识：**知道东北的地理位置、地形特点和黑土地的形成原因、主要物产。了解当地人的生产和生活情况。 **能力与方法：**分析东北地区的自然环境给当地人的生产、生活带来的影响；继续提升学生制作、鉴赏幻灯片的能力。 **情感·态度·价值观：**引导学生感受东北地区的壮阔和美丽，体会自然与人类和谐发展的重要性。激发学生利用各种媒介辅助学习的兴趣，引导学生全面看待媒介的功能，增强学生尊重他人劳动成果、保护版权的意识。				
教学重难点	**教学重点：**初步分析不同地区的自然环境给当地人生产和生活带来的影响。 **教学难点：**感受东北地区的壮阔和美丽，体会自然与人类和谐发展的重要性。				
媒介素养教育结合点	**有效分析信息：**课程引入“猜一猜”环节，在学生给出答案之后，教师注意追问学生知识的来源，以此为契机引导学生认识媒介对学习的积极影响，激发学生利用各种媒介辅助学习的兴趣，引导学生全面看待媒介的功能。 **有效生产、传播信息：**点评学生作业，提升学生鉴赏、制作幻灯片的能力。 **文明、负责地使用媒介：**教师在点评作业时注意强调要标注信息来源，增强学生尊重他人劳动成果、保护版权的意识。				
教学方式	讲授法、研究法				
教学过程	**一、作业点评** 对学生完成的作品《保护“母亲河”》进行点评，建议教师着重从幻灯片的形式（字体的大小、字体颜色和背景颜色的搭配等）、内容（图片和文字是否相符、是否有自己的观点、是否标注信息来源、命名是否规范）等方面进行点评，提升学生鉴赏、制作幻灯片的能力及尊重版权的意识。				

续表

授课日期	2012.10.29	授课年级	五年级	教学时间	40分钟
教学过程	**二、课程回顾** 教师带领学生回顾黄河、长江被称作“母亲河”的原因和保护“母亲河”的措施，再次鼓励学生使用幻灯片中提到的方法，积极行动起来。 **三、主题引入：“猜一猜”活动** 教师描述东北地区的特点，比如“十月飘雪”“三宝”“黑土地”“火炕”“二人转”“雪橇”“乱炖”“冰雪节”等，让学生猜这是什么地方，引出东北平原的概念。在学生猜测的过程中，教师应注意询问学生获取该信息的来源，让学生认识到媒介对人增长知识、拓宽视野的重要作用，激发学生利用各种媒介进行学习的兴趣，并引导学生全面看待媒介的功能。 **四、主题讲解：东北的地理位置和地形特点** **1.地理位置** 通过观察地图，教师引导学生识别东北地区的方位和经纬度，了解东北地区的地理位置。 **2.地形特点及成因** 通过观察地形图，教师带领学生分析东北地区的地形特点，了解东北地区黑土形成的原因。 **五、主题展开：东北的物产资源** **1.物产资源** 让学生根据问题阅读电子教材找答案，教师引导和启发学生思考东北的物产、独特的风俗与该地区气候、地形、环境的关系。 **2.哈尔滨冰雪节** 教师向学生展示哈尔滨国际冰雪节的图片，让学生领略冰灯的魅力，激发学生对东北地区的兴趣，并引导学生思考冰灯艺术与东北地区气候、环境之间的关系。 **六、课程总结** 教师对本节课的内容进行总结：“东北平原土地肥沃，资源丰富，是中国重要的粮食、畜牧业生产基地，也是钢铁、机械、能源、化工基地。东北的林海是我国巨大的宝库，这里的自然环境与气候特点决定了当地人的生产和生活状况，即所谓‘一方水土养一方人’。” **七、课后活动** 教师建议学生课下搜集更多关于东北三宝和冰雪节的资料，加深对东北地区的了解、认识。				
教学准备	（1）教案； （2）电子教材（教师版和学生版）：东北地区的物产、当地人的生活方式等相关信息的图片，哈尔滨冰雪节图文、视频资料等； （3）相关程序：iBooks、电子地图； （4）设备：平板电脑（教师机、学生机）、多媒体投影、无线网络。				
教师课后总结					

（十三）白雪飘飘的北国——河流的赠礼

授课日期	2012.11.2	授课年级	五年级	教学时间	40分钟
教学目标	**知识：**知道华北平原的地理位置、地形特点及其成因和当地的主要物产。 **能力与方法：**能够通过各种信息分析华北平原的自然环境给当地人的生产和生活带来的影响。 **情感·态度·价值观：**引导学生感受华北平原的壮阔和美丽，体会自然与人类和谐发展的重要性；引导学生利用各种媒介进行表达，鼓励学生进行创新。				

续表

授课日期	2012.11.2	授课年级	五年级	教学时间	40分钟
教学重难点	**教学重点：**初步分析华北平原的自然环境给当地人的生产和生活带来哪些影响。 **教学难点：**感受华北平原的壮阔和美丽，体会自然与人类和谐发展的重要性。				
媒介素养教育结合点	**有效制作信息、传播信息：**课下作业中提出“媒介形式不限”的要求，引导学生利用各种媒介进行表达，鼓励学生进行创新。				
教学方式	讲授法、研究法				
教学过程	**一、课程回顾** 回顾上节课的内容，简要概括东北平原的地理位置、地形特点及其形成原因和物产资源。 **二、主题引入：“寻找老乡”** 从学生的实际情况出发，从询问学生“知道什么是老乡吗”开始，开展“寻找老乡”活动。让来自北京、天津、河北、山东、河南等六个地方的同学互相认识，并告诉这六个地方的同学，其实他们来自同一个地区——“华北平原”，引入本节课的主题。 **三、主题展开：华北平原的地理位置和地形特点** **1.地理位置** 让学生自主阅读电子教材中的地图，并用方位词和经纬度描述华北平原的地理位置。 **2.地形特点及其成因** 阅读电子教材，引导学生寻找华北平原的主要河流，思考华北平原的形成与其主要的河流之间的关系，知道平原形成的主要原因是泥沙沉积。 **四、主题展开：华北平原的生产、生活** **1.物产资源** 让学生自主阅读电子教材，找到华北平原独特的物产，并指导学生在回答问题时说明答案的来源，提升学生的表达能力及分析信息的能力。 **2.交通发达** 学生自主阅读电子教材，观察中国公路、铁路交通图，教师引导学生了解华北平原发达的交通，并思考其交通发达的原因。 **3.古代文化的摇篮** 学生阅读教材中八大古都的简介，思考为什么华北平原有这么多古老悠久的城市，教师引导学生分析八大古都与华北平原地形特点之间的关系，知道华北平原是中国古代文化的摇篮。 **五、课程总结** 教师对本节课的内容进行总结：“华北平原是‘北国’的重要代表，它不仅面积大，物产也很丰富。华北平原养育了我们，我们应该感谢华北平原，珍惜每一寸土地、每一种资源，与大自然和谐相处。” **六、课后活动：制作多媒体作品** 要求学生以《秋天的华北平原》为题，根据课堂中学习的内容和自己的理解，制作一个作品，说明华北平原的特点和自己对华北平原的情感。作品形式不限，可以选用文字、图片、音乐、视频、幻灯片等各种形式，将作品以附件形式通过邮箱发送给教师。				
教学准备	（1）教案； （2）电子教材（教师版和学生版）：华北平原各种物产的图片、中国公路交通图、中国铁路交通图、八大古都相关材料等素材； （3）相关程序：iBooks、电子地图； （4）作业单：品德与社会融合课《秋天的华北平原》作品要求； （5）设备：平板电脑（教师机、学生机）、多媒体投影、无线网络。				
教师课后总结	**课堂中教师巧妙抓住教学时机，增加了“有效地分析和评价信息”的指导内容：**在课堂中，学生发现电子教材的图片有误，教师很正式地向学生道歉，并启发学生思考网上搜集的图片是否正确，告诉学生要有核对信息的意识，对于网上检索到的信息，要多方验证，确定信息的真假，培养学生的批判思维。				

品德与社会融合课《秋天的华北平原》作品要求

一、同学们，我们共同生活在华北平原上，今天共同学习了关于华北平原的许多知识。请你围绕“秋天的华北平原”这个主题，根据今天所学以及自己的理解，创作一个作品，说明华北平原的特点和你对华北平原的情感。

二、作品形式不限，文字、图片、音乐、视频都可以。你可以充分利用纸、笔、相机、录像机、电脑、MP3等媒介，通过写一段文字、画一幅画、拍一组照片、录一段声音、找一首歌曲、录一段视频、做一个图文并茂的幻灯片等任意方式，表达自己的想法，完成这个作品。

三、作品上交时间：请你在本周日下午5点之前发送至品社作品邮箱：pinshezuopin@163.com。如果你不方便用邮件发送作业，请你在下周一时将作业带到学校，最晚在下午放学前交给薛宝卫老师。

（十四）白雪飘飘的北国——沟壑纵横的高原

授课日期	2012.11.5	授课年级	五年级	教学时间	40分钟
教学目标	**知识**：知道黄土高原的地理位置、独特的地形特点及其形成原因和当地的主要物产。 **能力与方法**：能够通过各种信息分析黄土高原的自然环境给当地人的生产和生活带来哪些影响。提升学生搜集资料、分析音乐等各种信息的能力。 **情感·态度·价值观**：引导学生感受黄土高原的壮阔和美丽，认识自然与人类和谐发展的重要性。激发学生利用各种媒介进行学习的兴趣，引导学生全面地看待媒介功能。				
教学重难点	**教学重点**：初步分析黄土高原的自然环境给当地人的生产和生活带来哪些影响。 **教学难点**：感受黄土高原的壮阔和美丽，认识自然与人类和谐发展的重要性。				
媒介素养教育结合点	**有效分析信息**：课程引入“猜一猜”环节，在学生给出答案之后，教师注意追问学生知识的来源，引导学生认识媒介对人了解外部世界、开阔视野的积极影响，激发学生利用各种媒介进行学习的兴趣，引导学生全面看待媒介的功能。在为学生播放信天游《我家住在黄土高坡》时，教师注意引导学生从歌词、旋律等方面分析黄土高原的气候、地形、人们的生活习惯等信息。 **有效获取信息**：学生利用网络搜集黄土高原沟壑纵横的原因，并用自己的语言进行总结，提升学生搜集信息、分析信息的能力。				
教学方式	讲授法、练习法				
教学过程	**一、课程回顾** 教师以带领学生去旅游的方式，回顾上两节课的内容，并帮助学生提炼了解一个新地方的一般方法。				

续表

授课日期	2012.11.5	授课年级	五年级	教学时间	40分钟
教学过程	**二、主题引入："猜一猜"活动** 教师展示"黄土分布区、窑洞、羊皮筏子、安塞腰鼓"等黄土高原特有的景观，让学生猜这是什么地方，引出"黄土高原"这一主题。在学生猜测的过程中，注意追问学生该条信息的来源，让学生认识到各种媒介对开拓人的见识的积极影响，形成对媒介功能更深入、全面的认识。 **三、主题展开：黄土高原的地理环境** **1.黄土高原的地理位置** 教师让学生自主阅读电子教材中的地图，并使用经纬度、方位词两种方式描述黄土高原的地理位置。 **2.黄土高原的地形特点** 教师先引导学生了解黄土高原的地形特点——沟壑纵横，接着让学生上网查询其形成原因，并用自己的语言对搜集到的信息进行总结汇报，提升学生搜集信息、分析信息的能力。 **3.黄土高原的气候特点** 教师让学生自主阅读电子教材，思考黄土高原的气候特点及其成因。让学生换算降雨量和蒸发量的比例，再次感知黄土高原气候干旱的原因。引导学生了解居住在黄土高原上的人解决饮水问题的途径——地窖水，并让学生对比他们饮用的自来水，培养学生珍惜水资源的意识。 **四、主题展开：黄土高原的生产、生活** 教师让学生阅读教材，找到居住在黄土高原上的人在衣食住行等方面的特点，并分析这些特点和其地形、气候之间的关系。其中，教师带领学生着重分析窑洞的特点及其形成原因。最后，教师播放《我家住在黄土高坡》信天游，引导学生通过歌词和旋律来感受黄土高原的文化特点，并引导学生通过歌词分析黄土高原的地形、气候特点、人们的生活习惯等，提升学生对歌曲这种媒介形式的分析、解读能力。 **五、课程总结** 教师对本节课的内容进行总结：让学生认识到人们的生活方式与地理位置、地形、气候特点及物产资源有关。 最后，教师对三节课的内容进行小结："我们用三节课的时间，依次走过白雪飘飘的北国，了解了东北黑土地的丰富物产、华北平原的广袤无垠、黄土高原上人们的衣食住行，这些场景在我们的眼前展开了一幅生动美丽的立体画卷。大自然养育着当地的人们，人们也在自己的土地上辛勤地劳动，同时美化着自然和生活。愿人与自然能永远和谐共处。" **六、课后活动** 要求学生对三节课的内容进行复习，巩固课上所学的知识，全面、整体地了解"北国"的特点。				
教学准备	（1）教案； （2）电子教材（教师版和学生版）：黄土高原各种物产的图片、《我家住在黄土高坡》音乐等素材； （3）相关程序：iBooks、电子地图； （4）设备：平板电脑（教师机、学生机）、多媒体投影、无线网络。				
教师课后总结					

（十五）美丽富饶的南国——小桥流水人家、美丽的苏杭

授课日期	2012.11.9	授课年级	五年级	教学时间	40分钟
教学目标	**知识：**体会“小桥流水人家”的意境，了解我国南方自然环境的特点，体会“水乡”的清秀。 **能力与方法：**引导学生认识、理解自然环境与当地人的生产和生活之间的关系；初步分析美丽的自然环境为人们的生活提供了哪些有利因素；提升学生使用电子地图获取有效信息的能力。 **情感·态度·价值观：**激发学生热爱自然的情感和保护环境的意识。				
教学重难点	**教学重点：**走进江南水乡，走进苏杭，感受我国南方自然环境的美丽，体会“水乡”的清秀，激发学生热爱自然的情感和保护环境的意识。 **教学难点：**引导学生认识和理解自然环境与当地人的生产和生活之间的关系；初步分析美丽的自然环境为人们的生活提供了哪些有利因素。				
媒介素养教育结合点	**有效获取信息：**教师指导学生利用电子地图测量苏州、杭州之间的距离，加强学生对这两个地区地理位置的理解，同时提升学生使用电子地图获取有效信息的能力。				
教学方式	研究法、讨论法（以小组合作为主）				
教学过程	**一、作业点评** 教师从作业的形式、内容、文件命名规范性等角度，对学生完成的《秋天的华北平原》作品进行点评，尤其注意鼓励学生使用不同的媒介形式进行表达。 **二、课程回顾** 教师通过回顾前三节课的内容，总结了解一个地方的方法，如借助地图、网络等媒介了解这个地方的地理环境、文化、习俗等。 **三、主题引入** 教师通过提问，引入本课主题。“前面三节课我们游览了北国风光，今天我们就用已经学会的方法一起去认识一下‘南国’吧。让我们从江南水乡、美丽的苏杭开始我们的旅程。” **四、主题展开：小桥流水人家、美丽的苏杭** 布置小组任务，探究“江南水乡”“美丽苏杭”，了解这些地方的地理位置、地形、气候、物产资源以及人们的衣食住行等生产、生活方式，完成学习任务单，并以小组为单位进行汇报展示。 在学生查找苏杭的地理位置时，教师要求学生利用电子地图，测量苏州、杭州之间的距离，让学生了解为什么二者之间的气候、景色、文化、习俗都很相似，同时提升学生有效使用电子地图获取信息的能力。 最后，教师引导学生将“江南水乡”“苏杭”的地理位置、地形、气候、物产资源以及人们的衣食住行等生产、生活方式进行对应，引导学生认识和理解自然环境与当地人的生产、生活之间的关系。 **五、课程总结** 教师对本节课的内容进行总结：“正是因为江南所处的地理位置、自然环境及其得天独厚的气候条件，才使得江南的风景精致秀美，令江南人的生活恬静富足，更使我们的祖国拥有了美丽富饶的江南。相信大家对今天学习的内容意犹未尽，下节课我们将继续‘游览’美丽的江南水乡。” **六、课后活动** 请同学们根据自己的兴趣，通过书籍、网络、电视、手机等媒介，对苏杭的地理环境、人文景观、历史典故进行拓展学习。					
教学准备	（1）教案； （2）电子教材（教师版和学生版）：江南水乡和苏杭的景色、物产等图片、网站等素材； （3）相关程序：iBooks、Safari浏览器、电子地图； （4）小组学习任务单：《美丽富饶的南国》学习指南； （5）设备：平板电脑（教师机、学生机）、多媒体投影、无线网络。				
教师课后总结					

《美丽富饶的南国》学习指南

班级：________________ **小组：**________________

考察地点：________________________________

考察内容：请认真填写每一部分的内容，并将各部分的“文化、习俗”和对应的“地理环境”进行连线。

地理环境	文化、习俗
位置	衣：
地形：	食：
气候：	住：
物产资源：	行：

（十六）美丽富饶的南国——神奇的乐土、南海上的明珠

授课日期	2012.11.12	授课年级	五年级	教学时间	40分钟
教学目标	**知识：**了解西双版纳、海南岛的地理位置、气候特点和物产资源，感知“南国”的自然环境特点。 **能力和方法：**引导学生通过各种媒介分析自然环境与当地人的生产、生活之间的关系，并能初步分析出当地的自然环境为人们的生产、生活提供了哪些有利因素；培养学生通过教材、网络、电子地图等媒介获取有效信息的能力；提升学生创作媒介作品，并进行有效传播的能力。 **情感·态度·价值观：**激发学生热爱自然的情感和保护环境的意识。				
教学重难点	**教学重点：**引导学生通过各种媒介分析自然环境与当地人的生产、生活之间的关系，并能初步分析出当地的自然环境为人们的生产、生活提供了哪些有利因素；激发学生热爱自然的情感和保护环境的意识。 **教学难点：**引导学生通过各种媒介分析自然环境与当地人的生产、生活之间的关系，并能初步分析出当地的自然环境为人们的生产、生活提供了哪些有利因素。				

续表

<table>
<tr><td>授课日期</td><td>2012.11.12</td><td>授课年级</td><td>五年级</td><td>教学时间</td><td>40分钟</td></tr>
<tr><td>媒介素养教育结合点</td><td colspan="5">有效获取信息：培养学生通过教材、网络、电子地图等媒介获取有效信息的能力。
有效生产、传播信息：通过明确幻灯片创作要求，提升学生制作媒介作品、有效传播作品的能力。</td></tr>
<tr><td>教学方式</td><td colspan="5">讲授法、研究法（以个人为主）</td></tr>
<tr><td>教学过程</td><td colspan="5">一、 课程回顾
教师带领学生回顾上节课的内容，梳理江南水乡、苏杭的地理位置、气候特点、人们的衣食住行特点等内容。
二、主题引入
通过创设带领学生去南方旅游的情境引入本节课的主题：“上节课去了南方的苏杭地区，这节课我们要继续向南，去两个比苏杭还要靠南的地区——西双版纳和海南岛。”
三、主题展开
教师为学生布置个人探究任务，要求学生利用前几节课学习过的方法，通过阅读教材、查阅电子地图、上网查阅相关资料等方式，分析西双版纳和海南岛的地理环境（包括地理位置、地形特点、气候和物产资源）及当地人们的生活、生产特点（包括衣、食、住、行等方面）。最后通过问答的方式选取学生代表展示各个部分的探究结果。
四、课程总结
教师通过引导学生对比北京和西双版纳的气候、建筑特点等，启发学生思考地理环境给人们的生产、生活方式带来的影响，让学生将书本知识与自己的生活、学习联系起来。
最后，教师对两节课的内容进行总结：“我国长江中下游平原及其以南地区是教材中所说的‘南国’。由于地理位置的原因，这一地区夏季高温多雨，冬季温暖湿润。大自然为这块乐土创造了神奇而美丽的画卷——与‘天堂’媲美的‘苏杭’、人与动物的乐园‘西双版纳’、如入仙境的‘小桥流水人家’、天下无双的‘桂林山水’等。步入‘南国’如画的自然环境，是一种享受，是人与自然的一次对话，能够净化人的心灵。这样一块神奇的土地也为中华文化提供了肥沃的土壤，作为中国人我们为之自豪。”
五、课后活动：制作幻灯片作品
请学生以《神奇的乐土》或《南海上的明珠》为题，借助网络、书籍等媒介，利用课上学习的方法，从地理环境（位置、地形、气候、物产资源）、文化习俗（人们的衣、食、住、行）等方面搜集资料，分析西双版纳或海南岛的特点，并说明这些文化习俗和地理环境之间的关系。将搜集到的资料制作成幻灯片，要求图文并茂，将作品以附件形式通过邮箱发送给教师。</td></tr>
<tr><td>教学准备</td><td colspan="5">（1）教案；
（2）电子教材（教师版和学生版）：西双版纳动植物及当地少数民族的衣食住行、泼水节等方面的资料，海南岛的景色及水果等相关的图片素材；
（3）相关程序：iBooks、Safari浏览器、电子地图；
（4）作业单：品德与社会融合课《南海上的明珠》作品要求、品德与社会融合课《神奇的乐土》作品要求；
（5）设备：平板电脑（教师机、学生机）、多媒体投影、无线网络。</td></tr>
<tr><td>教师课后总结</td><td colspan="5">增加物品整理的课程内容：上课之前，教师发现有些学生具有良好的物品整理习惯，能够主动把个人耳机线整理好，而大部分学生缺乏这种意识和习惯，耳机线经常缠绕在一起，影响课堂使用，耽误教学时间。因此，教师对学生如何收纳、整理耳机进行了及时指导，培养学生科学使用媒介、有效管理个人物品的意识及能力。</td></tr>
</table>

品德与社会融合课《南海上的明珠》作品要求

同学们，通过前面几节课的学习，我们一起走进了富饶的东北平原、沟壑纵横的黄土高原以及美丽的苏杭等地，领略了这些地方独特的地理环境和文化习俗。今天，请你以《南海上的明珠》为题，借助网络、书籍等媒介，利用课上学习的方法，自己考察一下美丽的海南岛。

一、作品内容要求：从地理环境（位置、地形、气候、物产资源）以及文化习俗（人们的衣、食、住、行）等方面搜集资料，分析海南岛的特点，并说明这些文化习俗和地理环境之间的关系。

二、作品形式要求：制作图文并茂的幻灯片（PPT或Keynote），要求图片清晰，文字简洁，且图片和文字相符，富有创意。

三、作品上交时间：请你在本周日下午5点之前，将幻灯片文件以附件形式用邮件发送至品社作品邮箱：pinshezuopin@163.com。

品德与社会融合课《神奇的乐土》作品要求

同学们，通过前面几节课的学习，我们一起走进了富饶的东北平原、沟壑纵横的黄土高原以及美丽的苏杭等地，领略了这些地方独特的地理环境和文化习俗。今天，请你以《神奇的乐土》为题，借助网络、书籍等媒介，利用课上学习的方法，自己考察一下美丽的西双版纳。

一、作品内容要求：从地理环境（位置、地形、气候、物产资源）以及文化习俗（人们的衣、食、住、行）等方面搜集资料，分析西双版纳的特点，并说明这些文化习俗和地理环境之间的关系。

二、作品形式要求：制作图文并茂的幻灯片（PPT或Keynote），要求图片清晰，文字简洁，且图片和文字相符，富有创意。

三、作品上交时间：请你在本周日下午5点之前，将幻灯片文件以附件形式用邮件发送至品社作品邮箱：pinshezuopin@163.com。

（十七）资源丰富的西部——沙漠和绿洲、天山南北好牧场

<table>
<tr><td>授课日期</td><td>2012.11.16</td><td>授课年级</td><td>五年级</td><td>教学时间</td><td>40分钟</td></tr>
<tr><td>教学目标</td><td colspan="5">知识：让学生了解西部的地理位置，了解新疆的地形、环境和气候特点，知道新疆的矿产（石油、天然气）、农作物（葡萄、哈密瓜、棉花）及畜牧业（细毛羊、伊犁马）资源。
能力与方法：让学生理解“媒介即人的延伸”的内涵，认识到媒介对自身认知的影响；培养学生的识图能力及分析信息的能力。
情感·态度·价值观：激发学生热爱自然的情感和保护环境的意识。</td></tr>
<tr><td>教学重难点</td><td colspan="5">教学重点：了解新疆各种丰富的资源。
教学难点：了解新疆坎儿井的作用、结构和好处。</td></tr>
<tr><td>媒介素养教育结合点</td><td colspan="5">有效分析信息：教师询问学生，“没有去过新疆，却能猜出这个地方是新疆的同学请举手”，让学生认识到绝大多数同学对新疆的认识来自媒介，引出“媒介即人的延伸”的主题。通过与过去做对比，“如果倒退几百年，那时没有电视、网络等媒介，人们如何了解远方的情况呢”，说明媒介在增强人类见识、开阔人的视野方面具有重要作用，进一步帮助学生在检索信息时提炼关键词的能力，提升学生运用网络搜索信息的能力。</td></tr>
<tr><td>教学方式</td><td colspan="5">讲授法、练习法</td></tr>
<tr><td>教学过程</td><td colspan="5">一、课程回顾
教师带领学生回顾之前的课程内容，特别是复习认识一个地方的方法。
二、主题引入：“猜一猜”活动
教师展示新疆特产的图片，如葡萄、羊肉串、哈密瓜等，让学生回答“这是什么地方的特产”，引导学生思考“为什么绝大多数同学没去过新疆，却能立刻猜到这些都是新疆的特产”；请同学设想，“如果倒退几百年，没有网络、电视，你是否会认识这些特产”，让学生意识到报纸、网络、电视等媒介对增强人们的见识、开阔人们的视野具有重要作用。
三、主题展开：沙漠和绿洲
1.地理位置
要求学生阅读教材，并在地图中找到新疆，准确说出它的地理位置。接着要求学生找到新疆地区的山脉和盆地，并要求学生以乌鲁木齐为标志说明山脉所在的地理位置。在描述盆地所在位置时，要求学生准确描述出盆地与其他山脉的相对位置。
2.气候特点及其成因
（1）气候特点：讲解“温度和降水量”从北到南呈逐渐增高的趋势，从东向西呈逐渐降低的趋势。并和以前学习的知识相联系，引导学生由这个规律分析出新疆的气候特点是“干旱、少雨”。
（2）水的来源：和北京地区的农民盼望下雨缓解干旱做对比，引导学生思考在春夏干旱时，为什么新疆地区的人不是盼望着阴天下雨，而是盼望有大晴天，引导学生了解新疆的用水主要来自冰雪融水。
（3）坎儿井的原理：用图文结合的方式，教师为学生介绍坎儿井的作用、结构和好处。
3.物产资源
（1）农作物：要求学生通过阅读电子教材，了解新疆的主要物产资源，包括葡萄、哈密瓜、棉花等。
（2）石油：教师引导学生思考为什么新疆的石油要运到东部，帮助学生了解我国进行西部开发的原因，并引导学生思考石油用什么运输，为什么用这种方式运输，让学生将之前学习的管道运输的特点以及我国的地形特点等知识联系起来思考问题。
（3）其他资源：让学生通过教师提供的网络链接快速浏览介绍新疆资源的网页，浏览时教师注意提醒学生提炼关键词，迅速总结出新疆还有其他哪些资源，这种方式既拓展了教材知识，又提升了学生分析、整理信息的能力。
四、主题展开：天山南北好牧场
1.天山的地理位置和景色
教师通过图文结合的方式讲解天山山脉的地理位置，并展示天山山脉的迷人景色。</td></tr>
</table>

续表

授课日期	2012.11.16	授课年级	五年级	教学时间	40分钟
	2.天山的畜牧业 教师为学生介绍伊犁马的特点——跑得快、拉得多，以及细毛羊的特点——肉质细嫩鲜美，激发学生对新疆物产的喜爱之情。 最后，教师为学生播放歌曲《新疆是个好地方》，展示新疆的美食、美景图片，通过音乐、图片等多种媒介形式，激发学生对新疆的喜爱之情。 **五、课程总结** 教师对本节课的内容进行总结："天山不仅风景优美，还产出着我们生活所需的多种农副作品，希望同学们以后有机会可以去欣赏天山的美景、品尝那里的美味。" **六、课后活动** 教师建议学生课下继续学习坎儿井的相关原理，增加对坎儿井的了解。				
教学准备	（1）教案； （2）电子教材（教师版和学生版）：新疆和天山的景色、物产资源等方面的图片，歌曲《新疆是个好地方》等素材； （3）相关程序：iBooks、Safari浏览器、电子地图； （4）设备：平板电脑（教师机、学生机）、多媒体投影、无线网络。				
教师课后总结	**继续培养学生正确使用媒介的能力：**在上节课的引导下，今天课前将耳机整理好带到课堂的学生人数明显增多，不少学生还使用了专门的整理盒、小袋子或是缠线器进行整理，方便快速取用，随时收纳。但也有不少学生没记住教师的要求，依然拖拉着耳机线，或将耳机线揉成一团带到教室，不能快速、安全地使用耳机。因此，教师再次对这个问题进行了讲解、示范，并通过表扬有进步、有创意的学生，巩固、加强更多学生正确、安全使用耳机的意识，帮助学生养成良好习惯。				

（十八）资源丰富的西部——日光城和聚宝盆

授课日期	2012.11.19	授课年级	五年级	教学时间	40分钟
教学目标	**知识：**了解青藏高原是我国海拔最高的地区，知道青藏高原地区的主要能源是太阳能、地热能，初步了解察尔汗盐湖及盐矿，简要了解青藏地区的风土人情。 **能力和方法：**初步理解和分析青藏高原地区的环境给当地人的生产和生活带来的影响，培养学生的识图能力，让学生再次理解"媒介即人的延伸"的概念，加深媒介对人的影响的感受。 **情感·态度·价值观：**激发学生热爱自然的情感和保护环境的意识，激发学生热爱祖国的情感。				
教学重难点	**教学重点：**青藏高原地区的主要能源和矿产。 **教学难点：**理解国家开发西部的意义——我国西部环境相对恶劣，人口稀少，发展相对缓慢，为了均衡发展，充分合理利用资源、改善环境，因此要开发西部。				
媒介素养教育结合点	**有效生产媒介作品：**教师展示自己制作的图文日记——"拉萨旅游日记"，一方面展示拉萨的美丽风光，激发学生对拉萨的喜爱之情，另一方面引导学生制作图文结合的媒介作品，来记录自己的生活、表达自己的情感。 **有效获取信息：**教师示范使用百度百科搜索察尔汗盐湖相关信息的过程，指导学生学习借助百科类网站搜集信息的方法。在学生阅读电子教材，点击寻找"其他资源"时，指导学生创造性地运用媒介解决自己在学习中遇到的问题。				
教学方式	讲授法、练习法				

续表

<table>
<tr><th>授课日期</th><th>2012.11.19</th><th>授课年级</th><th>五年级</th><th>教学时间</th><th>40分钟</th></tr>
<tr><td>教学过程</td><td colspan="5">一、作业点评
通过作业点评，帮助学生巩固所学知识、方法、媒介作品制作技巧等。
二、课程回顾
教师通过问答的方式带领学生回顾学习过的北方、南方和西部的各个地方的知识，重点在于提炼学习方法，培养学生运用学习方法自学更多祖国相关知识的意识及能力。
三、主题引入："猜一猜"活动
通过"猜一猜"活动，引入课程主题——青藏高原。此环节让学生猜谜的同时，要注意追问信息来源，巧妙地抓住教学时机引导学生理解媒介对人的认知的影响，培养学生全面地看待媒介功能。
四、主题讲解：日光城
1.地理位置
让学生观察地图，了解青藏高原的经纬度和方位。教师通过问答的方式，帮助学生了解青藏高原的地理位置及其重要性，帮助学生建立知识和个人的关系。
2.地形特点
让学生观察中国地形图，引导学生分析青藏高原的地形特点——以盆地和高原为主，提升学生的识图能力。
3.气候特点
通过气温、降雨及海拔分析一个地区的气候特点：教师带领学生复习"从北到南温度逐渐增高，降雨越来越频繁，从东向西昼夜温差逐渐增大，降雨越来越少"，以及"海拔每上升1000米，温度下降4度"的规律，分析青藏高原的气候特点——年均降雨量少，昼夜温差大；并让学生阅读教材相关部分及相关网页，进一步了解青藏高原日照充足、紫外线强烈的气候特点，了解拉萨又名"日光城"的原因。
通过当地居民的服饰分析气候特点：教师为学生演示"藏袍"的穿法，帮助学生理解拉萨昼夜温差大的特征；结合青藏高原的气候特点，引导学生思考去拉萨旅游时应做哪些准备。
4.物产资源
教师提问："在建设西藏的过程中，我们可以怎样利用西藏丰富的日光资源？"启发学生思考，并指导学生通过阅读电子教材寻找西藏的其他资源，如地热和温泉。在指导学生阅读教材时，注意提醒学生提炼关键词。最后，教师通过自己制作的图文结合的"拉萨旅游日记"，展示拉萨美丽的风光、独特的饮食文化等，令学生对拉萨产生喜爱之情，同时启发学生制作图文结合的媒介作品，记录自己的生活、表达自己的情感。
五、主题讲解：聚宝盆
1.柴达木盆地的地理位置
教师带领学生在地图上查找柴达木盆地，并要求学生以方位词和经纬度两种方式描述其地理位置。
2.柴达木盆地的资源
（1）察尔汗盐湖的资源：教师提问："是否听过察尔汗盐湖？知道察尔汗盐湖在哪吗？"引导学生通过百度百科等网站搜集察尔汗盐湖的相关知识，包括地理位置和资源，如柴达木盆地有丰富的盐、锂、稀有金属资源等；引导学生思考盐、锂资源和我们日常生活之间的关系，知道我们食用的盐、使用的电池都和这些资源有关，激发学生对柴达木盆地的喜爱之情。
（2）其他资源：让学生自主阅读教材，并查找柴达木盆地的其他资源，如石油、天然气等；和学生一起分析该盆地奇特的地貌景观——雅丹地貌的特点和成因。
六、课程总结
通过两节课的学习，我们简要了解了我国广阔的西部地区，虽然现在西部地区的环境和生活条件远不如东部地区，但国家正在着重开发西部，人们也争相参与西部建设，这又是为什么呢？引发学生思考并引导其理解："国家开发西部，是为了使全国各地区均衡发展，充分合理地利用资源，改善当地的自然环境和生活环境，解决我国人口过于集中的问题，同时减轻东部沿海地区的压力。"
七、课后活动
建议学生利用课下时间，继续了解国家进行西部大开发的情况及该政策取得的进展。</td></tr>
</table>

续表

授课日期	2012.11.19	授课年级	五年级	教学时间	40分钟
教学准备	（1）教案； （2）电子教材（教师版和学生版）：青藏高原、拉萨的景色、物产资源等方面的图片，“拉萨旅游日记”幻灯片等素材； （3）相关程序：iBooks、Safari浏览器、电子地图； （4）设备：平板电脑（教师机、学生机）、多媒体投影、无线网络。				
教师课后总结	**继续培养学生正确使用媒介的能力：**教师在课前再次重申整理耳机线的问题，帮助学生巩固正确使用媒介、注意整理个人物品的好习惯。				

五、融合课程的实施

“课程实施是指把课程计划付诸实践的过程，它是达到预期的课程目标的基本途径。”① “就目前课程理论的文献来看，对课程实施的探讨基本上可以分为两类：一类是把课程实施界定为变革，这在学校可以自己确定课程的那些国家比较流行；另一类是把课程实施界定为教学，这在学校主要是实施教育行政部门制定的课程计划的国家比较盛行。”②我们自主开发的媒介素养教育融合课程的实施，是把新的课程内容在全新的教学环境下付诸实践，希望达成新的教育目标，因此，我们采用第一类定义。“一般来说，实施新的课程，要求实施者（主要是教师）的行为和思维方式、教学方法、内容安排以及教学组织形式都发生一系列的变化”③，可见，课程的实施对一些关键因素提出了要求。在实践过程中，我们发现教师的媒介素养水平、教学方法、教学组织形式以及教学环境和设备等，都是影响媒介素养教育融合课程实施的关键因素，都会对课程实施效果产生重要影响。

（一）融合课程实施对教师素质的要求

在课程实施中最重要的角色之一就是实施者，即讲授课程的教师，课程实施的效果如何与教师有密切的关系，因此，媒介素养教育融合课程的实施首先对教师提出了相应的要求。根据课程实施的实践经验，我们发现讲授融合课程的教师在教学理念、思维方式及知识储备等方面都需做出相应的调整。

第一，在教学理念和思维方式方面，媒介素养教育要求改变传统教学中“以教

① 施良方.课程理论：课程的基础、原理与问题[M].北京:教育科学出版社，1996:128.
② 施良方.课程理论：课程的基础、原理与问题[M].北京:教育科学出版社，1996:132.
③ 施良方.课程理论：课程的基础、原理与问题[M].北京:教育科学出版社，1996:134.

师为中心”的教学理念，代之以“以学生为中心”的理念，提倡教师与学生平等对话、尊重学生个体差异。因此，“融入媒介素养核心概念的老师，其教学的终极目的是借由媒介素养提供一个教育转化的机会，把权威的传统学校与教师文化转变为让学生的声音与观点受到重视且尊重的场域，使得在教室内的学习可以与学生的生活经验相连接”①。这正表明，对原有课程来说，媒介素养教育融合课程是一种教育的变革。此时，教师做出的转变为：首先应向学生“赋权”，承认学生在课堂中的主体地位，认识到自己与学生的地位是平等的，自己与学生是寻求真知过程中的同伴，不再以知识权威的形象出现；其次，教师在媒介素养教育中的角色应从知识的传授者，转变为“苏格拉底式教学”的提问者，在承认、理解学生已有的媒介体验和知识的基础上，与学生进行积极、平等的对话，引导学生自己进行思索并自行得出结论；最后，因为媒介技术发展迅速，教师应努力跟上时代潮流，不断地了解新鲜事物，体验和学习新技术，这样才能理解学生已有的媒介体验，能和学生就各种媒介技术、相关的社会现象进行交流和对话，给予学生相应的启发和引导。实践证明，通过相关培训，教师能够逐步转变传统的教学思想和观念，乐于与学生对话和交流，并且不再畏惧使用各种新的媒介技术。

第二，在知识储备方面，与分科课程不同，媒介素养教育融合课程包含了两个或两个以上的学科内容，这对教师的知识储备提出了更高的要求。例如在本次融合课的教学中，我们发现，教师若想顺利实现两个学科的教学目标，那就不仅要对品德与社会学科的知识内容、目标要求有清晰的掌握，同时也要对媒介素养教育的内容、目标要求有准确的理解、清晰的把握，否则教师很难捕捉课堂中转瞬即逝的教育时机——在讲授品德与社会学科知识的同时，还能巧妙地渗透关于媒介的知识和技能。在与一线教师接触的过程中，我们发现大部分教师具有教授媒介素养教育融合课程的热情，但是自身的媒介素养水平偏低，比如很多教师缺乏对电子文件规范命名的意识及习惯；制作幻灯片时缺乏图文搭配的意识，不注意标注信息来源；对使用平板电脑、智能手机等新媒介教学具有抵触、恐惧情绪等。这些都制约了教师讲授媒介素养教育融合课程的效果，常常是一节课讲完之后，教师才发现关于媒介素养教育的内容忘记进行了。要解决这个问题，一方面需要教师重视对融合课程所包含的所有内容的学习，另一方面也需要我们加强对教师的培训及指导。

---

① 吴翠珍，陈世敏.媒体素养教育[M].台北:巨流图书股份有限公司，2007:225.

（二）融合课程实施对教学方法的要求

教学方法也是影响课程效果的关键因素。在传统的课程中，教师最常使用的教学方法是讲授法，这种方法主要以教师为中心，注重知识的传授，学生大多数情况下是被动的接受者，这与媒介素养教育融合课程提倡的改变“以教师为中心”的教学理念不符。因此，在融合课程实施的过程中，要根据实际情况及时调整和改变传统的教学方法，代之以练习法、讨论法、研究法等以学生活动为中心的教学方法。在本次课程的实施过程中，教师经常为学生布置小组讨论、小组合作任务等。为了培养学生的批判思考能力及媒介作品制作能力，教师也经常为学生布置个人独立完成媒介作品制作的任务。这种让学生自己研究课程内容、自己制作多媒体作品并现场展示的教学方法，给予了学生更大的自主权，对于培养学生的思维能力、表达能力以及媒介作品制作能力都有很大的帮助。

经过实践，我们发现习惯了传统教学方法的教师在掌握和适应新教学方法时面临着很大的挑战。例如，负责本次融合课实施的薛宝卫老师是极具创新精神，也非常乐于尝试新教学方法的，即便如此，他在真正尝试使用新教学方法时也并不是一帆风顺的，遇到了很多以前不曾遇到过的问题。如在使用“研究法”教学时，薛老师面临如何给学生布置难易适度的学习任务；如何分配研究、展示和点评等各个环节的时间；如何进行展示环节，尽可能满足更多学生的展示意愿；如何制定点评标准，既能鼓励学生的创作热情，又能确保学生发现自身不足；如何对小组合作进行有效指导，提升学生小组合作能力等问题。在我们的课程实施前期，薛老师在尝试使用练习法、讨论法等方法时，都会面临一些前所未有的问题，这对课程实施的进度产生了不小的影响。但是，随着课程的开展，我们不断与薛老师在课后进行总结、研讨，针对教学中出现的问题立刻提出解决方案。经过耐心的尝试、不断的改进，薛老师逐渐掌握了这些教学方法的特点，不仅解决了课程实施初期出现的很多问题，使课程进展越来越顺利，也为我们提炼教师培训要点，帮助更多教师掌握这些新型的教学方法提供了宝贵的经验。

（三）融合课程实施对教学组织形式的要求

为了配合新的教学方法，融合课程的教学组织形式也需要随之变化。我们在这次融合课程的实施过程中，虽然仍采用班级授课制，但在座位的摆放方式上尝试进行分组教学，即把4—6名学生分成一组，尽量保证每组中学生性别比例均衡，具体情况如图2.1所示。

图2.1　薛宝卫老师在数字化教学专用教室中实施融合课的场景

我们的实践经验表明，采用这种教学组织形式有利于实现小组讨论、探究学习等教学方法，也有助于提升学生的合作、交流、表达能力。在英国，一些教师常常在媒介素养教育课堂中采用小组合作的教学方式，他们发现“以前，学生学习很被动，但现在学生变得很有活力、主动、愉快，学习的目的性也大大增强”①。

图2.2　小组合作的教学组织形式容易产生教学秩序问题

但这种教学组织形式也带来了一些新问题，如学生座位距离很近，虽方便讨论，但也容易相互影响，尤其对纪律意识薄弱的学生来说，很容易分散注意力。教师下组指导时，也难以迅速响应所有学生的需要，这时容易产生教学秩序问题，如图2.2所示。因此，建议教师在采用这种教学组织形式时，要特别注意加强班级文化建设，指导学生理解遵守纪律和有序进行小组合作的重要性，帮助学生养成遵守纪律的好习惯，这样既能提升学生的能力，也能更好地保证融合课程的顺利实施。

（四）融合课程实施对教学环境、设备的要求

为积极探索基于智能终端、移动网络的全新数字化教学规律，我们此次融合课程的实施对教学环境和设备提出了新的要求。与传统课堂中多媒体设备只被作为“教具”，通常只有教师使用的情况不同，在我们的融合课程中，除教师使用平板电脑、幻灯片、投影仪等多媒体设备进行教学之外，学生也人手一台平板电脑，这使得学生不仅能通过富含多媒体素材的电子教材自主学习、随时检测，还可以通过

① 张学波.国际媒体素养教育的课程发展[M].广州:暨南大学出版社，2009:47.

网络查找自己所需的信息，或者运用平板电脑所具有的拍照、录像、制作幻灯片、美化照片、剪辑影片等功能，随时创作融媒体作品；移动网络更使得师生之间、生生之间随时进行文件共享或互动反馈。可以说，这些新型学习工具、教学条件的出现，不仅为学生自主学习品德与社会课程内容创造了条件，更为学生接触媒介、运用媒介提供了便利，同时这也为研究人员和教师深入细致观察学生的媒介使用现状，从而有效开发教学内容、捕捉教学时机提供了机会。

“作为教育者应该积极地利用媒介资源来教学，让媒介辨别活动进入课堂，因为只有了解媒介的人增多之后，接触媒介之后的讨论才能展开。”[①]在以往的媒介素养课程教学中，我们只能尽量多创造条件让学生观看、体验，但绝大多数对媒介的操作、使用都还是教师进行的，教师给学生布置的课后媒介作品创作任务，也往往因为学生家庭条件不一，教师无法全程指导等限制难以很好地实施，这导致学生的学习机会不均，教学效果自然难以保证。我们这次所拥有的先进设备及良好的教学环境，事实上是顺利实现媒介素养教育融入国家课程的前提。通过18课时的连续实验，我们感受到，如果将来数字化教学环境得到普及，那么各学科教师在日常教学中融入媒介素养元素，将变得更加必要且最终走向必然。

（五）融合课程实施的具体方案

如果说融合课程对教师素质、教学方法、教学组织形式、教学环境、设备的新要求，是我们通过课程实施深切体会到的重要方面，那么，在课程实施的具体步骤上，我们按照“课前准备”“课堂教学”“课下活动”三部分，每周在固定时间举行研讨例会，在实施教学前将各部分尽量细化，使其具有可操作性。

1.课前准备阶段

课前准备阶段，主要是进行教案、设备、教材、作业等方面的准备，这些是保证课堂教学顺利开展的关键因素。教案是教师课前准备的第一步，通过制定教案，教师可明确教学目标、选择教学内容、确定教学方法和教学组织形式等。此外，还要按照教案的要求，准备平板电脑、无线投影、电子教材、课堂活动单、课后作业单等设备及材料。一般情况下，我们会和薛宝卫老师提前一个星期左右进行沟通，确定教案。接着利用一个星期的时间，制作和安装电子教材、下载相关应用程序、制作和打

---

① 单晓红.媒介素养引论[M].杭州:浙江大学出版社，2008:196.

印活动单、作业单等，并提前一天检查、调试上课使用的各种设备，例如检查平板电脑的电量是否充足，检查电子教材的运行情况，调试多媒体投影和音响等。

在实践过程中，我们深刻感受到课程准备阶段对教师的时间和精力以及媒介操作能力提出了很高的要求，教师在这个阶段的工作很繁重，例如制作电子教材这个环节，如果由授课教师一人完成的话，从设计到制作至少需要3—4天的时间。这种情况容易导致教师没有足够的时间思考教学方法、教学组织形式等问题，从而影响教学质量。因此，在课前准备阶段，我们会动员所有课题组成员分工协作，尽量减轻薛老师的负担。同时，我们发现，因为数字化教学环境包括众多设备和很多环节，各种技术问题经常出现，所以我们通常会在制订实施计划时为各部分至少预留出一天或半天的时间，以应对各种特殊情况的出现。

2.课堂教学阶段

在课堂教学阶段，教师主要按照“作业点评、课程回顾、主题引入、主题讲解、课程总结、课后活动”等几个环节展开。“作业点评”主要是针对上节课的课后作业进行点评，一般控制在5分钟之内。由于不是每节课后都布置作业，所以，这个环节并不是每节课都有。“课程回顾”环节要求教师通过提问等方式带领学生复习上节课的内容，一般控制在2分钟左右。“主题引入”要求教师使用恰当、巧妙的方式引出本节课的主题，一般控制在2分钟以内。之后，教师便可使用练习法、研究法等教学方法，与学生一起深入探讨、研究本节课的主题内容，即“主题讲解”环节。“主题讲解”环节是课程的主要部分，一般会安排25—30分钟的时间。在教学内容完成之后，教师应带领学生一起回顾和总结本节课的课程内容，即“课程总结”，一般控制在2—3分钟。最后，教师布置“课后活动”，提出明确的活动要求，如布置媒介作品创作类作业时，应当说明作品的形式（幻灯片、图片、视频等）、上交作品的时间（一般为5—7天）及提交方式（邮箱发送、U盘拷贝后带到学校等方式）等。每节课的总时长为40分钟。

3.课下活动阶段

在课下活动阶段，学生要利用课余时间完成教师布置的任务，并按照规定的时间及方式提交。教师要及时收集、整理学生作品，按照班级、日期等顺序分类、整理，并从形式、内容等维度进行批改和点评。同时，教师还应该针对学生在作品中出现的亮点或不足，制作幻灯片或电子教材，在课程的“作业点评”环节给予学生及时的反馈、指导。

与收集、批阅纸笔作业不同，教师要下载、保存、整理、批阅多媒体作品，不仅非常耗时、耗力，而且多媒体作品没有唯一的标准答案，教师需要从形式、内容等各个维度，以教学目标为依据对每个作品进行详细的分析、评定。这不仅需要教师对评价标准有深入的了解及精准的把握，而且光是把几十份作品打开、浏览一遍就需要不少时间。因此，教师课下一定要做好计划，为批改作业预留出充足的时间。此外，作业上交后，教师应尽快完成批改反馈，否则上交作业和点评作业之间间隔太久会导致学生对作业的内容有所遗忘，从而影响教学效果。为了方便大家参考，我们将以上各步骤的主要内容、各环节的建议开始时间、所需时间等总结为表2.7：

表2.7　融合课程实施的具体方案

实施环节	具体内容	时间要求	参与人员
课前准备	制定教案：确定教学目标、教学内容、教学方法、教学组织形式、各部分内容的教学时间、教学设备和教材等	开始时间：至少提前一周开始 所需时间：2—3天	授课教师、研究人员、课题组其他教师等
	制作和安装电子教材	开始时间：最好提前一周开始 所需时间：4—5天	
	准备相关材料、应用软件：例如课堂活动单和课后作业单等材料及电子地图等应用软件	开始时间：最好提前一周开始 所需时间：半天或1天	
	准备和调试设备：检查平板电脑的电量、调试多媒体投影和音响、检查电子教材的运行情况等	开始时间：最好在教学前一天进行 所需时间：2—5小时	
课堂教学	作业点评：对学生的作品进行点评	所需时间：5分钟之内	授课教师、学生
	课程回顾：带领学生复习上节课的课程内容	所需时间：2分钟之内	
	主题引入：引出本节课的主题	所需时间：2分钟之内	
	主题讲解：使用练习法、研究法等教学方法，和学生一起深入探讨、研究本节课的主题内容	所需时间：25—30分钟	
	课程总结：回顾和总结本节课的课程内容	所需时间：最多2分钟	
	课后活动：为学生布置课后活动、作业，提出明确的活动、作业要求	所需时间： 2分钟之内	
课下活动	完成作业：学生完成教师布置的任务，制作作品并将其按照规定的时间和方式交给教师	开始时间：最好在教师布置作业后就开始 完成时间：在规定时间内完成	授课教师、学生（课题组成员也可以帮助授课教师收集、整理作业）
	点评作业：教师收集/下载、整理作业，从形式、内容等方面对作业进行点评，制作呈现作业点评内容的幻灯片或电子教材等	开始时间：最好在有学生上交作业后就开始 完成时间：在课堂教学点评作业之前完成	

事实上，课程实施是一个包含众多要素，相当烦琐的系统工程，我们只是把最主要的体会及发现总结如上，实际进行中还有许多要注意的细节和要解决的问题，需要课程开发人员和教师在实践中不断总结和完善，以保证课程顺利、有效地实施。

六、融合课程的评价

“课程评价是指研究课程价值的过程，是由判断课程在改进学生学习方面的价值的那些活动构成的。”[①]在本融合课程的评价中，我们关注的重点是“学生学习方面的价值”，评价的对象是学生在学习过程中各方面的表现，评价的目的是为了全面了解学生在品德与社会及媒介素养教育两方面的学习成效，以测量融合课程的有效性，为改进课程质量提供依据。在本次课程开发中，我们主要采用形成性评价与总结性评价相结合的方法，同时采集定量数据与定性数据，以便获得尽量全面、准确的结果。

（一）形成性评价

为了促进学生的自主学习、改善教师的教学质量，我们在本课程实施过程中非常注重形成性评价。“在学业评价上，形成性评价是在教学过程中，对学生的学习做出评价，并反馈于学生，以便改善学生的学习。”[②]形成性评价是在课程实施过程中所进行的评价，一方面有利于学生了解自己的学习状况，有利于学生改进学习态度和方法，另一方面也可以及时反映出教师的教学质量，有利于教师改进教学方法，提高教学效率。形成性评价的方法有很多，结合本融合课程的特点，我们主要采用课堂检测、档案袋评价、展示性评价等方法。课堂检测与大家都很熟悉的随堂检测一样，主要是教师根据每节课的课程目标、课程内容，布置一些选择题、填空题等，让学生在课上或课下进行测试或练习，以了解学生对本节课知识的掌握情况，在此我们不做赘述。下面，详细介绍档案袋评价和展示性评价在本课程中的具体应用及其效果。

---

① 施良方.课程理论：课程的基础、原理与问题[M].北京：教育科学出版社，1996:149.

② 钟启泉.课程论[M].北京：教育科学出版社，2007:300.

1.档案袋评价

档案袋评价“已经成为目前国内学业评价领域最热门的话题”①，这种评价方法可以与平时的教学紧密结合在一起，评价的对象是学生某作品产生、完善的整个过程。本次研究中，我们尝试使用了档案袋评价法，以便及时、有效地记录每一位学生在融合课程中的各种表现，全面反映学生的学习状况。档案袋评价的类型多种多样，包含最佳成果型档案袋法及过程型档案袋法等。为了全面记录学生制作作品、完成学习任务的过程，我们主要使用了过程型档案袋法，即将学生在课程学习中完成的各种学习材料都放入档案袋中，这些材料包括学生在课堂中制作的幻灯片、学习任务单，以及学生在课下制作的幻灯片、电子文档、手抄报、拍摄的照片，还有教师对学生这些作品的评价，等等。

实践证明，通过建立档案袋能够帮助教师有意识地收集、整理学生作品及课堂中产生的各种学习成果，方便教师了解学生的学习过程。但是，这种方法对于一线教师来说并不容易操作，主要是因为为每个学生建立档案袋非常耗时、耗力，而且这种评价方法包含的资料非常多，准确、科学地评价这些资料即使对专业的科研工作者来说也很困难。因此，我们认为档案袋评价法是一种很好的质性评价和过程性评价，在教师精力及能力允许的情况下，可以尝试使用，但是，对于操作起来较为困难的教师，我们建议采用其他类型的形成性评价方法。

2.展示性评价

在融合课程实施的过程中，学生经常制作各种多媒体作品或是完成一些学习任务，为了及时对学生的作品、任务单进行评价、反馈，提高学生的学习质量，我们尝试采用展示性评价，作为形成性评价的另一种方法。“展示性评价是为学生提供一个自我展示的舞台，鼓励他们展示自己的探究结果和心路历程，同时给予恰当、积极的评价。”②在本课程实施的过程中，教师经常使用这种评价方法，即在学生完成媒介作品或是学习任务单后，给予其当众展示的机会，让学生介绍作品的主要内容、制作思路、小组成员的分工情况等；展示结束后，教师不仅会对学生的作品及展示过程进行积极的点评，还会组织其他同学对作品的内容、形式等方面进行评分或是细致的点评，如总结作品的优点、提出改进的建议等，并鼓励进行展示的学生

① 钟启泉.课程论[M].北京:教育科学出版社，2007:331.

② 安桂清，刘宇.时尚文化·课程开发[M].合肥:安徽教育出版社，2008:19.

对其他同学的建议予以及时回馈。通过课堂观察，我们发现学生非常喜欢这种评价方式，即使是平时在课上参与度不高的学生，在展示环节都非常踊跃，希望能上台展示自己的作品，得到教师和同学的认可、鼓励。经过几次展示性评价后，学生制作幻灯片的水平整体上有了明显的提升。

经过实践，我们认为展示性评价非常适用于媒介素养教育融合课程，因为让学生掌握制作媒介作品的技巧、方法并不是融合课程全部的目标，通过上台展示、评价、交流，提升学生的媒介作品鉴赏能力和有效传播能力也是课程的重要目标之一。此外，这种评价方法还能极大地提升学生的学习热情，尤其是对平时参与度不高的学生来说效果显著。此外，与档案袋评价相比，展示性评价更简单易行，非常适合一线教师使用。在评价的过程中，有以下两点需要注意：首先，教师应对学生的展示做出积极、恰当的评价，提出合理的建议，在不打击学生制作媒介作品及参与展示积极性的同时，帮助学生提升创作能力、表达能力、小组合作能力；其次，教师也应注意引导学生在评价别人的作品时多给予肯定和鼓励，用建设性建议帮助同学提升，防止同学之间为了竞争、攀比，而对他人进行消极的、不公正的评价，影响评价的效果。因此，在展示性评价的过程中帮助学生形成相互启发、相互帮助、互相尊重、友爱的课堂氛围非常重要。

（二）终结性评价

如果说形成性评价在我们的研究中主要起到了促进教学、提升学生参与热情的作用的话，那么，对媒介素养教育融合课程教学效果的检验，则主要是通过终结性评价来进行的。具体来说，我们采用了对照实验的方法，力图对媒介素养教育能否系统融入已有的国家课程，媒介素养融合课程能否通过一次教学同时达成两门课的教学目标等研究问题，进行准确、客观的回答。我们的实验过程及主要结果如下：

1.实验概况

所谓对照实验，是指通过选定实验组及对比组学生，并对实验组学生进行一定时间的实验教学，在同一时间内对对比组学生进行常态教学，在针对实验组学生的实验教学开始前及结束后，对两组学生同时进行围绕研究目标的前测及后测，通过比对前测、后测数据，来验证研究假设的研究方法。其研究过程如图2.3所示：

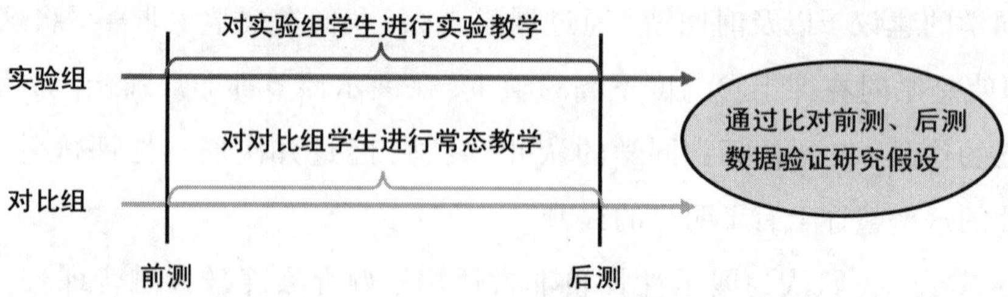

图2.3　对照实验研究过程示意图

在对照实验中，确保实验组与对比组学生具有可比性，即两组学生在班级构成、教师水平、学生起点等各方面都没有显著差异是至关重要的。因此，我们在选定传媒附小由薛宝卫老师执教的两个五年级班级为实验组后，根据薛老师的建议，我们选取了与传媒附小相邻、学情相近的一所小学五年级中的一个班级为对比组。实验组与对比组学生的基本情况如表2.8所示：

表2.8　实验对象情况统计表（单位:人）

受试对象	男生	女生	合计
实验组	23	32	55
对比组	10	25	35

在前测、后测方面，我们一方面使用纸笔测试对两组学生的媒介素养水平及品德与社会学科表现进行标准化测试；另一方面，为了验证学生纸笔测试的结果，或为测试结果提供更多解释，我们在前测、后测中分别在两组学生中随机选取了代表进行焦点小组访谈，以深入了解学生感受。在标准化测试中，我们根据媒介素养教育课程目标及品德与社会学科目标将试题分为两部分。其中，对学生媒介素养水平的测试主要采用单选题、多选题、判断题等题型，由课题组成员共同研讨确定了16道题目，总分为44分。对学生品德与社会学科表现的测试，我们则从北京市大兴区教委编制的《大兴区品德与社会课全区统考试卷》①中选取了单选题、判断题、填空题、连线题等多种题型，分值为48分。两部分试题合并为一张试卷，命名为《小学生趣味问卷》，要求学生在一节课即40分钟之内完成。用于前测、后测的《小学

① 由于中国传媒大学附属小学所在的北京市朝阳区并不组织针对品德与社会学科的区级统一考试，因此，根据薛宝卫老师的建议，我们选取了北京市大兴区品德与社会学科的区级统考试卷作为学生品德与社会学科表现的测试题来源，以增加测试题的科学性、权威性。根据学生的学习进度，我们在前测中以大兴区四年级下学期期末的品德与社会试卷为依据，后测则以大兴区五年级上学期期中试题为依据。

生趣味问卷》全文，请参考附录一、附录二。在针对学生代表的焦点小组访谈中，我们则主要围绕学生对电脑等媒介功能的认识，搜集信息、制作幻灯片、发送邮件的能力等，鉴赏幻灯片的水平以及对品德与社会课的兴趣等主题，对学生代表进行访问。前测、后测使用的访谈提纲分别见三、附录四。参与焦点小组访谈的学生按照男女比例均衡的原则，通过随机抽样的方法选定，实验组与对比组各选一组，每组6—10人。参加前测、后测访谈的学生不变，每次访谈时间约为一小时。

在实验实施方面，我们按照计划在实验课程实施前后，对实验组及对比组学生分别进行了前测、后测。在教学上，薛宝卫老师对实验组的两个班进行了基于数字化教学环境的“媒介素养教育和品德与社会融合课”教学，计划教学18课时，实际教学20课时。对比组学生的品德与社会课教师则对该班学生进行了品德与社会课的常态教学，计划教学16课时，实际教学16课时。实验的具体流程如表2.9所示：

表2.9　实验具体流程

<table>
<tr><th>前测</th><th colspan="2">实验对象</th><th>实验内容</th><th>后测</th></tr>
<tr><td rowspan="2">1.对实验组和对比组学生进行媒介素养水平及品德与社会学科表现标准化测试。</td><td>实验组</td><td>55人</td><td rowspan="4">1.对实验组进行共两单元的“媒介素养和品德与社会融合课”教学。每周2课时，每课时40分钟，共实施20课时。
2.对对比组进行两单元的品德与社会课常态教学。每周2课时，每课时40分钟，共实施16课时。</td><td rowspan="2">1.对实验组和对比组学生进行媒介素养水平及品德与社会学科表现标准化测试。</td></tr>
<tr><td>对比组</td><td>35人</td></tr>
<tr><td rowspan="2">2.对实验组和对比组学生代表进行前测焦点小组访谈。</td><td>实验组</td><td>12人</td><td rowspan="2">2.对实验组和对比组学生代表进行后测焦点小组访谈。</td></tr>
<tr><td>对比组</td><td>10人</td></tr>
</table>

2.实验结果

我们采用统计分析软件SPSS20.0对前测、后测中的标准化测试结果进行了统计分析。为了保证数据的科学性，我们剔除了实验组及对比组前测、后测中不一致的样本，确保两组样本完全匹配，以进行精确的配对样本t检验和独立样本t检验。

在学生的品德与社会学科表现方面，统计结果表明：实验前实验组和对比组学生在品德与社会学科表现上的差距微弱，不存在显著差异（$P>0.05$），这说明实验组和对比组学生的品德与社会学科水平相当，具有可比性。实验后，实验组学生的品德与社会学科表现得分比前测略有提高，但是差异不显著；对比组学生经过正常的品德与社会课学习后，后测得分与前测相比有明显下降（$P<0.01$）。而实验组学生的品德与社会学科后测得分明显高于对比组学生，且差异显著（$P<0.01$）。

由此可以说明，与正常的品德与社会课相比，媒介素养融合课程不但不会影响学生对品德与社会学科的学习，而且在提升学生的品德与社会学科学习水平上效果显著。

在媒介素养水平提升方面，统计结果表明，实验组和对比组学生在前测的媒介素养水平得分方面差距微弱，不存在显著差异（$P>0.05$），这说明实验组和对比组学生在实验前的媒介素养水平相当，具有可比性。经过媒介素养融合课程的学习后，实验组学生在后测中的媒介素养水平得分有明显提升，而且与前测结果差异显著（$P<0.01$）。对比组学生经过正常的品德与社会课学习后，其后测的媒介素养水平得分与前测相比也有提升，但没有显著差异（$P>0.05$）。对比两组学生在后测中媒介素养水平的得分，可以发现实验组学生的得分明显高于对比组，而且差异达到显著水平（$P<0.01$）。由此可以说明，尽管学生的媒介素养水平有可能随年龄增长及媒介使用经验的增加而提升，但媒介素养融合课对提升学生的媒介素养水平效果更显著。以上统计结果的详情如表2.10所示：

表2.10　实验组与对比组学生品德与社会学科表现及媒介素养水平前后测对比统计表

均值		实验组	对比组	t值
品德与社会部分测试得分	前测	30.0000	29.6571	0.259
	后测	30.4000	23.8857	4.355**
	t	–0.401	4.727**	
媒介素养教育部分调查得分	前测	25.1682	24.0571	1.407
	后测	29.1818	25.4571	3.406**
	t	–5.322**	–1.968	

（注：*表示$P<0.05$，** 表示$P<0.01$）

详细分析实验前两组学生在媒介素养各方面的表现，两组在各方面的得分相似，没有显著差异（$P>0.05$），具有可比性。对实验组学生前后测中媒介素养各方面的得分进行比较，可以看出除“有效地分析和评价信息”之外，其他方面在实验后的得分均高于实验前的得分，且“文明、负责地使用媒介”和“有效地传播信息”两个方面的前后测结果存在显著差异（$P<0.05$），而“有效地获取信息”及“有效地生产信息”这两方面的差异特别显著（$P<0.01$）。对比组学生在实验前后的媒介素养水平差异，则呈现除“安全、健康地使用媒介”外，其余各方面后测得分均高于前测得分的情况，但各个方面前后测得分的差异均达不到显著水平（$P>0.05$）。对比两组学生后测中媒介素养水平的得分，可以看出在“安全、健康地使用媒介”和“有效地生产信息”两个方面，实验组和对比组学生差异显著。

这些结果说明，实验组学生在进行了半学期的媒介素养融合课程学习之后，除“有效地分析和评价信息”的水平有所下降外，其媒介素养在其他方面的表现，无论是和本组的前测结果相比，还是与对比组学生的后测结果相比，均有显著提升。因此，可以说，学生随着年龄的增长及媒介使用经验的增加，其媒介素养水平在各方面（除“安全、健康地使用媒介”外）都有可能提升，但媒介素养教育融合课对提升学生在媒介素养各方面（“有效地分析和评价信息”除外）的水平作用更加显著。具体的分析结果如表2.11所示：

表2.11　实验前后两组学生媒介素养各方面得分统计表

测试因子		实验组	对比组	t值
安全、健康地使用媒介	前测	2.0909	1.7143	1.506
	后测	2.3091	1.6571	2.465*
	t	–1.205	0.229	
文明、负责地使用媒介	前测	5.2182	4.8000	0.985
	后测	6.0545	5.4571	1.323
	t	–2.574*	–1.729	
有效地获取信息	前测	5.2727	5.2571	0.042
	后测	6.0909	5.5714	1.523
	t	–3.105**	–1.000	
有效地分析和评价信息	前测	5.2364	4.2286	2.025*
	后测	5.2000	4.5143	1.413
	t	0.092	–.842	
有效地传播信息	前测	2.9818	3.1429	–.564
	后测	3.3818	3.3143	0.289
	t	–2.189*	–1.000	
有效地生产信息	前测	4.8182	4.9143	–0.317
	后测	6.1455	4.9429	3.739**
	t	–6.025**	–.078	

（注：*表示P<0.05，** 表示P<0.01）

综合上述结果我们可以看出，在实验组和对比组学生具有可比性的前提下，经过半个学期的实验教学，实验组学生的品德与社会学科表现及媒介素养水平均比对比组学生有显著提升；媒介素养水平除“有效地分析和评价信息”外，其他方面均有所提升，并在“安全、健康地使用媒介”和“有效地生产信息”两个方面提升显著。对比组学生的品德与社会学科表现则有明显下降，媒介素养水平的各个方面（除“安全、健康地使用媒介”外）虽然均略有提升，但都达不到显著水平。这样的实验结果说明，媒介素养融合课程确实可以实现通过一次教学达成两门学科教学目标的效果。

为了能更好地理解、验证定量分析的结果，我们在实验前后分别对学生代表进行了焦点小组访谈，对我们认为会对实验结果产生影响的一些问题进行了解及探究。例如，我们认为学生的品德与社会学科表现和学生对课程及教师的喜爱程度有关，因此，我们在访谈中对这方面的情况进行了了解。结果表明，实验组参加访谈的12名学生中，有11人表示与上学期的常态品德与社会课相比，更喜欢这学期用平板电脑学习的融合课程，有1名学生表示和以前差不多。由此可以看出，学生对基于数字化教学环境的融合课程更感兴趣。对比组参加访谈的10名学生都表示很喜欢本学期的品德与社会课程，与上学期的课程相比，学生普遍反映喜爱程度一样，并无显著变化。对本学期品德与社会课程内容的喜爱程度，实验组学生中表示喜爱本学期课程内容的比例为100%，对比组中有40%的学生表示对于第一单元的一些内容不是很感兴趣。对本学期品德与社会课授课教师的喜爱程度，实验组和对比组学生均达到100%，这表示两组学生都很喜欢本学期的品德与社会课教师。从访谈结果可以看出，媒介素养融合课程通过教学形式及教学内容的改变，提升了学生对品德与社会课的喜爱程度，特别是提升了学生对课程内容的学习兴趣，这可能是造成两组学生前测、后测差异显著的重要原因。

对学生在“文明、负责地使用媒介”这个方面的考察，鉴于学生经常在网上搜集信息、制作幻灯片等，我们选择以“使用网上信息时是否尊重他人版权”这个具体问题进行访谈。前测访谈结果显示，实验组的12名学生中有2名同学有标注信息来源的经历，其中1名学生是因为搜集到的图片本身就标明了信息来源。后测访谈结果则显示，实验组的12名学生中有10名学生表示“应该注明信息来源”，并说明了各自的理由，2名同学表示有时候会标注信息来源，比如制作品德与社会课的作业时。对比组的10名学生在前测及后测访谈中都表示没有标注信息来源的经历，尽管学生说不出具体原因，但在后测访谈中10名学生均认为标注信息来源会更好。由此看来，实验组的学生通过融合课程的学习，在标注信息来源方面的意识、能力都比对比组学生表现更好。

为了进一步考查学生在“有效地获取信息”方面的情况，我们以搜集信息为例对学生进行了访谈。访谈结果显示，实验前，两组学生均表示没有教师具体讲解过搜集信息的步骤、方法，对于如何掌握搜集信息的方法，两组学生中大部分学生都表示是通过自己的摸索来掌握的。而课程结束后，实验组学生均表示教师在搜集信息方面的指导很有效，能帮助他们更清楚、快捷地搜集信息；对比组学生则表示仍没有教师向他们讲解过搜集信息的方法。由此表明，在“有效地获取信息”方面，学生具有一定的自学能力，但如果有教师对学生进行专门指导，那么学生的学习将更有效。

为了考查实验前后学生在“有效地分析和评价信息”方面的变化，我们在访谈中以学生经常接触和使用的幻灯片为例，围绕学生的鉴赏、评价能力进行了访谈。实验前的访谈中，我们让学生评价两页内容相同但形式不同的幻灯片，借此考查学生对幻灯片中的图文、字体、信息来源等几个方面的鉴赏能力，结果显示，实验组和对比组中的大部分学生都认为图文结合的幻灯片更好，对于字体大小、标注信息来源这两方面的评价只有个别同学会提及。在实验后的访谈中，我们通过询问“你认为什么样的幻灯片是好的幻灯片”，来考查学生在媒介作品鉴赏、评价方面有没有学会或建立自己的评价标准。实验组和对比组学生在回答中都提到了“有图有文、图文搭配恰当、注意字体和字号、注意背景、注意排版”等7个方面的标准，但学生提及某项标准的比例不尽相同。对两组学生的访谈结果进行详细比对可以发现，实验组学生中提到“有图有文”“图文搭配”的比例明显高于对比组学生，这与融合课教学中教师在点评学生的幻灯片作品时，就这两方面的问题对学生进行了多次详细指导有关。两组学生的差异在一定程度上说明，媒介素养融合课在提升学生分析和评价信息的能力方面产生了一定的积极效果。两组学生提到的各个鉴赏标准所占比例的详细情况如表2.12所示：

表2.12　参与焦点小组访谈学生回答幻灯片鉴赏标准时提及不同标准的比例统计表

	有图有文字	图文搭配适当	注意字体、字号、字的颜色	注意图片的颜色	有动作效果、声音等元素	注意背景的设计	注意排版
实验组	100%	58.3%	33.3%	0%	33.3%	25%	8.3%
对比组	50%	0%	20%	10%	20%	20%	20%

除了上面通过访谈得到的结果对标准化测试的结果提供了补充外，访谈中的一些发现也验证了标准化测试的一些结论，比如融合课在“文明、负责地使用媒介”，以及“有效地获取信息”等方面有较为显著的效果。同时，访谈结果也验证了标准化测试的某些结果，例如，对比组学生在品德与社会学科表现上的得分有所下降，可能与学生对部分课程内容没有兴趣有关。此外，尽管对比组学生没有接受媒介素养教育，但经过半个多学期正常的品德与社会课学习，其媒介素养水平各方面也有所提升，通过访谈我们发现，这是因为学生普遍对关于媒介的问题很感兴趣，因此他们会在日常生活中积极自学相关知识或技能。但我们也发现，学生通过自学只能掌握一些关于媒介的简单技能，对于高阶的操作技能及批判思维、创新思维的培养，则需要通过专门的媒介素养教育才能达成。

综上所述，通过对照实验，我们努力对融合课程的整体效果进行了终结性评价，结果表明，媒介素养融合课程不仅能够同时实现两门课的课程目标，而且比常态的品德与社会课对学生起到的帮助作用更明显。再结合形成性评价的结果，我们认为，基于数字化教学环境的媒介素养和品德与社会融合课程，通过为学生提供丰富的实践机会及展示学习成果的机会，极大地提升了学生对课程的喜爱程度和学习兴趣，最终不仅有效地提升了学生的品德与社会学科表现，也促进了学生媒介素养水平的提升。这样的结果无疑为我们继续深入开展媒介素养融合课程研究提供了良好的开端。

七、研究收获、发现问题及对后续研究的启发

通过近两年的准备及两个多月的系统实验，我们在媒介素养融合课程的开发与实践方面迈出了重要一步。实验过程及结果不仅给予我们很多惊喜，让我们取得了很多收获，同时也帮助我们发现了很多问题，为我们后续更深入的研究指明了方向。

(一)研究收获

首先,通过实践检验,我们证实了将媒介素养作为一种元素系统融入已有的国家课程,以融合课这种课程形态借助一次教学同时达成国家课程与媒介素养教育的课程目标是可行的。这种可行性以媒介素养和品德与社会学科在课程目标上的一致性为重要基础。经过这次融合课程的系统开发,我们对如何从两门课的课程目标出发制定融合课的课程目标,如何将融合课的课程目标细化为课时目标,如何选择、组织课程内容,如何实施融合课程等,进行了全流程的演练及效果检验,这无疑为我们后续进行更多学科以及更多学段的媒介素养融合课程开发提供了宝贵的经验。特别令人欣喜的是,通过对我国现行的2011年版义务教育阶段各学科课程标准进行详细梳理,我们发现媒介素养教育与各学科有很多一致或相似的课程目标。如语文第三学段(5—6年级)的课程目标中包括:"为解决与学习和生活相关的问题,利用图书馆、网络等信息渠道获取资料,尝试写简单的研究报告。""对自己身边的、大家共同关注的问题,或电视、电影中的故事和形象,组织讨论、专题演讲,学习辨别是非善恶。""初步了解查找资料、运用资料的基本方法。"①数学的课程目标中有"经历在实际问题中收集和处理数据、利用数据分析问题、获取信息的过程"②。英语的课程目标中包含"能读懂相应水平的读物和报纸、杂志,克服生词障碍,理解大意"③等目标。通过这次探索和验证,我们对把媒介素养有效融入语文、数学、英语等课程并取得良好的教学效果充满信心。

其次,通过这次尝试,特别是对基于智能终端、移动网络的数字化教学环境的大胆运用,我们意识到媒介素养融合课程不仅可行,而且是移动互联网时代国家课程实现与信息技术深度整合的必经之路。在媒介技术迅猛发展,快速改变人们生产生活方式的时代背景下,将新技术引入课堂,不仅能为打破学科边界,将媒介素养有机融入国家课程创造条件,而且也能避免学生生活与学校课程脱节,帮助学生建立各学科课堂学习与生活之间的联系,同时亦有助于扩展原有学科的学习内容,丰富教师的教学方法,激发学生的学习热情。我们的实践充分验证了新型教学环境对提升学生的学习兴趣具有良好的效果。因此,不管是从媒介素养与各个学科融

---

① 中华人民共和国教育部.义务教育语文课程标准(2011年版)[M].北京:北京师范大学出版社,2011:14.
② 中华人民共和国教育部.义务教育语文课程标准(2011年版)[M].北京:北京师范大学出版社,2011:8.
③ 中华人民共和国教育部.义务教育语文课程标准(2011年版)[M].北京:北京师范大学出版社,2011:11.

合的可行性来看，还是从融合课的教学效果来看，在我国基础教育中开发适合时代所需的媒介素养教育融合课程都是可行的、有益的。

（二）发现的主要问题

此次研究再次证实了“实践出真知”这一真理的可靠性，不过，在此次实践中，我们也发现了一些通过理论论证无法察觉到的问题。

1.课程容量增加导致课时紧张的问题

在本次融合课程实施的过程中，经常出现教师无法在40分钟内完成预定教学计划的情况。在课后研讨中，我们意识到这与我们引入了平板电脑、移动网络等新设备、新技术，师生需要时间学习、掌握有关。在制订教学计划时，我们专门为此增加了2课时，本以为这足够师生熟悉、掌握平板电脑及相关应用程序了，但事实表明融合课程远不止要包含师生学习掌握新设备、新方式所需的时间。由于在原有课程中融入了媒介素养教育的目标、内容，教师在课上每次就媒介素养的目标或内容对学生作品进行点评，或对学生思维进行引导时，都会占用教学时间，因此，我们原定18课时的教学，最终用了20课时才勉强完成。而在国家课程必须高质量完成的前提下，课时不足将严重限制媒介素养课程融入的广度和深度，这无疑不利于实现媒介素养课程的目标。如何解决课程容量增加与课时有限之间的矛盾，成为我们后续研究重点关注的问题。

2. 教师的学科知识不平衡以及自身定位难以转变的问题

“如果没有恰当的教师，就连在语言艺术项目中插入一个媒体素养教育片段并运用现有的课程材料都将显得困难。”[①]在实践研究中，我们也深刻地体会到了这一点。以与我们密切合作了两年多并在本次实验研究中承担实验教学的薛宝卫老师为例，即使他本人的媒介运用能力高超，他对学习媒介素养的相关理论及知识充满兴趣，并且他也投入了大量的时间、精力参与融合课程的开发，在每节课后都与我们进行教学反思及研讨，但他依然坦陈在融合课程的开发及教学中，面临着多项挑战：

首先，是教师所掌握的学科知识不平衡的问题。对很多中小学教师来说，教授

---

① 张学波.国际媒体素养教育的课程发展[M].广州:暨南大学出版社，2009:81.

自己学科的课程并不困难，因为教师的专业背景、教学实践、继续教育体系都为教师积累了充足的本学科知识和经验。但教师通常会对媒介素养感到陌生，因为他们完全没有相关的教育背景和教学经验，而且任何人对媒介素养知识的掌握及媒介运用技能的提升都不能在短期内实现，这就导致教师在自己的学科和媒介素养课二者之间产生了明显的知识不平衡问题。这样的不平衡严重影响了教师对媒介素养融合课的教授。例如，即使我们与薛宝卫老师在课前已经制定好了关于媒介素养教学的目标及内容，但在实际教学中，由于教学时间的压力、课堂突发情况的干扰等，薛老师经常会忘记这些内容。即便薛老师按照计划讲授这些内容，我们也能明显感到他在进行这些环节时，远没有他在处理品德与社会相关内容时从容、镇定、游刃有余。教师学科间知识的不平衡，特别是教师对媒介素养知识的欠缺，无疑会导致教师不能很好地实施媒介素养教学。对于需要教师灵活应变、见缝插针的媒介素养融合课程来说，这种知识不平衡的状况无疑会使教学变得更加困难。

其次，与知识的不平衡相比，教师要打破对自己原有的单学科教师身份的认知，形成对自己融合课教师新身份的认同，这将是更大的挑战。例如，在实践中，将媒介素养融入其他学科的融合课程教案是比较容易设计的，但在课程实施时，经常会出现教师没有按照教案实施媒介素养相关环节的情况。经过和授课教师沟通，我们发现理论上接受媒介素养的重要性，学习媒介素养的相关知识，对教师来说相对容易，但一旦走上讲台，教师就容易回到以往的角色设定中，很难实现身份的转变。实践证明，一线教师并不能在短期内转变成一个新型的融合课教师，他们需要反复地练习，不断地自我突破，才能逐步改变对自我学科身份的认知，建立起对自己融合课教师新身份的认同。

对媒介技术运用水平一流、极具创新精神和学习意愿的薛宝卫老师来说都存在上述挑战，在后续更大范围内的媒介素养融合课程师资培养中，我们应如何帮助教师应对这些挑战，将成为媒介素养融合课程能否顺利开发与实施的关键。

3. 评价工具的科学性、有效性仍有待改进

为验证融合课程的教学效果，我们在本研究中尝试了多种评价工具，力图对学生的媒介素养水平及品德与社会学科表现进行全面、科学、客观的评价，但是由于教育评价本身就是教育学中非常专深的领域，而我们在这方面的经验又非常有限，因此本次课程的评价工具及方式仍有很多不足。

首先，对学生媒介素养水平的评价一直是媒介素养教育中的难点，这次我们虽然努力设计了与学生媒介素养水平相关的调查问卷，但问卷的信度、效度仍缺乏检验，在后续研究中我们需要及时弥补此项不足，以实现对学生媒介素养水平更准确的测量。此外，在对学生媒介素养水平的定性检测上，由于收集资料的经验不足，在前测中，我们虽然尝试向实验组和对比组的学生征集幻灯片等媒介作品，但最终证明通过学生自愿提交的方式来收集作品的效果并不好，只有很少的学生上交作品，导致我们不得不放弃这种方法。在以后的研究中，我们需要改进收集学生作品的策略，以便更好地了解学生的媒介运用水平。我们发现，对学生媒介素养水平的测量，不仅可以通过问卷来主要测量学生的知识掌握情况，通过访谈来了解学生的日常行为和态度，还应该加入对学生前测、后测作品的内容分析，对其日常媒介使用行为的观察、上机操作测试，甚至增加对学生家长的访谈等。只有不断丰富和扩充评价手段，我们才能更好地了解学生的媒介素养水平现状及其成因。

其次，如何对学生的品德与社会学科表现进行准确的评价，远比我们想象的困难。直到我们开始设计评价方案才发现，基础教育界对如何评价品德与社会学科这样更注重对学生情感·态度·价值观培养的课程的教学效果缺乏理想的解决方案。限于时间和精力，我们在本次研究中只采用了单一的纸笔测试对学生进行终结性评价，但我们很清楚，这种方式并不能全面地评价学生的学习成效。因此，我们迫切希望在后续研究中丰富、扩展对学生品德与社会学科表现进行评价的方式。

最后，要显著改变学生的媒介素养水平或品德与社会学科表现，是不可能一蹴而就的，为此我们制订了长达18课时的实验教学计划。然而，实践证明，无论是媒介素养还是品德与社会课这类意在培养学生思维、提升学生素养的课程，要达到其课程效果，都需要对学生进行更长期的培养才能产生显著变化。因此，为了更客观、有效地评价媒介素养融合课程的效果，尤其是融合课程在情感·态度·价值观和能力方面的效果，我们需要开展周期更长的实践研究。尽管研究周期的增加会极大地增加研究的难度，但这是由媒介素养及相关学科的学科特性所决定的。

（三）对后续研究的启发

通过对研究中取得的收获及发现的问题进行梳理，我们进一步明确了后续的研究方向。

1. 通过校本课程与融合课程协调、配合，补充课时

针对融合课程课时紧张的问题，我们意识到在现有的中小学教育体系中推广普及媒介素养教育既不能靠单一的校本课程，也不能完全指望融合课程，而应该从单一课程与融合课程的“组合拳”中寻找出路。这是因为，在课堂观察中我们发现，以国家课程为主线的媒介素养融合课，虽然有打破课程边界、增加学生日常生活与学校课程学习的联系、提升学生的学习兴趣等多种好处，但毕竟国家课程的法定地位决定了教师只能在尊重国家课程既有体系的基础上，在适当的位置、环节，有限融入媒介素养元素，这导致媒介素养自身的体系、逻辑不够完整。如果要像我们这样在每节品德与社会课中都加入媒介素养元素，势必会导致品德与社会课课时紧张，难以完成教学任务。结合以前开展媒介素养校本课程的经验，我们认为在后续研究中，可以对媒介素养教学目标、内容进行细分，对适合单独系统讲授的部分以校本课程的形式，利用校本课程的课时进行教学，帮助学生专门提升媒介运用水平，为学生在其他国家课程中运用媒介进行融合课学习做好准备。而在媒介素养与国家课程的融合课中，教师只需要在特别恰当的部分，零星开展媒介素养融合课即可，而不用像我们在本次实验中这样，每节课都力图融合，如此一来既可以丰富教学方式，拓展学科边界，也不至于有课时压力。如果独立式媒介素养校本课程能够与融合课程形成良好的配合，那将不仅丰富学校的课程形态，而且也能以更恰当的方式促进学生成长。

2. 通过专业教师与学科教师长期合作，解决师资问题

如果能建立独立式媒介素养校本课程与融合课程相互支撑的课程体系，那么可以进一步发挥中国传媒大学附属小学背靠中国传媒大学，能够借用中国传媒大学精通媒介素养理论及知识的专业师资的优势，由专业教师负责媒介素养校本课程的讲授。这不仅能缓解传媒附小学科教师讲授媒介素养相关内容的压力，而且可以在专业教师教学时，为学科教师提供观摩学习、参与研讨的机会，丰富学科教师学习媒介素养相关知识、教学方法的途径。

此外，即便有中国传媒大学专业教师的帮助，但融合课程的开发、讲授主要还是要由传媒附小的学科教师承担，为此，我们应该根据本次的研究发现开发系统的、有效的媒介素养教育融合课程师资培训方案，帮助教师解决知识不平衡及自我身份认同等问题。在具体的培训内容、策略上，我们认为不仅应该注重对教师进

行理论培训，帮助其深入了解媒介素养的重要性、内涵、融合课的定义、教学方法等，让其对媒介素养融合课程有正确、科学的认识，同时也应该加强对教师在实践教学层面的指导，为教师提供经典教案、课例、现场观摩课，特别是手把手带领教师进行融合课程开发、现场指导教师进行教学等。只有经过不断地观摩、学习、演练，教师才能逐步领悟媒介素养融合课的内涵，具备教授融合课程的能力。

在培训的过程中还有一些需要特别注意的地方。第一，应注意引导教师对于媒介素养教育产生全面、正确的认识。在融合课程开发初期，我们发现一线教师很容易产生“用媒介教就是教媒介”的认识，认为在课堂中使用电脑、网络、电子游戏进行教学就是与媒介素养教育进行了融合。不可否认，在媒介素养教育的教学中不能缺少媒介的接触、使用，但这只是教学的手段，而不是媒介素养教育的主要目标。因此，需要为教师讲解二者的区别，让教师在开发媒介素养融合课程之前先了解媒介素养的准确内涵。第二，在实践中还有一个突出的问题是，教师日常教学任务繁重，能投入融合课程开发、实践的时间、精力有限，这严重影响了教师对课程开发、实施的参与程度，制约了教师对媒介素养融合课程的理解和掌握，最终影响了课程开发、实施的进度和效果。据我们了解，一线教师日常教学任务非常繁重，并没有太多时间、精力参与教学以外的学习、研究。在本次课程的开发过程中，为了解决此问题，传媒附小的领导在行政方面给予了薛宝卫老师很大的支持，减少了他的课时量，尽可能地为薛老师创造条件。即便如此，薛老师还是花费了很多工作以外的时间参与研究。因此，如何为参与融合课程开发的教师争取更多的时间，并保证教师的正常教学和生活，是我们在师资培训中必须考虑的。

3. 尝试在更多学科、更多年级中进行媒介素养教育融合课程的探索

尽管有很多问题需要解决，但更重要的是，此次研究坚定了我们开展媒介素养融合课的信心。从其他国家的经验来看，很多国家都将媒介素养教育与数学、历史、地理、音乐、社会教育（公民课程）等各个科目结合，并且在各个年龄段形成了明确的课程目标体系。这对我们思考如何真正推广普及媒介素养教育有着重要的启发意义。限于时间、精力，我们这次主要在这一阶段、对一门学科进行了媒介素养融合课的探索，希望后续通过开发媒介素养与语文、数学等更多学科的融合课程，可以积累更多融合课程开发的方法和经验；同时，通过比较在不同学科中开发媒介素养融合课程的过程及方法，总结出更多切实可行的、普遍的方法和规

律。相信通过构建媒介素养专门课程与融入各个国家课程的媒介素养融合课程体系，我们能更好地帮助学生适应快速发展的信息社会，同时实现国家课程的跨时代升级。

4.对融合课程评价进行更深入、系统的研究

针对课程评价环节暴露的问题，我们意识到了对评价工具、评价方式进行专门研究的重要性，因为任何的课程创新，如果离开有效的评价，都无法长久健康发展。为此，我们专门制订了研究计划，希望通过长期、耐心的摸索，为教师提供简便可行的评价工具，促进媒介素养教育自身及其他学科的健康发展。

回顾以往两年多的研究，我们发现媒介素养融合课程的开发是一个过程而不是结果，这次的尝试和探索只是万里长征的第一步，我们需要为解决研究中出现的问题继续开展更多深入的研究。

第三章 对媒介素养教育教学法的创新研究

要把媒介素养理念落到实处，开展媒介素养教育，不仅要解决“教什么”的问题，也必须解决“如何教”的问题。尽管我们在接触媒介素养概念之初，就了解到“教学法”也是媒介素养教育研究的重要议题，并且纵观媒介素养教育发展的历史，我们也能看到随着媒介素养范式的变迁，媒介素养教育所采用的主要教学方法也在随之演变，但作为教育界的外行，在实践中我们一直缺乏对教学法的深入思考及研究。受到来观摩我们教学的教育界同行的不断启发，我们才意识到除了教师占主导地位的讲授式教学外，我们也应该开展以学生动手练习为主的实践性教学，以及对学生作品进行展览、点评、回顾的复习讲评性教学等。

2010年9月，当有机会在传媒附小开始新一阶段的研究时，我们立刻把对教学法的关注提上日程。特别是平板电脑、移动网络等新型教学环境的引入，更激发了我们对数字环境下是否需要对媒介素养教育教学法进行创新这一研究问题的兴趣。以往限于条件，教师通常只能通过示范演示，或邀请少量同学上台体验的方法，向全班同学讲解关于媒介的知识，现在每个学生都有功能强大的平板电脑了，这为学生进行全员参与的媒介作品创作提供了前所未有的良好条件，但这样人人动手实践的课堂应该如何组织、教学环节应该如何设计，不仅让我们毫无头绪，就连教学经验丰富的教师也是第一次面对这样的挑战。

受美国学者萨玛·沃泽曼（Selma Wasserman）和乔治·伊芙妮（J. W. George Ivany）在《新小学科学教育》[①]中提出的名为“游戏—听取报告—再游戏”教学法的启发，2012年1月，我们以影像制作为教学内容，以五至六年级的部分学生为教学对象进行了预研究，初步验证了不同的教学方法确实会对媒介素养教育的效果

① 沃泽曼，伊芙妮.新小学科学教育[M].宋戈，袁慧，译.北京：北京师范大学出版社，2006.

产生重要影响这一假设。在预研究的基础上，2012年9月，我们在启动“以‘媒介素养’与‘品德与社会’融合课程为例的数字环境下小学媒介素养教育融合课程开发研究”的同时，也以五年级学生为对象开展了系统的“数字化环境下的小学媒介素养教育教学法实验研究”。我们希望将教育学领域经典的教学法应用于媒介素养教育教学实践，以实践结果为依据建构适用于我国国情及新型教学环境的媒介素养教育教学法，用我们的实际行动回答移动互联网时代媒介素养应该“如何教”这个紧迫的问题。

一、教学法概念及中外媒介素养教育教学法研究现状

（一）什么是“教学法”

教学法，也称“教学方法”。通过文献梳理我们发现，“教学法”来源于“教授法”一词，我国著名教育家陶行知在1927年的一次演讲中，首次提出将“教授法”改为“教学法”，以强调教育中学生的主导作用。[①]“教授法”一词则是国内学者在20世纪初从日本译名转用而来的，对应的是英语中的“didactics”一词。直到美国教育学术研究兴起之后，英文中才开始应用现在通用的“general method”“method of teaching”等词来指代“教授法”。

通过广泛求证我们发现，到目前为止，中外学术界对教学法的认识并不统一，无论是国内还是国外，学术界对教学法的定义五花八门。我们旨在研究媒介素养课程如何教，尤其要研究教学过程中的操作序列，即教师与学生先做什么，后做什么。因此我们所说“教学法”中的“法”字，采用“方法”之意。“方法”在《现代汉语词典》中的解释为：“关于解决思想、说话、行动等问题的门路、程序等。”[②]基于以上分析，我们在研究中采用《现代教学论基础教程》中对“教学法”的定义：“指向特定课程与教学目标，受特定课程内容的制约，为师生所共同遵循的教与学的操作规范和步骤。”[③]

① 陶行知.中国教育之改造[M].北京：亚东书局，1938：168-169.

② 中国社会科学院语言研究所词典编辑室.现代汉语词典：第7版[M].北京：商务印书馆，2016：366.

③ 余文森，刘家访，洪明.现代教学论基础教程[M].长春：东北师范大学出版社，2007：127.

（二）国内媒介素养教育教学法研究现状

我们以“媒介素养”“媒介素养教育”“媒介教育”“媒体教育”“媒体素养教育”等与“教学法”“教学方法”组合作为检索词，在CNKI中国学术论文总库中进行检索，共搜集到与媒介素养教育教学法相关文献42篇，在中国国家图书馆、中国传媒大学图书馆共检索到与媒介素养教育教学法相关著作10本。

在这些文献中，一部分是从宏观上为媒介素养“如何教”指出方向以及探讨教学中教师与学生关系的。例如，卜卫在《对媒介素养教育研究在我国发展的反思》一文中指出：“在1997年的文章中，我们提到‘参与式方法’时，才刚刚开始学习使用这种方法与参与者一起分析媒介中的性别刻板印象，只是认为这种方法更有效和更平等，没有意识到媒介素养教育如果以赋权为目标，以参与者的文化经验为基础，反省主流文化并发展改变社会的行动，那么，就一定要采用参与式方法，而不是以往的灌输式教育。”[①]张梅认为教师应该“更多地从学习者自身的媒介体验出发，让教师从‘教导者’变为苏格拉底式的‘启发者’，让学习者在分析媒介和近用媒介的行动中获取媒介素养”[②]。这些文献从理论层面勾勒出了媒介素养教育教学法的轮廓，但并未涉及具体操作。

还有部分文献是从微观层面提出了一些零散的教学策略。例如，姚进凤针对大学生媒介素养课程提出了质询法、价值观澄清法、批判思考法、电子学习日志法、创造性经历法、学科训练法等方法。[③]成盼盼基于自己的教学实践，针对媒介素养课程不同层面的教学内容提出了相应的教学策略，包括辩论会、角色扮演、动手做、模拟练习等。[④]这些具体的教学策略多是研究者从实践中总结出的，具有非常高的实用价值，但这些策略较为零散和具体，对于教师来说，在一个主题的教学中如何有序组合使用这些策略，则并未在这些文献中说明。

也有部分文献基于个案展示了具体的教学设计，其中一部分文献介绍了国外一些普及度较高的媒介素养教育课程中的教学设计，如袁文文介绍了加拿大“英语语言艺术课程”中“定义波普文化”这个主题的教学设计。[⑤]刘晓婷、陈晓慧、马雪

① 卜卫.对媒介素养教育研究在我国发展的反思[M]//彭少健，王天德. 2008中国媒介素养研究报告. 北京：中国广播电视出版社，2008.

② 张梅.媒介素养教育的模式转变与实践路径[J].湖北大学学报（哲学社会科学版），2008（5）：104–107.

③ 姚进凤.大学生媒介素养教育之教学策略浅议[J].学校党建与思想教育，2010（7）：57–58.

④ 成盼盼.媒介素养教育授课方法初探[J]. 少年儿童研究，2009（20）：16–19.

⑤ 袁文文.加拿大媒体素养教育内容及课堂教学活动分析[J]. 现代教育技术，2007（1）：29–31.

玲介绍了美国媒介素养教育课程中“商业资讯广告”主题的教学设计。[①]另一部分文献则是作者基于自身参与的教学实践活动，总结出的针对特定教学主题的教学设计，如《重庆市主城区小学生媒介素养教育主题活动设计研究》[②]《基于Moodle平台小学媒介素养网络课程的设计与实施》[③]等。这些文献提供的教学设计既有整体架构又有具体的教学策略，但其局限性在于只着眼于某一个特定的课程或教学主题，没有提炼出更具普适性的教学法。

在这些文献中，只有两篇文章专门探讨了媒介素养教育的教学法，而这两篇文章均将案例教学法作为重点进行了论述。两位学者的出发点都是想打破媒介素养教育课程教师“满堂灌”的格局，注重理论联系实际，让学生的主导性得到更多的发挥。其中蔡骐详细论述了案例教学法每个环节的内容，[④]而肖文则是从更为宏观的层面论述了案例教学法在媒介素养教育中的应用价值和方法。[⑤]根据这两位学者的论述，案例教学法从理论上来说是适用于媒介素养教育的某些主题的，但是两位学者都未能通过教学实践检验案例教学法的效果，因此案例教学法是否具有实效仍有待检验。

除以上文献外，国内亦有学者全方位地探讨媒介素养教育的教学问题。如山东菏泽学院教师邵瑞根据他在大学开展媒介素养教育实践的经验，编写了《中国媒介教育》一书。作者在书中明确提出媒介素养教育要实现教学的转变。[⑥]作者还陈列了大量媒介素养教育教学设计，根据具体教学内容阐释自己的观点。可以说，该书从理论层面论述了媒介素养教育教学理论的研究方向，并进行了大量的教学实践，形成了不少示范课例。

吴翠珍在《媒体素养教育》一书中明确指出：“学生进到教室之前早早就从媒体学到很多知识，即使不是传统所指称的知识，至少是文化实践中的常识……从媒体教育的角度来说，这样的客观事实凸显出老师再也不是全知全能领域专家的局限。然而学生还是缺乏许多对媒体深度理解的重要工具与思维，需要老师从中提携

---

① 刘晓婷，陈晓慧，马雪玲. 美国媒介素养教育课程实施现状及案例述评[J]. 外国教育研究，2011（3）：72-78.

② 张强.重庆市主城区小学生媒介素养教育主题活动设计研究[D].重庆：西南大学，2011.

③ 王敬.基于Moodle平台小学媒介素养网络课程的设计与实施[D].长春：东北师范大学，2011.

④ 蔡骐.媒介教育中的案例教学法[J]. 现代传播，2007（1）：128-130.

⑤ 肖文.案例教学法在媒介素养教育中的应用[J].中小学电教，2008（9）：83-84.

⑥ 邵瑞.中国媒介教育[M].北京：中国传媒大学出版社，2006：58-60.

引导。”[①]她还进一步提出了五种教学策略：文本分析、脉络分析、个案研究、改作与模拟、动手做。[②]

在香港地区2003年出版的《小学传媒教育全攻略（教师手册）》一书中，作者提出了“先游戏、后说理”的教学理念。该教材的形式是以一个中心故事开始，然后在故事中加入教学互动，如游戏、讨论、创作等，再为学生讲解信息的影响、应该抱有的态度和价值观，以帮助小学生建立健康价值观为最终目标。[③]

综上所述，虽然国内的媒介素养教育研究已经开始涉及对教学法的探讨，但研究内容大多只是根据理论提出相应的实践方法，或者研究者从自己的实践中总结出朴素的、零散的教学建议，再或者直接将教育学中的教学法引介过来，目前尚未有基于实证研究完全为媒介素养教育服务的教学法。基于这一现状，我们希望在上述研究成果的基础上，尝试通过教学实验建构属于媒介素养教育的专属教学法。

（三）国际媒介素养教育教学法研究现状

在全面了解国内的研究现状后，我们也对国际学者对媒介素养教育教学法的研究情况进行了系统梳理。我们的具体方法是，以“media education”“media literacy education”“media literacy”等与“teaching method”“method of teaching”组合作为检索词，在中国国家图书馆、中国传媒大学图书馆、IEEE和EBSCO大众传媒全文数据库中进行检索，并在美国天普大学等开展媒介素养教育研究的著名机构网站上进行检索，共搜集到与媒介素养教育教学法相关文献15篇，另搜集到与媒介素养教育教学法相关的著作共5本。由于这些文献都没有直接论述媒介素养教育教学法，因此我们按照从理论到实践的思路来进行综述。

根据联合国教科文组织（UNESCO）于2001年发表的《青年人媒介素养教育调查报告》，媒介素养教育已经由“灌输”（inoculation）转向“赋权”（empowerment）。[④]“赋权”的概念来自批判教育学，亨利·吉罗克斯（Henry A. Giroux）认为“它是一种批判性的思维和行动的能力”。莱恩·马斯特曼（Len

① 吴翠珍，陈世敏.媒体素养教育[M].台北：巨流图书股份有限公司，2007：255-256.

② 吴翠珍，陈世敏.媒体素养教育[M].台北：巨流图书股份有限公司，2007：256-276.

③ 何惠仪，莫蔚姿，陈洁萍.小学传媒教育全攻略（教师手册）[M].香港：突破出版社，2003：5.

④ DOMAILLE K，BUCKINGHAM D.Youth media education survey 2001[R]. Institute of Education, London University, 2001：3.

Masterman）曾提出媒介素养教育的“十八项基本原则”，其中第一项便提到“赋权”，即“媒介素养教育是一种认真并且意义重大的努力尝试。它攸关大多数人的赋权和社会民主结构的增强”[①]。在“十八项基本原则”中还包含更为具体的教学建议，比如第十三项：“媒介素养教育本质上是能动的、与人分享的，它鼓励发展一种更加开放的、民主的教学方法。它鼓励学生对自己的学习承担更多的责任，享有更多的支配权，鼓励学生参与课程大纲的安排和调整，鼓励学生以更长远的眼光看待和审视自己的学习。简而言之，媒介素养教育所采用的教学方法，正如它的教育内容一样，都有诸多新的尝试。”但通过更为“民主的教学方法”赋予学生权利，并不意味着否定教师的重要性。英国学者大卫·白金汉（David Buckingham）在《英国的媒介素养教育：超越保护主义》一文中提醒：“如果我们仅仅将原来认定的那种天真的、易受伤害的浪漫化的孩童形象，置换为事故的、具有十足媒介理性的小大人形象，那同样将是非常危险的。孩子有关媒介的认识与成人世界必然存在着差距。”“我们必须拒绝这样一种观念，即将媒介素养教育简单地看成一种赞美和确认学生文化的工具。那种认为学生和老师之间应当具有绝对平等的双边关系的看法，不过是一种浪漫主义的遐想。”[②]因此，不能因为一直以来教师在教学中占据主导地位，现在就要完全转向由学生主导，矫枉过正同样无法收获好的教学效果，应该在教师和学生之间找到平衡点。

教师的指导仍然重要，但学生是千差万别的，如何才能针对不同学生给予适当的指导呢？批判教育学家保罗·弗莱雷（Paulo Freire）认为“对话式教育”是理想的教学途径。他认为：“在对话式教育中，人们发展自己的权利去批判性地审视自己存在于这个世界的方式；他们把这个世界看成是一个处在转型过程中的存在，而非一个静态的事实。”[③]“通过对话，‘教师的学生们’（the teacher-of-the-students）和‘学生们的教师’（the students-of-the-teacher）这样的字眼不复存在，一对新名词‘教师-学生’（teachers-students）和‘学生-教师’（students-teachers）将产生。教师不再仅仅是教授者，而是在与学生的对话中被教育的他们自己。反过来对学生

① MASTERMAN L.18 principles of media education[EB/OL].(2009-01-17)[2012-02-08].http://www.media-awareness.ca/english/resources/educational/teaching_backgrounders/media_literacy/18_principles.cfm

② BUCKINGHAM D.Media Education in the UK: moving beyond protectionism[J]. Journal of Communication, Winter.1999: 33-43.

③ FREIRE P. Pedagogy of the oppressed[C]//30th Anniversary Edition.London:The Continuum International Publishing Group Inc.2005: 12.

而言，被教也意味着教。教师与学生共同为双方的成长负责。"①

"对话式教育"要求教师与学生进行平等的互动，但现实中学生是千差万别的，教师如何以自身的经验去面对不同的学生呢？这便涉及批判教育学的另一个重要概念——"差异"。亨利·吉罗克斯认为，"差异不仅必须被容忍，而且必须被看作是必要的多极化的源泉，在这两者之间，我们的创造力可以像辩证法一样闪出火花。只有当相互依赖的必要性变得不具有威胁……在共同的（非主导的）差异的相互依存中，存在着安全感，它可以使我们转而讨论知识的混乱，以我们真正的未来前景，并伴随着权利，一起去实现那些变化，它可以将那些未来变为现实"②。由此看来，有效进行"对话式教育"的前提是教师从内心深处认同自己与学生的差异以及学生之间的差异。这种差异没有高低、好坏之分，而仅仅只是不同。教师对于这种差异不应是勉强接受，而是要享受在这种差异中激荡出的火花。

对于"对话式教育"的理解不能过于狭隘。马斯特曼在"十八项基本原则"的第十四项中指出，"媒介素养教育是一种合作式的学习，它注重团队精神。它基于这样的假设：个人学习的进步不是来自竞争，而是通过共享整个团队的见解和资源"③。"对话式教育"并不意味着让教师与每一位学生对话，它更多地是在强调教学双方的关系对等，而不是"一对一"教学。学生之间的合作对于媒介素养教育来说十分重要。不仅教师需要认同"差异"，学生之间也需要认同"差异"。学生只有保持积极有效的互动交流，小组合作才能顺利进行。

综上所述，国际媒介素养教育研究领域到目前为止也尚未形成系统的教学法理论，但可以从各国学者的观点中总结出媒介素养教育呼唤这样一种教学法，即基于"赋权"与"差异"，教师尊重学生的既有媒介经验，开展"对话式教育"；学生以团队合作的形式，在教师的帮助下对媒介世界进行主动探究。

虽然以上研究成果已经为如何去教媒介素养指明了方向，但它们对于一线教师来说还不够具体，因此基于这些成果并结合教学实践来建构一套属于媒介素养教育的教学法势在必行，这正是我们希望研究的内容。

---

① FREIRE P. Pedagogy of the Oppressed[C]//30th Anniversary Edition.London: The Continuum International Publishing Group Inc.2005: 80.

② 吉罗克斯.跨越边界：文化工作者与教育政治学.刘惠珍，张弛，黄宇红，译.上海：华东师范大学出版社，2002: 206.

③ MASTERMAN L.18 principles of media education. [EB/OL].(2009-01-17)[2012-02-08].http://www.media-awareness.ca/english/resources/educational/teaching_backgrounders/media_literacy/18_principles.cfm.

二、研究思路与研究方法

在对“教学法”的概念进行界定并对国内外媒介素养教育教学法研究现状进行梳理后，我们对研究的整体思路及具体方法进行了详细讨论，并基于前期预研究的发现及学校的实际情况进行了最终确定。

(一)研究思路

为了探究适用于媒介素养教育的系统教学方法，我们决定先从教育学领域已有的研究成果出发，从中挑选合适的理论应用于教学实践并通过实验研究检测教学效果，最后根据实验结果建构适用于媒介素养教育的教学法。

在对教育学领域关于教学法的已有研究成果的梳理中，我们发现没有哪一种教学法完全适用于媒介素养教育。虽然某些教学法看起来与媒介素养教育较为匹配，比如案例教学法，但如果只选用这一种教学法进行实验，我们只能检测这一种教学法是否适用于媒介素养教育，一旦实验结果不理想，我们便无法根据这个结果去建构媒介素养教育自己的教学法。通过对大量文献的细致梳理，我们发现有两种教学法对我国乃至世界的教育者影响巨大，且它们正好代表着师生间关系的两种不同取向。如果我们能对这两种极具代表性的教学法进行实践检验，那么无疑对构建专门的媒介素养教育教学法大有裨益。

具体来说，这两种教学法，其一是注重教师讲授的“赫尔巴特教学法”，即“五段教学法”。德国教育家赫尔巴特（Johann Friedrich Herbert）基于“统觉”理论认为教学应该分为四个阶段：明了、联合、系统、方法。这一理论被他的学生齐勒尔（Ziller）和赖因（Rein）继续发扬，形成了日后在世界范围内都产生巨大影响的“五段教学法”，这五段分别是：预备（唤起学生的学习兴趣）、提示（教师讲授教材）、联系（将新旧知识建立联系）、总结（教师帮助学生进行抽象概括）、应用（学生通过实践应用所学知识）。[①]“五段教学法”在19世纪末20世纪初风靡欧美，“二战”之后凯洛夫的教育学论著继承了这一教学法，并被我国教育工作者所推崇，对我国的教育领域产生了深远影响，时至今日我国中小学的大部分教师都在自觉不自觉地使用这一方法来进行教学。这是因为这种教学法在传授知识上具有非

① 王道俊，王汉澜.教育学[M].北京：人民教育出版社,1999：185.

常高的效率，符合我国注重考试的教育氛围。

其二是以学生为主导的“杜威教学法”。美国教育家约翰·杜威（John Dewey）并不认同赫尔巴特的教学法，相反，杜威崇尚“经验论”，强调“做中学”。他也提出了一个五阶段的教学法：情境（学生要处于一个真实的、经验的环境）、问题（情境中产生问题刺激学生的探索欲望）、观察（根据学习资料，观察对付问题）、解决（学生进一步提出解决问题的办法）、应用（学生在实践中检验自己的想法）。[①]这一教学法以学生的亲身体验为中心，学生在教师创设的情境中进行类似科学探究式的学习，但这一教学法在一定程度上忽视了教师的主导作用。“杜威教学法”被我国教育家陶行知、陈鹤琴等人引入国内并进行了本土化改造，曾在20世纪20年代风靡一时。虽然这种教学法很难保证教学效果，没能流行太长时间，但它注重学生的自主实践，且与媒介素养教育的“赋权”范式较为吻合，从理论上来看有利于实现媒介素养教育的非知识性教学目标，因此我们也希望对其进行实践检验。

虽然各国学者对上述两种教学法的优势与弊端已经进行了大量的实证研究，但在媒介素养教育中还没有对这两种方法的实际效果进行过实践检验。因此，我们选择对这两种经典的教学法进行教学实践，希望能够通过实践检测它们在媒介素养课程中的教学效果，并基于此尝试构建属于媒介素养教育的专属教学法。

（二）研究方法

基于以往研究者对赫尔巴特教学法和杜威教学法特点的验证结果，我们提出如下实验假设：赫尔巴特教学法比杜威教学法更有利于媒介素养教育知识维度教学目标的实现，杜威教学法比赫尔巴特教学法更有利于媒介素养教育技能维度以及情感·态度·价值观维度教学目标的实现。

为验证上述研究假设，我们选用实验法来进行研究，具体内容是以传媒附小五年级的学生为教学对象，设置两个实验组、两个控制组；对两个实验组的学生给予不同的“刺激”；通过对比各组前后测中因变量的变化值，得出实验结论。具体做法如下：

本实验的自变量为采用不同教学法进行的教学：

- 实验1组采用赫尔巴特教学法（预备→提示→联系→总结→应用）进行教学；

① 赵祥麟，王承绪. 杜威教育论著选[M].上海：华东师范大学出版社，1981：191.

- 实验2组采用杜威教学法（情境→问题→观察→解决→应用）进行教学；
- 控制组的自变量保持不变，即不进行实验教学。

本实验选用“影像制作课程”作为实验教学内容，原因有两个：一是影像制作是媒介素养课程中的重要组成部分；二是影像制作课程与语文、数学、英语等我国中小学必修课程有较大区别，其适用的教学法也必然大为不同，因此更具研究价值。

本实验的因变量为参与实验的学生的媒介素养水平。目前学术界并没有现成的小学生媒介素养水平量表，因此我们根据所选用的实验课程（影像制作课程）的教学目标自行编制了学生媒介素养水平量表。

本实验所用影像制作课程来源于媒介素养教育教材《畅游媒介海洋：小学生媒介素养教育教学手册》中“我的镜头会说话”一课。①我们首先根据该教材所制定的教学目标，确定了影像制作课程的总目标：了解影像和影像技术的基本特征，能够鉴赏影像作品并拍摄简单的影像作品，具备全面、客观认识影像的意识，并积极主动利用影像记录生活、表达自我。然后依照我国中小学各学科国家课程标准所用的三维目标体系，制定了影像制作课程的三维目标，如表3.1所示：

表3.1　影像制作课程三维教学目标

	1–知识	2–技能	3–情感·态度·价值观
A–静态影像	A1–1了解图片的特征及其与文字、声音的区别； A1–2了解图片的局限性：只展示局部、表意不精确； A1–3了解摄影三原则：主题鲜明、将观众的视线引向拍摄主体、画面简洁。	A2–1能够根据具体情境在文字、声音、图片中选用合适的表意符号； A2–2能够根据摄影三原则鉴赏摄影作品。	A3–1具备全面、客观认识图片的意识，理性读取图片所蕴含的信息； A3–2积极、主动使用图片表达自我。
B–动态影像	B1–1了解动态影像的特征：可将文字、图像、声音集为一体； B1–2理解镜头也是一种语言。	B2–1能够从视频素材中读取创作者所表达的意义。	B3–1积极、主动使用视频表达自我。

① 张洁，杜军.畅游媒介海洋：小学生媒介素养教育教学手册[M].北京：中国少年儿童新闻出版总社，2010:48–58.

续表

	1-知识	2-技能	3-情感·态度·价值观
C-摄影技术	C1-1了解不同摄影设备的区别和适用场合； C1-2了解不同角度（俯、平、仰）摄影的不同效果。	C2-1能够根据情境选用合适的摄影设备； C2-2能够根据主题选用合适的角度拍照； C2-3能够根据摄影三原则拍照； C2-4拍摄出有创意的照片。	C3-1以任何人为拍摄对象，都要有先征求对方同意的意识； C3-2全面认识摄影设备的用处，并积极、主动使用这些设备记录生活、表达自我； C3-3懂得学习摄影知识和技能的重要性。
D-摄像技术	D1-1能够区分五种景别（特、近、中、全、远）； D1-2了解拍摄影片的基本流程； D1-3理解剧本对于拍摄影片的重要性； D1-4了解影片剪辑原理； D1-5了解剧组的基本人员构成及其分工。	D2-1能够选用合适的景别拍摄； D2-2能够编写简单的剧本； D2-3能够拍摄并剪辑一组镜头； D2-4能够自组剧组拍摄影片； D2-5拍摄出有创意的影片。	D3-1重新认识拍电影的门槛（人人都可以拍，但想要成为专业电影人需要进行系统性学习）； D3-2理性读取视频素材所蕴含的信息（影片是被设计、被剪辑出来的）； D3-3全面认识摄像设备的用处，并积极、主动使用这些设备记录生活、表达自我； D3-4具备与人合作的意识。

对教学效果的测量则分别从表3.1所示的三个维度进行，测量方式包括四种：首先是问卷调查，即在前后测分别使用相同维度、相同难度、相同题量的问卷，调查学生的媒介素养水平；其次是焦点小组访谈，前后测共两次访谈，将访谈内容转化为定量数据，测量参与访谈学生的媒介素养水平（访谈内容同样可用于解释问卷调查部分结果背后的成因）；再次是对学生结课作品的定性分析，根据其作品的水平判断教学目标的实现程度；最后是形成性评价，即通过对学生课堂表现、课后作业的评估，测量学生媒介素养水平的变化。

我们研究的整体思路如图3.1所示：

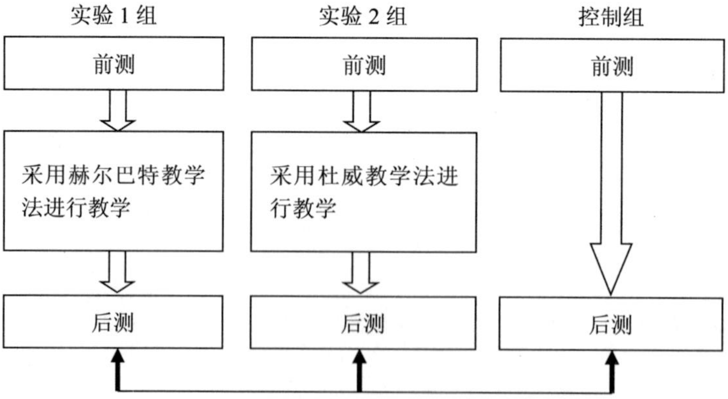

图3.1 媒介素养教学方法实验研究整体思路示意图

本实验的目的在于对比赫尔巴特教学法和杜威教学法在媒介素养教育中的实际教学效果，为媒介素养教育教学法的建构提供有力的数据支持，避免原创理论成为无本之木。

由于本研究与“媒介素养和品德与社会融合课程开发研究”同时展开，因此，为了排除实验中除自变量之外的变量带来的影响，我们与学校沟通后选择利用每周的班会及校本课时间进行实验教学。教学内容的开发以及实验课的讲授，主要由研究生李篆负责，我（张洁）和项目组的其他研究生同学则负责在课程开发时为李篆提供建议，并在课程实施时作为助教协助组织教学。另外，传媒附小所拥有的基于平板电脑、移动网络的数字化教学环境为本研究提供了理想的教学条件。一方面，平板电脑非常便于呈现本实验课程所涉及的大量影像资料，也非常有利于学生随时进行影像创作活动；另一方面，数字课堂所具有的师生实时互动功能极大地方便了教师在教学中即时掌握学生的表现，同时也能帮助教师轻松创设教学情境。

三、研究过程及主要结果

（一）研究过程

李篆于2012年9月实验正式开始之前，编写了用于本实验的两套教案。两套教案的教学目标一致，而且教学内容都以《畅游媒介海洋：小学生媒介素养教育教学手册》中“我的镜头会说话”一课为基础。两套教案的区别在于，第一套教案以赫尔巴特教学法（预备→提示→联系→总结→应用）为依据设计教学过程；第二套教案则以杜威教学法（情境→问题→观察→解决→应用）为依据设计教学过程。每套教案都按6课时设计，每课时60分钟。我们制定的课时时长比小学的常态课程时长多20分钟，是因为基于前期的教学实践，我们发现媒介素养教育课的互动性强、实践活动多，而小学生的行动迟缓，组织能力弱，40分钟难以完成一个较为完整的实践性活动。我们拟开展的影像制作课程，以学生的小组合作、创作实践为主，因此我们特意与学校协商，将每课时的时长定为60分钟。

本实验选取传媒附小五年级全体学生，共4个班，作为教学对象。其中，五年级（2）班为实验1组，五年级（1）班为实验2组，五年级（3）班和五年级（4）班为控制组。所有实验教学由研究生李篆主讲，其中实验1组采用赫尔巴特教学法，从2012

年9月10日开始教学，每周一、周四下午各1课时，每课时60分钟，预计教学共6课时，实际教学于9月27日顺利结束，共计实施教学6课时；实验2组采用杜威教学法，从2012年10月8日开始教学，每周一、周三下午各1课时，每课时60分钟，预计教学共6课时，实际教学于10月31日结束，共计实施教学8课时。所有实验教学在传媒附小的数字化教学专用教室进行，教学中师生人手一台iPad2平板电脑，用于演示教学材料，进行互动反馈，学生的所有拍摄活动、作品创作也均以iPad2平板电脑为工具。课堂组织形式采用小组合作学习，每班按照学号分为6个小组，每个小组5—6人。教学中部分环节学生以个人身份参与，部分环节以小组合作形式参与。具体的教学场景如图3.2、图3.3、图3.4所示：

图3.2　李篆对实验1组学生进行实验教学场景

图3.3　实验1组学生在课上以个人为单位进行拍摄练习场景

图3.4　实验1组学生以小组为单位进行影片剪辑场景

在实验的前后测方面，前测问卷调查于2012年9月3日进行，传媒附小五年级4个班的全体学生，共125人参与调查，问卷全部为有效问卷。问卷共13道题，分别从知识、技能、情感·态度·价值观三个方面考察学生的媒介素养水平（只考察关于影像的部分）。前测的焦点小组访谈于2012年9月3日至6日进行。访谈对象分别从参与实验的4个班级中挑选，每个班级挑选2组，每组6人，共8组48人。考虑到性别和家庭条件有可能对学生的媒介素养水平产生影响，因此各班所挑选的访谈对象男女性别比例保持1∶1，由班主任将本班学生按家庭条件分为上、中、下三类，分别从每一类中挑选1名男生和1名女生，每班由班主任挑选两组学生参加访谈。访谈内容主要包括家庭情况、影像鉴赏、对影像的认识等方面，平均每组访谈持续40分钟。所有访谈都由李篆主持完成。

实验1组的后测问卷调查于2012年10月19日进行，五年级（2）班共32名学生中有31人参与，1人因病假缺席，所有问卷为有效问卷；实验2组及控制组的后测问卷调查于11月5日进行，五年级（1）班的32名学生全员参与，作为控制组的两个班级共58人参与，其中五年级（3）班与前测相比减少了3人，回收的所有问卷为有效问卷。后测问卷与前测相比，维度、难度、题量一致。

实验1组的后测焦点小组访谈于2012年10月22日进行，访谈对象与前测保持一致，无一缺席；实验2组的后测焦点小组访谈于2012年11月5日进行，访谈对象与前测保持一致，无一缺席。后测访谈内容与前测相比，去除了对学生家庭情况的了解，增加了对学生参与实验课程感受的调查，其余问题则保持不变，其中关于影像鉴赏部分的问题不变，只更换了需要学生鉴赏的影像内容。后测焦点小组访谈中，每组的平均访谈时间仍持续40分钟。所有访谈也都由李篆主持完成。

（二）主要结果

1. 赫尔巴特教学法有利于实现知识维度的教学目标

在前、后测问卷调查中，各有9道题测试学生知识维度的媒介素养水平，测试结果如图3.5所示：

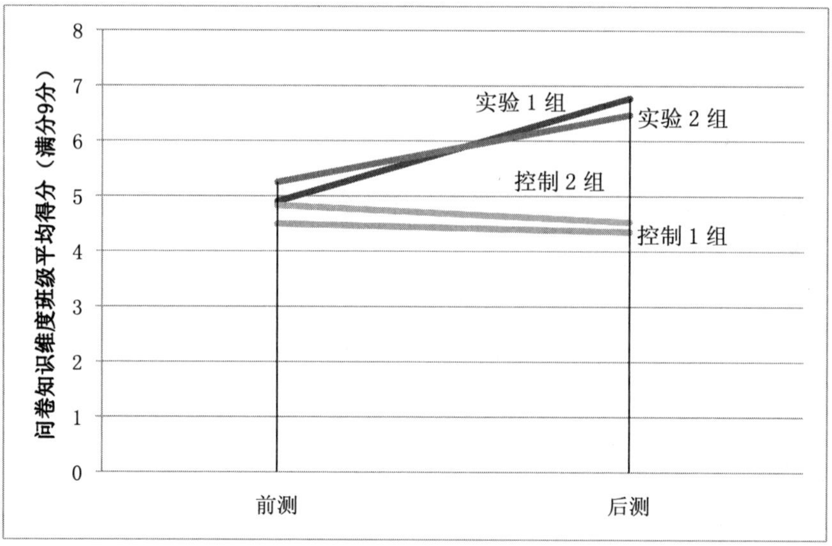

图3.5　前后测问卷知识维度班级平均得分走势图

观察和分析曲线的走势，我们发现，虽然实验2组的成绩起点更高，但实验1组的提升幅度却更明显，而两个控制组的成绩变化不大。这说明赫尔巴特教学法在达成知识类教学目标方面具有优势。这是因为赫尔巴特教学法中，教师的讲授占据主导，教师将教科书中高度凝练的知识直接灌输给学生，无论学生是否理解这些知识的内涵，无论学生是否能够熟练运用这些知识，至少他们很容易识记这些知识。而按照杜威教学法，知识是学生在教师的带领下自己总结出来的，它们往往表现出碎片化、个性化及差异化的特征。因此，从知识维度来讲，杜威教学法的优势的确不明显。虽然媒介素养教育中知识的传授并不是最主要的，但这一部分仍然不可缺少，因此教师进行知识的讲授仍然是必要的。如果让学生完全通过探究式学习来完成媒介素养教育课程，那么他们的大脑中很难形成完整的关于媒介的知识体系。

2. 杜威教学法更有利于实现技能维度的教学目标

（1）在图片鉴赏能力的培养上，杜威教学法可以使学生更好地掌握鉴赏标准

在前后测的焦点小组访谈中各设有一道图片鉴赏题，要求受访学生在访谈主持人给定的两张图片中选出一张自认为更好的照片并说明理由。访谈结果显示，与前测相比，在后测中，用赫尔巴特教学法的实验1组学生，有更多人使用了所学的图片鉴赏标准；而在后测中，用杜威教学法的实验2组学生，知道使用所学图片鉴赏标准的受访学生人数比实验1组少，但大多数使用所学鉴赏标准的学生都能将标准使用得有理有据，并表现出对这些鉴赏标准的深刻理解。具体结果如表3.2所示：

表3.2　前后测焦点小组访谈图片鉴赏能力测试结果统计表

（每个实验组参与访谈人数为12人）

	前测		后测	
	自发使用某些评价标准进行鉴赏的受访学生数	合理使用鉴赏标准的学生数	使用所学评价标准进行鉴赏的受访学生数	合理使用鉴赏标准的学生数
实验1组（赫尔巴特教学法）	6	2	12	5
实验2组（杜威教学法）	5	3	8	6

由表3.2可知，两个实验组对学生鉴赏图片能力的培养效果都不甚理想。用赫尔巴特教学法的实验1组学生都能自觉使用课上所学的鉴赏标准，说明该教学法在普及知识方面具有优势。但这12人中只有不到一半的人合理使用了所学内容，大多数人仍处于盲目使用标准的状态。比如有学生认为某张图片“主题突出”，但却说不上来这张图片表达的主题到底是什么。而用杜威教学法的实验2组学生只有2/3的人知道使用课上所学的鉴赏标准，说明该教学法在普及知识方面不如赫尔巴特教学法。但这2/3的学生中，有3/4的人可以合理使用所学的内容，说明杜威教学法更能使学生深刻理解所学内容。这是因为在杜威教学法中，鉴赏图片的标准是由学生在鉴赏实践活动中自己总结出来的，所以更加深入人心。但由于不是所有学生都能深度参与杜威教学法中的探究活动，因此导致不少学生未能顺利从实践中总结出结论。

（2）在培养学生的视频解读能力方面，两种教学法都有不足

从前后测焦点小组访谈中对学生视频解读能力的测试结果来看，两个实验组的受访学生均没有显著提高。从数据上来看，实验2组受访学生的视频解读能力甚至有所下滑。具体统计结果如表3.3所示：

表3.3 前后测焦点小组访谈视频解读能力测试结果统计表

（每个实验组参与访谈人数为12人）

	前测		后测	
	自认为看懂了测试视频的受访学生数	能准确叙述测试视频主题的受访学生数	自认为看懂了测试视频的受访学生数	能准确叙述测试视频主题的受访学生数
实验1组（赫尔巴特教学法）	12	5	12	7
实验2组（杜威教学法）	8	7	12	4

分析实验课程中的学生作品互评环节，可以找到出现上述问题的原因。从互评环节可以发现，在两个实验班的每一次互评环节中，几乎都出现了学生之间看不懂、看不上对方作品的情况。这是因为学生创作影片的能力还十分有限，往往不能通过镜头有效地表达自己的想法，于是观看作品的学生对作品的解读五花八门。此时，教师的及时指导显得尤为重要。两种经典教学法的教学效果都不理想，也说明

了建构专门的媒介素养教育教学法十分必要且迫切。

(3)杜威教学法更有利于培养学生的影像创作能力

在每个实验班结束实验教学之前，我们均向学生布置了创作结课作品的任务，让学生在家长同意的前提下，将学校的平板电脑带回家进行创作。我们向实验1班全班32名学生中的26名学生(6名学生家长未同意学生参与此活动)发放了设备，收集到完整作品16部；向实验2班全班32名学生中的25名学生(7名学生家长未同意学生参与此活动)发放了设备，收集到完整作品21部。首先，从作品完成的数量来看，实验2班优势明显；其次，我们对收集到的37部作品进行评价，实验1班的16部作品中，优秀作品共8部，占总数的50%；实验2班的21部作品中，优秀作品共11部，占总数的52.3%。虽然两个实验班的优秀作品占比相差不大，但实验2班的优秀作品数量要多于实验1班。

分析在杜威教学法下进行学习的学生，其影像创作能力提升更快的原因有以下三点：首先，杜威教学法中的实践活动所占比例更大，能让学生有更充足的时间进行操作练习；其次，杜威教学法充分尊重了学生的既有技能，教师先通过观察学生在实践中的表现，然后针对学生的问题有的放矢地进行教学，而赫尔巴特教学法不在意学生的既有技能，教师只按照自己对学生情况所做的假设将准备好的技能传授给学生，因此很可能出现教师所教内容学生在课前已经掌握或所教内容超出学生能够掌握的范围等情况。最后，在采用赫尔巴特教学法过程中，教师直接展示和讲解相关技术后再让学生去实践，学生如果没有领会教师传授的内容，就很难有机会再次学习；而杜威教学法先让学生自己摸索如何去实践，教师只针对学生在实践中暴露的不足进行辅导，因此学生的学习更有针对性，从而确保学生能更好地掌握相关技能。

3. 杜威教学法有利于实现情感·态度·价值观维度的教学目标

(1)杜威教学法有利于让学生全面认识影像的功用

在前后测问卷调查中，各有一道题测试学生对于学习摄影、摄像的重要性的认识程度，调查结果显示，采用杜威教学法进行教学的实验2组学生，对学习摄影、摄像的重要性的认识程度提升幅度更大。具体情况如表3.4所示：

表3.4 前后测中学生对学习摄影、摄像的重要性的认识程度调查统计表

	非常重要		比较重要		没必要、很没必要或无所谓	
	前测	后测	前测	后测	前测	后测
实验1组（赫尔巴特教学法）	25.8%	61.3%	54.8%	32.3%	19.4%	6.5%
实验2组（杜威教学法）	3.1%	43.8%	50.0%	56.3%	46.9%	0

由表3.4数据可见，通过实验课程的学习，实验2组的学生中有更多人提高了对学习摄影、摄像的重要性的认识程度。出现这种现象的原因可能在于，在杜威教学法中，学生在大量在模拟现实的情境中有进行实践探索的机会，通过这种实践活动，学生能对学习摄影、摄像的重要性有切身体会。

在前后测问卷调查中还各有一道题调查学生对摄影、摄像功用的认识全面程度。题目全文为“你认为照相机和摄像机可以用来________？（可多选）”，题目共有4个选项：A.记录一件事情；B.旅游时拍照、录像留念；C.收集学习资料；D.表达自己内心的想法。我们将每一个选项赋值25分，4项全选得100分（满分），然后统计2个实验组学生前后测所得的分数，具体的统计结果如表3.5所示：

表3.5 前后测中学生对摄影、摄像功用的认识全面程度调查统计表

	前测		后测	
	均值（分）	众数	均值（分）	众数
实验1组（赫尔巴特教学法）	52.42	50	69.35	50
实验2组（杜威教学法）	55.47	50	75.00	75

由表3.5数据可见，在进行实验教学前，两个实验组的学生对摄影、摄像功用的认识全面程度相差较小；但进行实验教学后，实验2组学生中有更多人对摄影、摄像功用的认识全面程度有较大提升，在对全班学生的统计中，在4个选项中选择了3项的学生最多。出现这种现象的原因可能在于，在杜威教学法中，实践环节进行得更加充分，学生有更多机会在实践中体验更多的可能性，从而拓宽了学生对影像功用的认识。

（2）杜威教学法更有利于激发学生的创作积极性

本实验课程的教学目标中有一条是"积极、主动使用影像制作设备记录生活、表达自我"。在后测的焦点小组访谈中，很多受访学生表示在上完实验课后，他们创作影像的积极性更高了。通过结课作品回收情况来看，杜威教学法激发学生创作积极性的作用更加明显。在布置创作结课作品任务时，两个实验班每班均有6—7名学生的父母不同意学生将学校的平板电脑带回家进行创作，但实验2组没有领取设备的7名学生，均主动申请以合作的形式与领取了设备的同学一起进行创作，而实验1组没有领取设备的6名学生中，没有1人提出类似申请。可见，经过实验课程的学习，实验2组的学生燃起了更加强烈的创作欲望。分析这一现象的成因，我们认为在杜威教学法中，学生通过实践发现问题、解决问题，逐渐认识到自己也是可以拍"电影"的，并从中找到了创作影像与表达自我的乐趣。在赫尔巴特教学法中，学生只是学到知识，然后依据教师的要求去实践，学生的自主性发挥得较少，因而创作热情也会少很多。

（3）杜威教学法更有利于培养学生与人合作的意识

本实验的教学目标还明确提出希望培养学生"与人合作的意识"。这是因为赋权范式下的媒介素养教育非常强调合作学习，注重团队精神。根据实际教学情况来看，在采用杜威教学法的实验2组中，学生之间的合作意识增强得更快。这具体表现在，在实验1组回收的结课作品中，以学生与父母合作完成的作品居多；在实验2组回收的结课作品中，不但有学生与父母合作完成的、同学之间合作完成的，还有学生与其他亲朋好友合作完成的。很显然，实验2组的学生在构思、拍摄作品的过程中，更加具有合作意识，也更充分地挖掘了身边的合作机会。究其原因，我们认为杜威教学法倡导的是以学生为中心的探究式学习，这种学习方法需要学生发挥更大的主动性，在探究式学习中，合作的作用也更加凸显。学生只有在相互协同、互帮互助中才能完成学习任务，因此，经历过这种学习过程的学生自然更加懂得合作的重要性，也更会与人合作。

（4）杜威教学法更有利于激发学生的创新意识

在参与实验的学生完成的37部结课作品中，有几部作品除完全符合作品的创作要求之外，还包含一些教师从未讲授过的技巧或内容，而这些包含新意的作品全部来自实验2组学生。其中，在张泽琪同学创作的短片《移动大法》中，作者利用剪辑制造出空间、物体、人物瞬间变化的特效。教师并未在课堂上讲授或展示过类似手法，这完全是学生利用所学的剪辑技术进行的创新。席铭君同学在自己创作的短片《我学到了本领》中，加入了说明性的字幕，详细介绍自己跟随母亲学习炒菜的步骤。在实验课程中，教师只向学生讲授过为片头和片尾添加字幕的方法，席铭君同学创造性地迁移了课上所学的内容。武萌萌同学在自己的作品《我感受到家乡的变化》中，添加了音乐和旁白，这两种技巧教师都没有讲授过，完全来自学生自己的创意。从这些超出教师授课内容的作品中可以看出，这些学生的思维并没有被禁锢在课堂教学内。为了让自己的作品更加出彩，他们自主进行了很多新颖的尝试。杜威教学法最注重的便是让学生自己在探究中提炼规律、总结方法，可以看出这种价值取向确实对学生在课后自主拓展学习领域起到了很好的促进作用。相对而言，在赫尔巴特教学法中，教师演示的拍摄影片的方法是“真理的代言人”，学生自然会将教师所教授的内容视为标杆与范本，在自己独立创作的过程中便很难萌发新的创意去超越这些标杆和范本。

四、需要注意的问题

除了围绕课程目标对两种经典教学法的实际效果进行详细比对分析，为我们构建媒介素养教育专用的教学法做准备外，通过实践检验，我们对两种教学法的一些隐性特征、对教学法发挥作用的前提，以及我们实验设计的不足也有了更多发现及体会，这些发现、体会无疑也将对我们完善媒介素养教育教学法有重要作用。

（一）小组合作学习有利有弊

文献梳理时我们发现中外媒介素养研究者都很注重对学生合作意识、合作能力的培养，因此我们在两轮实验教学中均采用小组合作的教学组织形式。而此次实验教学的主题“影视制作”需要学生进行大量的实践活动，其中很多活动需要学生合作完成，因此采用小组合作的形式比较适切。通过实际体验，我们发现小组合作的教学组织形式确实便于学生进行讨论，对提升学生的合作意识、培养团队合作能力有积极作用，而且也特别有利于小组内学生间的互相学习。但是小组合作也存在一些问题。如从前、后测结果看，小组长的媒介素养水平提升要明显高于其他组员。这是由于小组长在每次实践活动中均承担重要任务，他们获得的学习、锻炼机会更充分，而其他组员的参与度参差不齐，因此学习和实践的机会大多不如小组长多。这种现象启发我们，教师应在教学中有意识地让每位学生都有机会担任组长，通过岗位轮换的方式促进学生均衡发展。不过这种做法是否有效、需要怎样的具体操作步骤，仍有待后续的教学实践来回答。

（二）杜威教学法需要更多教学时间

通过实践检验我们发现，为实现相同的教学目标，杜威教学法需要更多的教学时间。例如，在实验实施前，我们为两个实验组设计的教学计划均为6课时，每课时60分钟，但实际情况是采用赫尔巴特教学法的实验1组按计划完成了教学，而在采用杜威教学法的实验2组中，教师发现每节课都很难完成既定教学任务。最终，实验2组用了8课时才完成教学，这也意味着实验2组比实验1组多用了1/3的教学时间。

仔细分析其中原因，我们发现采用杜威教学法进行教学，在第一环节“情境”中，教师要为学生创设一个模拟现实的实践情境。为了增强情境的代入感，教师需要花费较长时间来进行情境的创设，这与赫尔巴特教学法的第一环节“预备”相比更加费时。当教学进入第二环节“问题”时，学生在实践中发现的问题往往与教师的预期不一致。为了将学生的思路引向预设的教学主题，教师需要随机应变、想方设法来进行阐释和引导，这同样需要花费不少时间。但在赫尔巴特教学法的第二环节“提示”中，教师只需将当堂课的知识要点直接告诉学生即可。当学生发现教师期望中的问题，对其进行“观察”和“解决”时，由于小学生的逻辑思维能力有限，而且在以往的常规课程中鲜有探究式学习的训练，因此学生常常难以自己解决问题。面对这种情况，教师不能直接将结论灌输给学生，只能耐心引导学生一步步接近目标，这个过程也需要不少时间。而在赫尔巴特教学法中，教师只需带领学生将新知识与旧知识的联系建立起来，并进行理论概括即可。另外，杜威教学法的“检验”环节与赫尔巴特教学法中的“应用”环节所需时间相差不大。

总结上述教学过程可以看出，采用杜威教学法时，教师永远只能扮演类似主持人、引路人的角色，实现教学目标的进程主要依靠学生自己去完成。与赫尔巴特教学法中教师主导教学进程，直接将教学内容按部就班地灌输给学生相比，杜威教学法无疑需要更多时间。另外，杜威教学法中包含两次实践活动，即“情境”和“检验”，而赫尔巴特教学法中只有“应用”这一次实践活动，每一次实践活动又必须保证一定的时长，因此杜威教学法需要更多的时间。究其本质，表面上看两套教学计划具有相同的教学目标，但实际上杜威教学法更注重启迪学生的思维，而赫尔巴特教学法更注重向学生传授知识，实践表明，启迪思维远比传授知识需要更多时间。这一结果对于我们思考媒介素养教育的特征有很大启发。

（三）杜威教学法对教师的教学组织能力要求更高

为了体现媒介素养教育的特征，我们特意选择了“影像制作”这一课程主题进行实验，而为了完成对这一主题的学习，学生需要进行很多的实践活动。对比两个实验组学生在实践活动中的表现，我们发现采用赫尔巴特教学法的实验1组更遵守活动纪律，而采用杜威教学法的实验2组学生在实践活动中则更加兴奋、随意。虽然实验2组学生创作的作品更有创意，但他们所表现出的较差的纪律性仍然值得关注。

分析该现象出现的原因，我们认为杜威教学法给予了学生更自由的空间，学生因此更容易忽视纪律。但通过与富有教学经验的教师研讨，我们意识到杜威教学法带来的纪律问题，其实是教师缺乏教学组织能力的表现。即杜威教学法这种赋予学生更多自主性的教学方式，对教师组织学生有序开展活动的能力要求更高。由此便产生了另一个问题，那便是在采用杜威教学法的课堂中，课堂讨论容易偏离主题。这是因为杜威教学法鼓励学生自己总结、解决实践中遇到的问题，并从这个过程中帮助学生实现思维的提升，但小学生的思维十分发散和跳跃，在教师引导学生发言的过程中，学生关注的问题、得出的结论往往并不是教师想要的。当学生的发言五花八门，很多观点看似与教学主题无关时，教师既要保护学生的创造力、想象力，又要顺利实现教学目标，这无疑需要教师具有高超的应变能力、总结概括能力。通过体验我们发现，不留痕迹地引导学生向既定方向发展思维，远比直接灌输给学生一些特定知识要难。

基于上述实践中发现的问题，我们认为，无论是赫尔巴特教学法还是杜威教学法，都不能完全适用于小学媒介素养教育的教学。因此，建构媒介素养教育自己的教学法十分必要。

（四）对实验局限性的反思

当然，我们对两种经典教学法在媒介素养教育中实际效果的检验，只是基于这次实验教学进行的。限于我们的经验、水平，这次实验本身具有很多不足，在我们力图构建媒介素养教育自己的教学法时，应当充分考虑到这些不足，以尽量确保教学法的实用性、科学性。具体来说，我们认为本次实验有以下几点不足：

首先，限于实验周期，此次实验课程的内容具有局限性。尽管我们在选择实验课程主题时，已经从媒介素养教育的特色出发，最终选定了“影像制作”这一主题，但为了控制实验教学的周期，我们最终将教学内容限定在对摄影、摄像技术的学习、掌握，影视作品的创作、赏析等方面，而健康使用媒介、媒介组织与机构、媒介礼仪、伦理等内容则没有纳入教学中，这使得我们在评价学生的媒介素养水平时不够全面。

其次，受条件所限，我们在实验对象的选择上并没能做到随机抽样。尽管从科学研究的角度来说，随机抽样更能保证实验结果的客观准确，但从学校的实际情况以及我们需要同时开展媒介素养和品德与社会融合课程开发实验研究等情况出发，最终选择以传媒大学附小的五年级（1）班和（2）班为实验组，这使得我们在分析实验结果并对结果进行推论时需格外谨慎。

再次，为了提升研究效率，本研究与媒介素养和品德与社会融合课程开发实验研究同时展开，而且都以传媒附小五年级学生为研究对象，这使得实验的干扰因素难以被全部排除。教育实验本来就无法像实验室实验那样在完全封闭的环境下进行，因此实验会受到各种因素的干扰，例如，我们每周仅能对实验组学生进行2次教学，每次教学时间仅为60分钟，而这些学生每周在校学习时间为30小时，我们的实验课大约只占学生在校学习时间的6.7%，两个实验组的学生在其他学科的教师配备、家庭条件、班主任老师等各方面的条件都不完全一致，因此，我们在分析实验结果时要注意其他因素的影响。

最后，本次实验教学由缺乏教学经验的研究生李篆进行，虽然李篆对摄影、摄像技术的掌握优于一般小学教师，对两种教学法的熟悉程度也比较一致，且没有前期教学经验的影响，但是由于缺乏授课技巧，特别是在教学组织能力方面有所欠缺，因此也会对实验结果产生了一定影响。在我们分析、应用实验结果时，也应对这一限制因素给予考虑。

五、建构媒介素养教育教学法的尝试

在对两种经典的教学法进行实践检验的基础上，我们尝试提出了更适合媒介素养教育的“导轨式”教学法。

（一）赫尔巴特教学法与杜威教学法在媒介素养教学中的利弊分析

通过实践检验，我们发现赫尔巴特教学法与杜威教学法在媒介素养教育教学实践中各有利弊。具体来说，它们的利弊可以总结归纳如表3.6所示：

表3.6　赫尔巴特教学法与杜威教学法在媒介素养教学中的利弊对比分析表

	利	弊
赫尔巴特教学法	有利于传授媒介知识； 有利于培养学生文明、规范使用媒介的意识； 节省教学时间； 大班或小班授课的教学效果相差不大； 不易被教师的授课水平限制，有利于进行标准化的大范围普及。	不利于培养学生的媒介技能； 不利于使学生发自内心认同学习媒介知识、技能的重要性； 不利于培养学生全面地看待媒介的功用； 容易扼杀学生的创造力； 不利于激发学生参与媒介制作的积极性； 不利于培养学生的合作意识。
杜威教学法	有利于培养学生的媒介制作技能； 有利于使学生发自内心认同学习媒介知识、技能的重要性； 有利于培养学生全面地看待媒介的功用； 有利于激发学生的创造力； 有利于激发学生参与媒介制作的积极性； 有利于培养学生的合作意识。	不利于学生在大脑中形成媒介知识体系； 不利于帮助学生养成媒介制作、规范使用媒介的习惯； 需要较多的教学时间； 小班（20人以下）授课效果最好，大班（20人以上）授课的教学组织难度大； 教学效果与教师的授课水平、教学组织能力高度相关，不利于进行标准化的大范围普及。

这些特征说明，赫尔巴特教学法与杜威教学法的价值取向完全不同，其中，赫尔巴特教学法以教师为中心，以教师向学生传授固定的知识为重点；杜威教学法以学生为中心，教师要以不动声色地启发学生思维为重点。媒介素养教育虽然已经发展到了以启迪学生思维为主要教学目标的阶段，但在教学中也需要向学生传授关于媒介的系统性知识，充足、系统性的知识是学生能够产生深刻思维的基础，因此，在媒介素养教育中，单独使用任何一种教学法恐怕都不能达到理想的教学效果。为此，我们希望在综合两种教学法优势的基础上，根据媒介素养教育的需要，建构一套专门的媒介素养教育教学法——“导轨式”教学法。

（二）媒介素养教育“导轨式”教学法

与赫尔巴特教学法和杜威教学法类似，我们希望构建的“导轨式”教学法也包括五个阶段，分别为情境、困难、帮助、总结、创造，其流程及每个阶段的含义如图3.6所示，每阶段的具体任务、关键点及设计依据则详述如下。

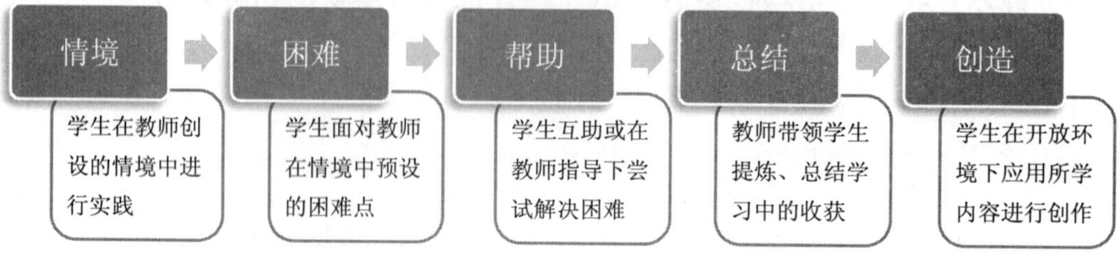

图3.6　媒介素养教育“导轨式”教学法流程示意图

1. 情境（学生在教师创设的情境中进行实践）

（1）本阶段任务

本阶段是媒介素养教育的起始阶段，主要内容是“学生在教师创设的情境中进行实践”。作为教学的起始阶段，教师应为学生创设一个生动的、真实的情境，让学生产生参与学习的兴趣，并沉浸其中进行实践探索。教学内容、形式、手段等都不应与生活实际脱节。由于媒介素养教育是人们在与媒介打交道过程中应运而生的，因此教师一定要紧密联系生活中的媒介现象、问题来创设情境。此外，教师创设的情境还应与教学主题密切相关，以便学生在情境中进行实践活动时，能够较快进入教师铺设的轨道。

（2）本阶段关键点

在本阶段，如何创设一个既便于引出教学主题，又充满趣味性，还不与学生生活实际脱节的情境是关键。做好这个关键点的前提是教师要对学生的媒介使用情况、心理特征、知识储备、兴趣爱好等有充分、准确的了解。例如，教学主题是“媒体如何塑造明星”，那么在教师创设的情境中，如果提及的明星都是自己熟知的，那很有可能与学生的生活实际脱节，这样学生便很难投入到情境中。又如教学主题是“对媒介文本的批判性解读”，如果教师创设的情境是讨论美国的主流媒体在美国大选中的表现，小学生就很难参与其中，因为美国大选与小学生的生活几乎没有交集。如果教师将情境设置为正在热播的动画片，选取其中的片段引导学生来讨论其情节的合理性，就比较贴近小学生的生活了。创设“好的情境”的关键还在于教师对教学主题的准确把握。比如教学主题是“偶像剧的魅力”，教学目标为通过剖析偶像剧的情节模式向学生揭示偶像剧吸引观众的原因，从而帮助学生更好地欣赏偶像剧，同时也让学生注意到剧情与现实生活的区别。如果教师创设的情境是讨论某部热门偶像剧的剧情，那么课堂很容易陷入对剧情细节的反复叙述和讨论之中，从而很难进入正题。如果教师将情境设计为一个小游戏，让学生从当下热门的几部偶像剧中寻找相同的情节点，那么学生便较容易发现这堂课的重点——原来大多数偶像剧的剧情都是类似的，而这个规律背后有需要观众注意的问题。

（3）设计依据

为什么在教学的开端便让学生进行实践？在前面的论述中已经提到，每个学生在进入媒介素养教育课堂时，其媒介体验、媒介技能以及对媒介的认识并不是空白的，有些认识甚至已经形成了相对稳定的状态，所以尊重学生的既有经验与技能十分重要。在传统课堂中，教师往往不关心学生已经掌握了什么，还没有掌握什么，只是按照既定课程计划将教学内容灌输给学生，这不仅对学生缺乏尊重，而且还可能引发不良的后果，比如教师所教内容学生早就掌握了，导致学生重复学习，浪费时间；或者教师所教内容超出了学生能够接受的范围，导致学生难以参与其中。因此，在教学的开端设置一个情境让学生实践，既便于引出教学主题，又方便教师观察学生的既有经验和技能，以便教师灵活调整后续教学计划。

2. 困难（学生面对教师在情境中预设的困难点）

（1）本阶段任务

所谓“困难”指教师在创设情境时，会预设1—2个困难点，并使学生在情境实践中很快遇上这些困难点。困难点的设计要充满趣味性，使学生有克服它的欲望；困难点的设计也要保证一定的难度，即大多数学生凭借已有的经验无法解决。当绝大多数学生遇到困难点时，教师便叫停实践活动，让学生总结遇到的问题，并尝试提出可能的解决方案。如果课时充足，可在本阶段设计两个具有一定难度差距的困难点，使一部分学生被第一个相对较容易的困难点难住，而使另一部分学生被第二个相对较难的困难点难住，这样更有利于用一次教学满足有不同学习起点、不同学习能力的学生的需求。

（2）本阶段关键点

设计困难点的第一个关键点是保证学生一定能在实践中遇到预设的困难点，

即让学生按照“导轨”进行情境实践。比如教学主题是“剪辑的魔力”，教师创设的情境是让学生拍摄一段两人对话，要求镜头中不能同时出现两个人，并且摄像机不能有大的晃动。这里预设的困难点是镜头在两个主角间切换时很难做到不晃动，从而引出剪辑的作用。但学生在实践时，如果选择拍完一个人就关掉机器，然后再开机拍另一个人，如此反复，也能顺利按照教师要求完成拍摄任务，但避开了教师预设的困难点。其实，教师在布置任务时只需加上“只能用一个镜头拍完对话”这一要求，便可以让学生们都遇到预设的问题。

设计困难点的第二个关键点是让学生保持解决困难的兴趣，以同样的教学主题为例，当学生无法按照教师要求完成拍摄时，他就很可能失去完成任务的兴趣，从而导致教学过程失去推进的动力。这时教师可引导学生观看提前准备好的电影中的人物对话片段，然后询问学生：“喜欢这部电影吗？你们想拍属于自己的电影吗？”当学生的求知欲被点燃时，教师再引导学生探讨如何解决拍摄中的难题会更有效。

设计困难点的第三个关键点是难度适中，还是以“剪辑”主题为例，如果困难点设计为“在教师不进行任何讲授的情况下，让学生自己利用剪辑软件剪辑出一段影片”，显然是超出小学生的能力范围的。教师可将示例片段以及讲解剪辑软件使用方法的微课视频都提前导入平板电脑，当学生遇到困难并产生解决问题的意愿时，教师便可提示学生自学相关内容，降低任务难度，确保学生顺利进入下一阶段的学习。

（3）设计依据

在情境实践中预设困难点，目的在于激发学生的学习兴趣，并了解学习内容的现实意义。在传统课堂中，教师直接将学习内容讲给学生，学生常常并不明白自己为什么要学习这些内容，导致学生学习的兴趣和动力不足。但如果让学生在模拟现实的情境中遇到教师预设的困难，并产生解决困难的愿望，便能让他们明白学习这些内容是为了解决困难，明白学习是很有必要的。困难点设计的理论依据是苏联心理学家维果茨基提出的“最近发展区”理论。他把学生的发展分为两个水平：一个是现有发展水平，即学生已经达到的、能够独立解决问题的水平；另一个是最近发展区，即在教师的引导和帮助下能达到的解决问题的水平，它介于学生潜在发展水平和现有发展水平之间。维果茨基认为教学应该为学生的发展创造“最近发展区”，然后使学生的“最近发展区”转化为现有发展水平。[①]根据维果茨基的理论，困难点的设计必须超出学生的现有水平，但又不能超出太多，困难点的难度以学生通过教师的指导和自己的学习能够解决为宜。

3.帮助（学生互助或在教师指导下尝试解决困难）

（1）本阶段任务

当学生遇到教师预设的困难点，并在教师的指导下明晰所面对的问题后，接下来便需要解决困难。在这个阶段，教师不应急于将核心知识或技能直接讲授给学生，而应先让既有水平更高且有能力初步解决问题的学生帮助水平较差的学生，即引导学生通过合作解决问题。当学生间的互助完成后，教师再提供更为完整、科学的讲解、示范，帮助学生进一步提升解决问题的水平。如果说之前的两个阶段与杜威教学法类似的话，那么这一阶段则与其完全不同。首先，这一阶段充分重视引导学生合作，培养学生相互帮助、互相学习的意识；其次，这一阶段同样强调教师的作用，通过教师的示范、演示帮助所有学生更进一步。但与传统课程不同的是，知识和技能不再完全由教师讲授，而是在学生合作学习的基础上，由教师提供更进阶但不唯一的知识和技能。教师是学生学习的辅助者，而不是主导者。教师是把学生作为一个有能力差异、能够相互促进的群体来教，而不是把每个学生作为单独的、水平一致的个体来教。

（2）本阶段关键点

实现学生相互帮助的关键点在于合理地分组和有效率地讨论。教师可在全部课程开始前先对学生进行媒介素养水平测试，然后按照测试结果将不同水平的学生按比例分配到各个小组。当课程进行一部分之后，教师可根据学生实际的课堂表现重新调整分组，旨在保证每个小组都有各个水平层次的学生，这样学生之间的互助才能进行。另外，当绝大多数学生都遇到教师预设的问题时，教师也可以发起全班范围内的讨论，让自认为有能力解决问题的学生阐述解决方案，然后教师再和学生一起评议这些方案的可行性。这样做的好处在于，将学生相互帮助的范围扩大到整个班级，而不是局限在某一个小组。除此之外，本阶段的关键点还在于教师能够适时、适量地教授更进一步的知识和技能。这要求教师密切关注学生相互帮助的情况，灵活调整教学内容，对于学生已经掌握的内容不再进行二次讲授，只补充

① 王道俊，王汉澜.教育学[M].北京：人民教育出版社，1999：189.

学生尚未掌握的内容，或进一步提升学生解决相应问题的能力即可。这意味着教师在上课前应做好充分的预案，将核心知识点和技能分成多层次的教学内容，上课时视学生的表现选择合适层次的内容进行讲授。以“摄影构图的原则”这一教学主题为例，教师首先让学生根据一定主题拍摄图片，然后进行作品互评，在互评的过程中出现教师预设的困难点——学生对于如何评价一幅摄影作品的构图无法形成统一的评价标准——这时教师让学习过摄影或者了解过相关知识的学生阐述自己的观点，教师对这些观点进行判断，指出错误的观点，肯定正确的观点，保留有争议的观点，最后教师提出一种较为权威的观点，如纽约摄影学院教材中的观点，供学生学习掌握。这样设计的好处在于，教师既发挥了自己的引领作用，又不抹杀学生既有的经验，有效平衡了赫尔巴特教学法和杜威教学法在教学主体问题上的利弊。

（3）设计依据

本阶段强调“帮助”，强调先知者（可以是既有水平领先的学生，也可以是教师）将知识或技能传授给后知者，其理论依据是教学过程本质论中的“特殊认识论”。该观点认为，教学过程要受认识论的一般规律制约，即遵循“从生动的直观到抽象的思维，并从抽象的思维到实践”①，同时又是一种特殊的认识过程。所谓“特殊”是指教学过程有三个特点：第一，间接性，即主要以掌握人类长期积累起来的科学文化知识为中介，间接地认识现实世界；第二，引导性，即需要在富有知识的教师的引导下进行认识，而不能独立完成；第三，简捷性，即走的是一条认识的捷径，是一种科学文化的再生产。②这正如马克思在《资本论》中所说：“再生产科学所必要的劳动时间，同最初生产科学所需要的劳动时间是无法相比的，例如学生在一小时内就能学会二项式定理。”③杜威教学法最大的问题便在于忽视了教学过程的这一特殊性。如果教学完全采用学生自主探究的方式进行，而不涉及任何间接知识或技能的传授，便违背了教学过程的本质，从而使教学的效率降低。就连崇尚“发现教学法”的美国教育心理学家布鲁纳（J. S. Bruner）都承认，探究、发现式的教学 “消耗时间可能太多”，因而强调在发现与讲述“二者之间取得恰当的平衡”。④基于教学过程本质论的“特殊认识论”，教学中必须留存知识和技能的传授

① 列宁.哲学笔记[M]//列宁全集：第38卷.北京：人民出版社，1986：181.

② 王道俊，王汉澜.教育学[M].北京：人民教育出版社，1999：195.

③ 马克思.资本论.[M]//马克思恩格斯全集：第26卷：第1册.北京：人民出版社，1972年版，第377页.

④ 布鲁纳.教育过程[M].邵瑞珍，译.北京：文化教育出版社，1982：39.

环节，只是我们认为应最大限度地发挥学生的自主性，在教师进行讲授之前先让不同水平的学生互帮互助，这有利于培养学生的合作意识及能力，可谓一举多得。

4. 总结（教师带领学生提炼、总结学习中的收获）

（1）本阶段任务

我们提出的“总结”阶段与赫尔巴特教学法中的第四阶段类似，是指教师在教授知识和技能之后，进一步帮助学生进行抽象概括，进而帮助学生培养知识和技能的迁移能力，正如俗语中所言“教是为了不教”，以及“授人以鱼，不如授人以渔”。媒介素养教育本就不以知识和技能的传授为核心，而重在培养学生理性认识媒介、解读媒介和使用媒介的能力。因此，抽象概括、思维提升这一环节至关重要，是媒介素养教育中的重点。

（2）本阶段关键点

帮助学生进行抽象概括的关键点在于帮助学生透过现象看本质。小学生的抽象思维能力较弱，教师不能将总结出的抽象结论直接灌输给学生，那样学生将很难消化。教师应该带领学生，以前几个阶段的学习经历为素材，帮助学生剖析现象背后的本质，从而让学生获得启发。以“对商业广告的批判性解读”这一教学主题为例，教师在将广告常用的一些说服技巧传授给学生之后，可进一步剖析广告主使用这些技巧的根源。这一根源便是希望消费者购买他们的商品或服务。在了解了这一点之后，学生剖析广告的能力便不会受所学知识的束缚，哪怕见到一种新的广告说服技巧，学生仍然可以洞穿广告背后的商业意图。教师还可以进一步拓宽学生的认识，比如让学生分析公益广告与商业广告的异同，让学生认识到公益广告同样采用说服技巧将一些观点植入观众的大脑中，其与商业广告的本质都是广告主采用一定的技巧来说服观众，只是说服的目的不一样而已。

（3）设计依据

前面提到，在媒介素养教育的三维教学目标中，情感·态度·价值观维度的目标比知识、技能维度的目标更为重要。但对小学生情感·态度·价值观的培养既简单又困难：简单是因为，绝大部分小学生对教师非常信任，只要教师强调某种情感、态度或价值观，他们就会毫不犹豫地接受；但困难的是让年龄尚小、生活经历单一的学生自己由内而外地生发出某种情感、态度、价值观。学生对于教师观点的无条件接纳会让学生失去批判性思维，而批判性思维是媒介素养教育最为重视的，因此情感·态度·价值观目标的达成不能采用灌输的方式，应由教师引导学生，由学生自己生发出某种情感、态度和价值观。

5. 创造（学生在开放环境下应用所学内容进行创作）

（1）本阶段任务

为了帮助学生巩固学习成果，真正践行赋权范式的媒介素养理念，我们将媒介素养教育的最后一个环节界定为“创造”，即教师再次创设情境让学生实践，让学生在实践中检验自己所学的知识和技能，培养学生主动运用媒介记录生活、表达自我的习惯。这一阶段之所以叫作“创造”而非“应用”或者“检验”，其用意在于强调对注重培养学生批判性思维、创造性思维的媒介素养教育来说，关于媒介的任何知识、运用都没有唯一正确的标准答案，我们鼓励学生在媒介实践中提出自己的见解，进行独特的创造。这一点与赫尔巴特教学法及杜威的教学法都不相同。因此，如果说我们提出的媒介素养教育“导轨式”教学法，前四个阶段是一段单一的“导轨”，那么最后一个阶段便是一个起跳台或分岔口，教师将不约束学生在何种方向应用和检验所学的内容，而是鼓励学生从自身需要出发去创造。

（2）本阶段关键点

学生能够创造性地使用所学知识、技能的前提是，在上一阶段的学习中，学生在教师的帮助下顺利完成了思维的提升以及知识、技能迁移能力的培养。就这一阶段而言，不扼杀学生创造力的关键在于创设一个开放的实践情境，或者说布置一个没有标准答案的实践任务。以“影片剪辑技术”这一教学主题为例，在将剪辑的作用以及剪辑的方法传授给学生后，如果教师布置的任务是将一堆有逻辑顺序的视频素材剪辑成一部流畅的影片，那无疑会扼杀学生的创造力，因为创作结果具有唯一性。如果教师提供给学生的是没有固定逻辑顺序的视频素材，学生能够按照自己的想法对素材进行任意拼接组合，那便能有效保护甚至是激发学生的创造力。除此之外，教师也可以规定主题，但允许学生自选素材或直接拍摄并剪辑自己的作品，这样也能确保学生拥有发挥创意的空间，同时教师也能通过分析学生的作品，直观了解学生对剪辑知识及技能的理解和掌握程度。

（3）设计依据

如此强调培养学生的创造力，既是基于移动互联网时代媒介素养概念的新内涵的发展，更是基于我们对媒介技术以及未来社会发展趋势的认识。移动互联网技术的普及与发展正在推动现代社会向全新的社会形态演变，未来社会的重要特点将是去中心化、去结构化，鼓励个体与个体之间的不同发展。按照这样的趋势，为了提升学生在未来社会的竞争力，培养他们的创造力是十分必要的。移动互联网时代的媒介素养教育目标体系中也包含“培养学生创造性使用媒介的能力”，这要求教师时刻牢记给予学生创作的空间与自由，并从教学设计、语言引导等各个层面切实践行这一理念。

（三）对使用“导轨式”教学法的说明

教师要想按“导轨式”教学法顺利开展媒介素养教育，除了对该教学法各环节的内涵、关键点、设计依据有明晰的认识外，还应对该教学法能够发挥最佳效果的其他限制条件有所关注。

1. 建议采用小班及小组合作式的教学组织形式

以启迪学生思维、培养学生媒介运用能力为主要目标的媒介素养教育课程，需要为学生提供充分的课堂实践机会，在这一前提下，为保证教学效果，我们建议媒介素养教育课程尽量采用小班及小组合作的教学组织形式授课。理想的班级人数为16—20人，教师可将学生分为4组，每组4—5人。这是因为我们在教学实践中发现，如果班级人数过多，那么在学生作品展示环节，教师通常无法让每个小组都获得展示机会，这会让教学效果大打折扣。另外，如果每个小组人数过多（比如超过5人），那将导致部分组员难以参与实践活动，从而影响学生的学习兴趣及学习效果。小组合作学习不仅有助于培养学生的沟通意愿、合作能力，而且很多媒介作品离开团队合作也难以完成。综合以上原因，我们建议理想的媒介素养教育课程采用小组合作的方式进行，每组4—5名学生，每个班的小组数不超过4或5组。

2. 采用基于智能终端、移动网络的数字化教学环境

在“导轨式”教学法中十分重要的环节是教师要为学生的实践创设合适的情境。拥有智能终端、移动网络的数字化教学环境，不仅能为教师创设情境提供巨大的便利，而且也非常便于学生动手实践。此外，“导轨式”教学法十分注重教师与学生及学生与学生之间的对话讨论，数字课堂为师生提供的作品共享、论坛讨论、投屏展示等互动机制，可以让师生之间、学生与学生之间十分高效地进行作品分享、讨论、评分等，为确保课堂教学的高效性和便利性创造了完美的条件。

3. 灵活调整课时安排

由于“导轨式”教学法跟杜威教学法相类似，包含较多的学生实践环节，而小学生的组织协调能力、行动能力较弱，我们通过反复实验发现，现行的一节课40分钟的时长不足以完整实施一轮“导轨式”教学，因此，我们建议利用课外实践、班会活动或可灵活安排的校本课程时间来实施媒介素养教育课程，每节课至少1小时，如果能延长到90分钟则更理想。如果学校只能在40分钟的常规课内实施教学，那么我们建议将每一轮完整的“导轨式”教学过程拆分为多节课实施。虽然教学过程的完整性非常重要，但并不意味着每次教学都要完成从情境创设到学生创造的完整过程，只要保证每一个教学环节的相对完整即可。

六、对后续研究的启示

（一）媒介素养教育需要创新教学法

尽管本研究从研究设计到数据采集，再到数据分析都有很多不足，但通过系统验证，我们确实深切地感受到做好媒介素养教育、构建媒介素养教育自己的教学法的必要性。这是因为媒介素养教育是一种全新的教育，无论是目标还是内容，都与其他学科有较大差异。以中小学教师都比较熟悉的三维目标体系来说，知识维度的目标并不是媒介素养教育的重点，但语文、数学、英语等国家课程都非常注重知识目标的达成，因此目前大多数教师习惯使用赫尔巴特教学法，此方法非常适合注重知识目标的国家课程，如果这些教师直接使用赫尔巴特教学法设计、讲授媒介素养教育课程，就会严重制约媒介素养教育目标的达成。与信息技术课、劳动技术课等注重技能类目标的国家课程相比，技能维度目标亦不是媒介素养教育的重点，因此常用的技能培训式教学法也不适用于媒介素养教育。媒介素养教育最重视的是情感·态度·价值观维度的目标，从这一点来看，我们选择品德与社会课作为探索媒介素养融合课程的起点是非常恰当的，但教育领域对如何实现这类目标还没有成熟的解决方案，因此，我们通过教学实践去建构新型的教学法十分必要。然而，要建构一种新的教学法仅通过理论推导、纸上谈兵是不行的。本研究最大的意义在于跨出通过教学实践建构媒介素养教育教学法的第一步，我们提出的“导轨式”教学法还只是一个设想，仍需通过后续研究耐心检验、不断完善。

此外，此次研究让我们更深刻地意识到媒介素养教育是根植于传播学与教育学两个领域的交叉学科，其中传播学研究为媒介素养概念的更新提供了现实依据及理论指导，教育学的研究成果则为媒介素养教育真正实现其理论主张提供了方法支撑。媒介素养教育的过程究其本质是目标、内容、方法三位一体的系统工程，作为传播学出身的研究者，我们以前一直对教育学涉猎不足，对媒介素养教育方法的研究不够，今后我们应努力加强对媒介素养教育教学法的研究，以确保媒介素养教育目标能够顺利、圆满实现。

（二）数字化教学环境为媒介素养教育研究提供新契机

此次研究能够在最前沿的数字化教学环境下进行，也让我们对教学目标与教学方法、教学条件之间的关系，以及移动互联网时代媒介素养融入现有教育体系的必要性、具体策略有了新的认识。

首先，从教学目标与教学方法、教学条件之间的关系来说，尽管我们反复强调媒介素养教育的重点是启迪学生思维，培养学生的批判意识、创新能力等，但仔细审视以往的教学条件，我们会发现，受设备数量的限制，教师只能以邀请学生代表上台体验、演示的方式，向全班学生讲解媒介作品产生、制作的方法、意义等。绝大多数学生由于无法亲身参与、体验，因此，除了通过教师讲解获得某些知识外，很难有情感上的触动，进而产生思维上的感悟。尽管教师可以通过布置课后作业，让学生回家进行相关实践，然后再通过课堂集中研讨激发学生思维，但这样一来需要更多的教学时间，况且学生的家庭条件难以统一，家长对学生学习媒介相关知识、技能的支持力度、辅导能力千差万别，教师更无法详细了解每个学生实践的具体情况……总之，重重制约将使得教学效果难以保证。在我们体验过师生人手一台平板电脑，教师可以便捷地组织学生开展人人参与的媒介实践活动后，我们意识到，数字化教学环境是实施媒介素养教育“导轨式”教学法的前提。此外，教学条件的改善，不仅为创新教学方法提供了可能，而且在新型的教学环境下，教师才有了第一次近距离观察学生的媒介使用行为的机会，从而让教师尊重学生的媒介使用经验，找准教学起点，有的放矢地引导学生思维，进而达成教学目标成为可能。可以说通过实际体验，我们发现数字化教学条件是采用“导轨式”教学法，从而真正实现赋权范式媒介素养教育目标的前提。

其次，从媒介素养与已有国家课程融合的必要性及具体策略来说，这次研究也让我们有了意外的发现。具体来说，在本次研究中，数字化教学环境的引入是基础教育管理者为了让学校教育适应社会变革的趋势主动实施的，但绝大多数一线教师还缺乏对数字设备的了解，很多教师在学习平板电脑、应用程序的使用方法时，甚至没有学生的学习进度快，这导致很多教师出现畏难情绪。作为媒介素养研究者，我们对各式新媒介的特点、使用方法比较了解，也没有应试的压力及以往教学传统的限制，因此我们尝试开展全新数字环境教学的难度较小。于是，我们的实验课堂吸引了很多其他学科教师前来观摩学习。不少教师表示，在自己进行数字化教学之前，能有一个地方近距离地观察其他教师的做法，并尝试、体验相关技术，对于他们克服畏难情绪、打消各种顾虑、快速学习新技能、实际演练等都有很大的帮助。此外，在旁听数字化媒介素养课的过程中，不少教师意识到可以把健康使用媒介、有效搜集信息、辨别信息真伪、标注信息来源等内容融入自己的课堂中，这无疑为我们开展更多学科的媒介素养融合课埋下了种子。正是教师们的需求及反馈让我们意识到，数字化教学环境不仅为学生系统学习关于媒介的知识，即学校开展专门的媒介素养课程提供了必要性，而且为其他学科教师学习、掌握关于媒介的知识，并在这个过程中将媒介素养有机融入自己的学科，使原有课程实现数字化的转变提供了必要性及可能性。这一发现为我们调整研究思路，进行下一阶段的媒介素养课程开发与建设提供了重要启发。

（三）“导轨式”教学法对教师提出了挑战

通过此次研究，我们也再一次发现媒介素养教育，特别是在数字化教学环境下采用“导轨式”教学法的媒介素养教育，对教师而言具有很大的挑战。如果说我们通过开展“媒介素养和品德与社会融合课程开发研究”发现，教师的学科知识不平衡以及对自身融合课程教师身份的认同不足，是教师在面对媒介素养融合课程时面临的主要挑战，那么数字化环境下的“导轨式”教学法对教师的挑战主要表现在，教师的媒介专业知识、技能，特别是对平板电脑、移动网络等新兴媒介的知识、技能，以及“导轨式”教学法对教师教学组织能力的特殊要求这两方面。

首先，如果说数字化教学环境是运用“导轨式”教学法授课的前提，那么教师在采用“导轨式”教学法开展教学前就必须熟练掌握数字化教学设备的各种功能、使用技巧等。以我们这次实验教学的主题为例，要用平板电脑开展“影像制作”主题的媒介素养教学，教师不仅要熟练掌握平板电脑、各种教学所需应用程序的使用方法等基本技能，还需熟练掌握并教会学生用平板电脑拍摄、剪辑视频，发布分享、投影展示媒介作品等各种高阶技能。根据我们的观察，在我们的实验课中，教师经常要在幻灯片课件、电子教材、学生作品、数字化教学平台、浏览器、大屏幕投影等各种软硬件间自如切换。刚接触数字化教学环境的教师，在试图了解数字化设备的操作内容及方法时，常常感到手忙脚乱。对媒介的知识及技能，教师只要愿意学习，投入一定的时间和精力，还是能够很快掌握的。特别是如果能有我们这样精通媒介使用的媒介素养专业教师示范、引领，手把手地帮助他们练习，那么这个挑战对教师来说就并不是难点。

其次，“导轨式”教学法给予教师更大的挑战在于，大多数国家课程十分强调知识、技能目标的达成，因此很多教师已经自觉不自觉地熟悉和使用了赫尔巴特教学法，但通过前面的分析，相信大家已经发现“导轨式”教学法与赫尔巴特教学法有很大区别。其中，二者最主要的区别在于，“导轨式”教学法要求教师具有以学生为中心，重视学生既有经验，接受学生差异，以启迪学生思维为重点的教学观；而赫尔巴特教学法强调教学以教师为中心，不关心学生的既有经验，希望学生达成统一的学习结果，以传授固定知识为重点。通过尝试我们发现，即使教师能够快速掌握关于媒介的知识、技能，但教育观念的转变，特别是对自身定位、师生关系认识的转变，绝不是一朝一夕就能实现的。事实上，即便我们能从理论上给教师反复讲解两种教学法的区别，但离开实际演示，以及对教师行为的不断“矫正”，教师很难理解这些区别在行为层面究竟意味着什么。例如，我们经常在课堂上看到教师以权威者的姿态否定学生的不同意见，或者对有不同学习兴趣的学生不能做到一视同仁等。针对这一难点，我们设想是否可以让我们这些受赫尔巴特教学法较小影响的媒介素养教育研究者，先熟悉掌握“导轨式”教学法所需的课堂教学组织技巧，然后由我们给其他教师示范，同时通过课后研讨、教师实践等环节，帮助教师逐步理解“导轨式”教学法的核心，最终掌握相关的教学技巧。

（四）后续研究的新思路

综合“媒介素养和品德与社会学科融合课程开发实验研究”及本次“媒介素养教育教学法研究”的发现，我们意识到系统实施的媒介素养融合课虽然具有可行性、有效性，但要把每节国家课程都变成融合课，不仅开发难度相当大，而且会遇到时间不够、师资难以胜任等问题。此外，在尊重国家课程既有框架的前提下，会有一些融合课的融合点较为牵强，媒介素养教育自身的连贯性、系统性将无法保障，特别是像“影视制作”这样极具媒介素养特色，对学生适应新媒体时代极具价值的教学主题，将很难找到机会开展。从媒介素养教育需要自身的教学法来说，全面的融合课程也很难兼顾国家课程与媒介素养教育的不同需求。

在平板电脑、移动网络即将开启新一轮教育变革的时代背景下，以两项实验研究的成果为依据，我们与张丽荣校长、温建新副校长及参与研究的骨干教师反复研讨，最终确定了以构建移动互联网时代的媒介素养教育课程体系，用数字化媒介素养教育校本课程与国家课程相配合的策略解决以上问题。具体来说，即依据媒介素养教育理论开发系统的数字化媒介素养教育校本课程，利用校本课程的课时（15课时/每学期），由精通新媒介相关知识、技能的媒介素养专业教师进行授课，运用“导轨式”教学法，在学生开始数字化学习之前，先帮学生建立全面、健康的媒介意识，掌握基本的媒介使用技能、思想方法，为学生参与更多学科的数字化学习做好准备。同时，把针对学生的数字化媒介素养教育校本课堂作为其他学科教师观摩、学习数字化教学技能的基地，让其他学科教师有机会观摩、学习、练习数字化设备的使用方法，了解媒介素养融合课的开发方法，并在本学科中选出特别适合与媒介素养相融合的主题进行融合课程开发与讲授，对其他内容则进行数字化教学方式转变。最后，学校将建立以数字化媒介素养教育校本课程为入口，以国家课程为主体，以媒介素养与国家课程相融合为特色的课程体系，让媒介素养教育发挥帮助师生适应时代转变的重要作用，让国家课程在保证质量的前提下，丰富教学形式与内容，提升学生的学习兴趣，促进学生更好地成长。

第四章　初步构建移动互联网时代媒介素养教育课程体系

在确定了构建移动互联网时代的数字化媒介素养教育课程体系这一研究思路后，自2013年9月起，我们与传媒附小师生密切配合，开始了新一轮探索。在这轮探索中，我们以构建适应移动互联网时代的媒介素养教育课程体系为目标，以基于智能终端、移动网络的数字化教学环境为前提，把研究内容分为互相支撑的两个部分。其中，由我（张洁）和中国传媒大学的研究生郭馨蕾负责开发并实施“数字化媒介素养教育校本课程”，帮助学生在树立健康、科学的媒介观、提升媒介素养水平的过程中，熟练掌握运用智能媒介进行数字化学习的能力，为学生参与更多学科的数字化学习做准备。与此同时，以我们的教学过程为载体，创新教师培训形式，让教师通过现场观摩、课后研讨、实际演练等步骤，逐步熟悉、掌握数字化教学技能。此外，在教师实践的过程中，我们启发、帮助教师甄选恰当的国家课程内容进行数字化媒介素养融合课程开发，最终实现中国传媒大学附属小学所有课程教学方式的跨时代转变。

一、数字化媒介素养教育校本课程开发研究

（一）研究目标

在新研究思路下，数字化媒介素养教育校本课程将成为整个学校数字化教学的起点，担负着对学生教学及教师培训的双重使命。经过对学生心智特征、学习特点的评估，也结合中外教育界的普遍做法，学校最终确定以四年级为实施数字化

教学的起始年级，于是“数字化媒介素养教育校本课程”将以新升入四年级的学生为教学对象，利用校本课程时间实施。每周每班1课时，每节课40分钟，共15课时。在课程内容方面，与我们以往开发过的缺乏与其他课程相联系的媒介素养教育校本课程不同，这次的“数字化媒介素养教育校本课程”强调与国家课程的配合衔接，因此，15节课中除了纯媒介素养课外，也包含数字化的媒介素养与国家课程融合课。在课程目标方面，我们将整套课程命名为“平板电脑：推开数字化学习之门”。我们希望以此课程为起点，一方面帮助学生树立健康、科学的媒介观，提升媒介素养水平，具备参与数字化学习的能力，另一方面也帮助教师了解媒介素养的概念，学习数字化教学技能，并在此基础上尝试开发恰当的媒介素养融合课程。课程的整体架构及其中的数字化媒介素养课，由我指导中国传媒大学研究生郭馨蕾在前两项研究的基础上设计、开发并实施，数字化的媒介素养融合课则由学校选派相关学科教师与我们合作完成。

综上所述，我们希望通过本轮研究，检验我们新的研究思路是否可行，并针对“媒介素养和品德与社会学科融合课程开发实验研究”及“媒介素养教育教学法研究”中的不足予以改进和提升。如在“媒介素养和品德与社会学科融合课程开发实验研究”中，因为要以品德与社会学科的目标及内容为主，因此媒介素养教育各维度的教学目标及内容在教学过程中体现得不均衡，也不充分；而在“媒介素养教育教学法研究”中，受研究周期所限，教学内容只局限在“影视制作”这一单一主题上，因此，对数字化教学环境下如何开展其他主题的媒介素养教育的探讨仍然较为缺乏。在对课程教学效果的评价方面，特别是在对学生媒介素养水平的测量上，前两项研究虽然都开发了问卷，但问卷的题目数量较少，且缺乏对问卷信效度的检验，因此测量结果的科学性仍有待考证。通过本轮研究，我们希望在新的研究思路的指导下，对数字化媒介素养教育校本课程的内容及教学效果评价都能做出力所能及的改进。

（二）研究概况

由于教学对象、课程目标都有很大变化，并且我们希望数字化的媒介素养融合课能尝试拓展至语文、数学、英语等全部国家课程，基于以往经验，我们相信“数字化媒介素养教育校本课程”的开发很难一次性成功解决所有问题，于是我们采用行动研究法，制订了“试研究”与“正式研究”两步走的研究计划。其中，

“试研究”阶段的主要目标是，初步检验数字化媒介素养教育校本课程与融合性国家课程相互配合的构想是否可行，数字化媒介素养教育校本课程的课程内容是否恰当，特别是纯媒介素养课和媒介素养与国家课程的融合课之间的编排是否合理。此外，作为研究者，我们也通过“试研究”实际了解了四年级学生的学习特点，提升了我们的教学组织能力，并基于学生特点设计了媒介素养水平测试问卷等。借助“试研究”在课程内容、师资水平、研究工具等多方面的准备和调试，在“正式研究”阶段，我们一方面通过改进“试研究”中发现的问题，完善、固化数字化媒介素养教育校本课程的课程内容，另一方面通过对新一届学生的教学，科学评价数字化媒介素养教育校本课程的教学效果。

在确定了以上研究计划后，我们分别于2013学年和2014学年实施了“试研究”与“正式研究”。其中，“试研究”阶段的教学于2013年9月10日开始，到2014年1月17日全部完成，共4个班，139名学生全程参与；“正式研究”阶段的教学从2014年9月9日开始，到2014年12月23日全部完成，共6个班，186名学生全程参与。2013学年的第二学期，我们对“试研究”阶段的教学内容、学生表现、教师培训等情况进行了反思、梳理，着重辅导不同学科的教师进行了多学科媒介素养融合课例的开发，为“正式研究”阶段做了全方位的准备。2014学年的第二学期，我们对在“正式研究”阶段收集到的学生媒介素养水平前后测数据，进行了详细的统计分析，对教学中及师资培训中观察到的师生表现，收集到的师生作品等进行了多次研讨、分析，在这些分析的基础上，我们不仅对数字化媒介素养教育校本课程的教学效果有了更准确、全面、客观的认识，而且初步形成了《中国传媒大学附属小学移动互联网时代传媒特色课程体系建设方案》的构想。

（三）试研究阶段的研究内容及主要发现

1. 确定数字化媒介素养教育校本课程目标体系

在试研究阶段，我们首先根据前期研究的发现以及媒介环境的变化，对我们在“媒介素养和品德与社会学科融合课程开发实验研究”中使用的“小学阶段媒介素养教育课程目标”进行了更新。具体步骤是，根据移动互联网时代个人传播者的主体地位不断凸显，“传者素养”变得日益重要的趋势，确定了如表1.2（本书第20页）所示的“移动互联网时代的媒介素养内涵”。并以此内涵为依据，结合我国基础教育阶段各学科课程通用的“三维目标”体系，确定了移动互联网时代的数字化媒介素养教育校本课程目标体系，即以媒介素养内涵为核心，将课程目标分为知识、技能、情感·态度·价值观三个层面，每个层面都由媒介素养内涵的两大部分、六个维度构成。具体内容如图4.1所示：

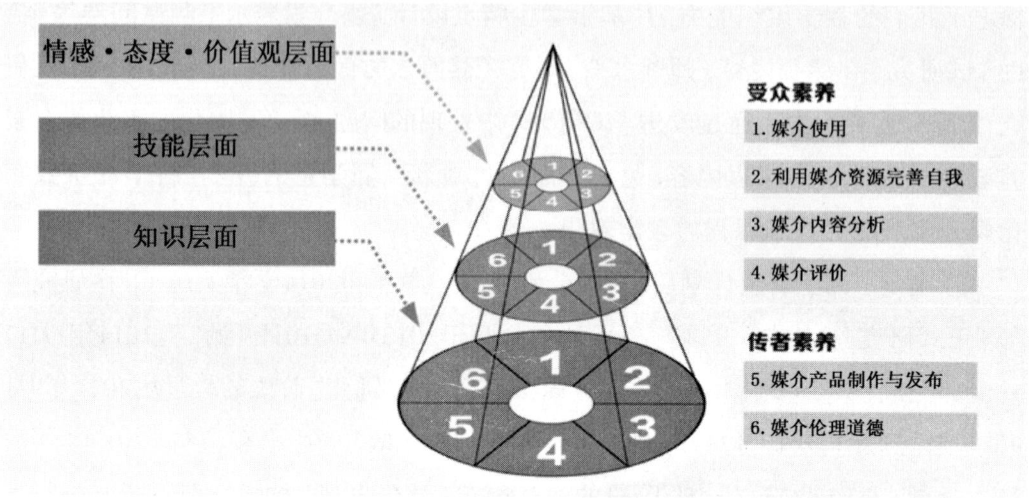

图4.1　移动互联网时代的数字化媒介素养教育校本课程目标体系示意图

2.尝试确定数字化媒介素养教育校本课程内容

在确定课程目标体系后，依据“数字化媒介素养教育校本课程”应同时包含纯媒介素养课与数字化媒介素养融合课的设想，我们将15节课分为两类，其中10节课为数字化媒介素养课，另外5节则尝试数字化的媒介素养与语文、媒介素养与英语、媒介素养与科学等融合课。每节课的具体名称及对应的媒介素养内涵如表4.1所示：

表4.1　试研究阶段“平板电脑：推开数字化学习之门”课程内容及对应的媒介素养内涵表

序号	课程名称	媒介素养内涵维度						内涵在课程中的具体体现
		受者素养				传者素养		
		使用	自我完善	分析	评价	制作发布	伦理道德	
1	媒介大调查①							旨在了解学生的媒介拥有、使用现状，为确定课程内容、课程重点提供依据。

① “媒介大调查”一课的主要内容是让学生填写前测调查问卷，没有进行授课。

续表

序号	课程名称	媒介素养内涵维度						内涵在课程中的具体体现
		受者素养				传者素养		
		使用	自我完善	分析	评价	制作发布	伦理道德	
2	认识媒介和平板电脑	√		√				**使用**：正确认识媒介和平板电脑； **分析**：选取合适的媒介形式满足自己的不同需求。
3	我的守则我做主	√					√	**使用**：学会调节亮度、音量等，能适度地使用媒介，保护身心健康； **伦理道德**：使用公用媒介设备时，不随意更改设备的设置参数，不随意给设备加设密码，尊重他人的作品、不随意更改和删除作品。
4	神奇的手势	√						**使用**：学习如何正确、健康地操作平板电脑。
5	看谁手指更灵活	√				√		**使用**：认识平板电脑的键盘，学习打字的方法； **制作发布**：制作一张电子名片并发布在教学互动平台。
6	畅游网络海洋	√		√				**使用**：学习如何进行信息搜索； **分析**：分析搜索结果的真实性，判断搜索结果是否符合自我需要。
7	学习的好帮手	√		√				**使用**：学习正确使用电子教材、教学互动平台的方法； **分析**：分析电子教材中不同媒介形式的信息蕴含的意义，从中获取内容，满足自身需求。
8	平板电脑与语文学科学习	√	√					**使用**：学习使用蕴含多种媒介形式的语文电子教材、汉语电子字典； **自我完善**：利用媒介学习语文学科内容。
9	初次体验幻灯片	√		√		√		**使用**：初步学习使用幻灯片制作程序的方法；能从互联网上搜索资料填充幻灯片； **分析**：能分析从互联网上搜索到的资料的真实性和准确性，并判断资料是否符合自己想要表达的内容； **制作发布**：可以制作简单的幻灯片，并发布在教学互动平台。
10	平板电脑与数学学科学习	√	√					**使用**：学习使用电子算盘、电子计算器； **自我完善**：利用媒介学习数学学科内容。

续表

序号	课程名称	媒介素养内涵维度						内涵在课程中的具体体现
		受者素养				传者素养		
		使用	自我完善	分析	评价	制作发布	伦理道德	
11	平板电脑与英语学科学习	√	√					**使用**：学习使用蕴含多种媒介形式的英语电子教材、英文电子词典； **自我完善**：利用媒介学习英语学科内容。
12	谁是幻灯片高手	√	√	√		√	√	**使用**：学习幻灯片制作程序的进阶功能，有使用字体、字号、颜色、动画效果的意识；能从互联网上搜索资料填充幻灯片； **自我完善**：遇到问题时求助媒介解决； **分析**：能分析从互联网上搜索到的资料的真实性和准确性，并判断资料是否符合自己想要表达的内容； **制作发布**：可以制作较高水平的幻灯片并在教学互动平台上发布； **伦理道德**：具备尊重他人版权、知识产权的意识，给引用的内容标注出处。
13	平板电脑与“品德与社会”学科学习	√						**使用**：学习使用蕴含多种媒介形式的品德与社会电子教材及相关应用程序； **自我完善**：利用媒介学习品德与社会学科内容。
14	平板电脑与少先队活动学习	√						**使用**：学习使用蕴含多种媒介形式的少先队活动电子教材及相关应用程序； **自我完善**：利用媒介学习少先队活动内容。
15	总结	√	√	√		√	√	回顾以往所有课程的内容，涉及媒介素养内涵的各个维度。

其中第8、10、11、13、14节为数字化的媒介素养融合课，这些课的具体内容由我们与学校推荐的学科教师共同设计，由学科教师讲授。融合课学科的选择由学校根据教学需要及教师的参与意愿确定。特别值得一提的是，少先队大队辅导员陈希思老师在得知学校要开展“数字化媒介素养教育校本课程”研究后，积极报名参与融合课的开发与实施，并指出作为学校德育的重要环节，少先队活动课如果能够与时俱进地进行数字化转型，那一定更符合当代儿童的需求，从而能够更好地达成德育教育的目标。陈老师的这一主张无疑进一步扩大了媒介素养在基础教育中发挥作用的空间，因此我们积极响应陈老师的请求，并在试研究阶段的课程表中增加了“平板电脑与少先队活动学习”这节课。

仔细审视我们编制的课程内容对移动互联网时代媒介素养内涵六大维度的覆盖情况，会发现“媒介评价”维度是15节课都没有涉及的空白点，这是由小学四年级学生（10岁左右）的认知特点决定的。在编制课程内容的过程中，我们反复与四年级教师及有关专家研讨，教师及专家都认为“媒介评价”维度的教学内容超出了四年级学生的生活经验及思维水平。根据著名认知心理学家让·皮亚杰（Jean Piaget）的研究结论及我们在教学中的感受，我们也发现7—12岁的学生处于“具体认知阶段”，他们虽然已经具备思考能力，但是必须借助具体事物或形象才能思考，无法理解抽象的概念。另外，也有研究表明，10—12岁的儿童对电视的商业属性（即盈利动机）有了初步认识，不过，这种怀疑通常受其作品使用经验的限制，只发生在他们熟悉的领域。[①]最终，从学生的认知特征出发，我们放弃了开发体现“媒介评价”维度的内容。这一过程让我们认识到，媒介素养理论应该是全面的、系统的，但学习者具有发展性和阶段性，因此在将媒介素养理论转化为具体的教育内容时，需要从学习者的心智特点、学习阶段出发，对理论内涵进行取舍。

除了从宏观层面对整套课程进行编排外，在试研究阶段的教学开始前，我们也依据课程开发理论及以往经验，尝试确定了每节课的教学设计。这里仅以“谁是幻灯片高手”一课的教学设计为例（如表4.2所示），说明“数字化媒介素养教育校本课程”的具体内容。

表4.2　试研究阶段“谁是幻灯片高手”一课的教学设计

教学基本信息			
课题	谁是幻灯片高手	授课教师	郭馨蕾
课程性质	校本课程	学段	小学中段/四年级
相关领域	媒介素养教育		
教学目标（含重、难点）			
教学总目标： 通过教师讲授、学生自主实践及探究，完成以下教学目标： 展示学生作品，帮助学生回忆上一课“初次体验幻灯片”的内容，再次强调图文结合对表达自我观点的作用；另外，点评学生作品中的问题，提醒学生注意引用的方法，增强学生的版权意识。 帮助学生掌握高阶的幻灯片制作方法，包括：调节文字的字体、字号、颜色，合理地使用构件和过渡效果等。			

① 波特. 媒介素养：第4版[M].李德刚，译. 北京：清华大学出版社，2012：78.

续表

教学目标（含重、难点）			
启发学生思考改变字体、字号，以及使用构件、过渡效果的意义；启发学生思考幻灯片的适用场合，帮助学生树立运用媒体技术恰当表达自我观点的意识。 教学重点：帮助学生掌握高阶的幻灯片制作技能； 教学难点：帮助学生理解改变文字的字体、字号、颜色，使用构件和过渡效果装饰文字对表达意义产生的影响。			
教学过程			
教学环节	**教师活动**	**学生活动**	**设计意图**
1. 回顾上节课的内容（5分钟）	通过展示学生在“初次体验幻灯片”一课完成的作品，帮助学生回忆上节课的主要内容，并且着重强调“正确给演示文稿命名”“选择适合自己表达内容的主题、模版、图文资料”以及“标注资料来源”等媒介素养内容。	观看老师展示的作品，回忆“初次体验幻灯片”一课的主要内容，并且通过对同学作品进行点评、提出合理的修改意见等方法，巩固对“正确给演示文稿命名”“选择适合自己表达内容的主题、模版、图文资料”以及“标注资料来源”等媒介素养内容的学习。	承上启下，通过展示学生作品，带领学生回顾上节课的内容，同时激发学生学习本课的兴趣。 媒介素养内涵分解： **使用：**学习使用幻灯片应用程序的方法，能从互联网上搜索、复制、粘贴图文资料制作幻灯片； **分析：**能分析从互联网上搜索到的资料的真实性和准确性，并判断资料是否符合自己想要表达的内容； **伦理道德：**在引用时，知道对引用内容的出处进行标注，具备尊重他人版权、知识产权的意识。
2. 引入本课主题（5分钟）	通过小游戏（教师播放四张分别有“大、小”“动、静”“蓝、绿”“快、慢”文字的幻灯片，但幻灯片中文字格式的设置和文字本身的意义相反，如“大”用小字号表示、“小”用大字号表示；“蓝”字用绿色表示、“绿”字用蓝色表示等），引发学生思考字体、字号、颜色、动画效果等幻灯片功能的意义和作用。	学生认真观察并思考教师演示的几组幻灯片，意识到字体、字号、颜色、动画效果等幻灯片功能的意义；并在教师的引导下总结字体、字号、颜色、动画效果等幻灯片功能的用途。	通过游戏引入本节课的主要学习内容，使用直观有趣的方式帮助学生认识、学习本课的意义，激发学生继续学习的兴趣。
3. 布置自学任务（5分钟）	教师引导学生自学，学生通过阅读教师事先准备好的电子教材或上网搜索、自我探究等方法学习更改幻灯片字体、字号、颜色、动画效果设置等内容。	学生认真听取教师布置的任务。	媒介素养内涵分解： **自我完善：**利用媒介，如电子教材、网络搜索等自学本课内容。

续表

教学目标（含重、难点）			
教学环节	**教师活动**	**学生活动**	**设计意图**
4.主题学习（15分钟）	教师下组观察学生的自学情况，并对在自学过程中遇到问题的学生予以指导。	学生自学更改幻灯片字体、字号、颜色、动画效果设置等内容。	学生主要通过自主学习和探究掌握课程内容。这体现了“导轨式”教学法的特点。教师在这一过程中起到指导和帮助的作用。电子教材、教师以及周围同学的整体学习环境共同支撑学生自主探索。 媒介素养内涵分解： **使用：**掌握更改幻灯片字体、字号、颜色、动画效果设置等内容的方法； **自我完善：**利用媒介，如电子教材、网络搜索等自学本课内容。
5. 展示学习成果（8分钟）	教师邀请学生代表展示学习成果，询问其自学的方法，并对学生的表现予以评价。	学生代表展示学习成果，介绍自己的学习方法。其他同学从展示同学的介绍中查漏补缺，反思自学的途径和方法。	通过同伴学习、教师点评等方式巩固、强化学习内容。 媒介素养内涵分解： **使用：**掌握更改幻灯片字体、字号、颜色、动画效果设置等内容的方法； **自我完善：**掌握利用媒介，如电子教材、网络搜索等自学的方法。
6.主题总结（2分钟）	教师总结本课主要内容。	学生认真听取教师对本课内容的总结。	梳理本节课的主要知识点，巩固学习效果。
准备材料			
(1) 教案、课件； (2) “谁是幻灯片高手”电子教材。			

3. 课程实施情况

“试研究”阶段的教学原计划于2013年9月10日至2013年12月24日进行，每班每周1课时，每课时40分钟，共15周。但在实际执行过程中，受学校临时组织体育比赛及元旦假期、期末考试等影响，教学计划最终于2014年1月17日完成。所有教学内容都按照事先制订的教学设计进行，其中，纯媒介素养课10课时，媒介素养与语文、媒介素养与数学、媒介素养与英语等融合课共5课时。所有课程均在数字化学习环境下实施。教学采用小组合作形式。在第一节课实施前，我们邀请各班班主任根据学生的特点、成绩等要素将其分为6组，每组5—6人。在教学方法方面，为了便于学校管理，也为了保证媒介素养教育校本课程的教学质量，经过与学校反复协商，我们还是采用了40分钟一节课的时间设置，因此我们只能吸纳“导轨式”教学法的精髓，在教学中尽量多地给予学生自主实践、课堂展示的机会，但在教学流程上，为了适应40分钟的时间限制，我们对某些教学环节进行了取舍。与前两项实验研究不同的是，我们在“试研究”阶段的教学中，尝试使用了“超星”互动教学平台，对学生在课后通过线上练习拓展课堂教学，为学生提供更多媒介接触机会及媒介运用场景进行了尝试，为“正式研究”阶段全面实施课前—课中—课后的全流程数字化教学做好准备。

4. 主要发现

“试研究”阶段的教学结束后，我们仔细回顾、分析了教学过程，与观摩授课的教师代表、参与教学的学生代表，甚至对我们课程感兴趣的部分家长代表进行了多轮研讨，主要发现三方面的问题：

第一，学生对课程中涉及的五个维度的媒介素养内涵的相关内容掌握不够均衡。从学生的课堂表现、课后作业来看，学生对“媒介使用”维度的内容掌握较好；而在“利用媒介资源完善自我”“媒介内容分析”“媒介作品制作与发布”以及“媒介伦理道德”维度的变化并不明显。经过反思，我们发现造成这一现象的原因主要有三点：首先，学生年龄小，不易理解抽象概念，这客观地制约了他们对“利用媒介资源完善自我”“媒介内容分析”“媒介作品制作与发布”以及“媒介伦理道德”内容的学习。根据让·皮亚杰的理论，10岁左右的儿童处于“具体运算阶段”，他们已经具备处理具体事物或形象的能力，而对抽象事物或形象的理解还有待提高。“媒介使用”维度的内容比较具体、单一，因此更容易被10岁左右的学生掌握；而“利用媒介资源完善自我”“媒介内容分析”“媒介作品制作与发布”以及“媒介伦理道德”维度的内容更抽象、复杂，需要迁移能力、创造力以及自控能力，不易被10岁左右的学生理解和掌握。例如，媒介中的信息纷繁复杂，在有限的课时里，教师不能对所有媒介内容进行分析，只能以某些类型的信息作为案例引导学生思考。但由于四年级学生的迁移能力较弱，并不能很好地将所学内容运用到对其他类型信息的分析上，以至于他们在“媒介内容分析”方面的变化不大。其次，媒介素养内涵五个维度的内容在课程内容中的比例差异较大，这是造成学生对五个维度内容掌握不均的根本原因。根据“试研究阶段‘平板电脑：推开数字化学习之门’课程内容及对应的媒介素养内涵表”，我们发现除第一课“媒介大调查”外，其他14节课都涉及了“媒介使用”的内容，而“利用媒介资源完善自我”“媒介内容分析”“媒介作品制作与发布”以及“媒介伦理道德”维度的内容，在全部课程中出现的次数分别是6次、5次、4次和3次，分布不均。最后，授课教师郭馨蕾自身的媒介素养水平、教学技能不足，这也降低了学生在“利用媒介资源完善自我”“媒介内容分析”“媒介作品制作与发布”以及“媒介伦理道德”方面的学习效果。例如，对于“媒介内容分析”来说，教师虽然清楚媒介中存在着大量的谣言和小道消息，但缺乏甄别信息真伪的方法，因此难以指导学生掌握具体的辨别技巧。事实证明，当教师的媒介素养水平还停留在初级阶段时，想要更好地帮助学生具备媒介素养就非常困难。另外，由于教师教学技能不足，不会处理一些突发情况和敏感问题，因此错过了很多教学时机。例如，教师在讲解互联网中的信息纷繁复杂，学生应仔细甄别时，突然有学生提到了互联网中存在黄色信息的问题，引得全班同学哄堂大笑。教师对这一突发状况不知如何应对，没能及时给予学生正确、正面、有效的解答，从而错失了教育良机。综上所述，在“正式研究”时，我们应根据学生的接受能力，努力调整媒介素养内涵各维度教学内容的比重及顺序；同时，还需努力提升教师自身的媒介素养水平及教学能力。

第二，学生对媒介素养知识性目标的掌握要优于对技能和情感·态度·价值观目标的掌握。这一发现与我们前面两项实验研究的发现一致。在学校现有教学通常采用40分钟一节课的时间设置的前提下，重在启迪学生思维的“导轨式”教学法所需的时间便难以得到满足，那么我们能否通过布置作业、使用教学互动平台、开设在线课程等方式，增加学生的媒介接触时间和练习机会，从而更好地达成技能和情感·态度·价值观目标呢？我们希望能在“正式研究”阶段对此设想加以验证。

第三，纯媒介素养课与数字化媒介素养融合课的编排顺序不够合理。如在编制教学计划时，因为受承担融合课研发、讲授任务的两位教师档期的限制，我们将“平板电脑与数学学习”“平板电脑与英语学习”这两课安排在了第9课“初次体验幻灯片”和第12课“谁是幻灯片高手”之间，没想到这导致原应连续进行的关于幻灯片主题的课程被中断，实际教学中教师不得不花费大量时间、精力回顾以往的课程内容，影响了第12节课的教学效率及效果。又如，我们将第3节课设定为“我的守则我做主”，本意是想在开始系统的数字化教学之前，先引导学生树立规则意识，为学生科学、健康地运用媒介打下基础。这种想法看上去很符合逻辑，但在实际教学中我们发现，由于第1节课用于完成问卷调查，第2节课学生刚接触平板电脑，还没怎么暴露使用中可能出现的问题，第3节课就要学生自己制定与数字化媒介打交道的规则，这使得学生茫然无措，难以完成任务。因此，这节课的位置在“正式研究”阶段应该向后调整。此外，第13课“平板电脑与‘品德与社会’学科学习”与第14课“平板电脑与少先队活动学习”连续实施，中间缺乏对学生参与融合课所需相关知识的准备过程，造成了融合课所需的学生前拥知识的缺失，影响了课程的实施效果。通过实践，我们发现课程编排远比想象要复杂得多，我们需根据本轮教学的发现，重新调整课程顺序，尤其注意独立课程与融合课程的相互照应、相互联系，这样才能真正使教学符合学生的认知规律，实现课与课的相互配合及支撑。

（四）正式研究阶段的研究内容及主要发现

1. 正式研究阶段的课程内容

根据“试研究”阶段的发现，我们重新修正了“平板电脑：推开数字化学习之门”的课程内容、教学设计等，形成了“正式研究”阶段的数字化媒介素养教育校本课程。修正后的课程内容及对应的媒介素养内涵如表4.3所示：

表4.3 正式研究阶段“平板电脑：推开数字化学习之门”课程内容及对应的媒介素养内涵表

序号	课程名称	媒介素养内涵维度						内涵在课程中的具体体现
		受者素养				传者素养		
		使用	自我完善	分析	评价	制作发布	伦理道德	
1	媒介大调查							教学效果前测
2	认识媒介和平板电脑	√		√				**使用**：正确认识媒介和平板电脑； **分析**：选取合适的媒介形式满足自己的不同需求。
3	神奇的手势	√	√					**使用**：学习如何正确、健康地操作平板电脑； **自我完善**：通过教学互动平台学习更多平板电脑的操作方法。
4	看谁手指更灵活	√	√			√		**使用**：认识平板电脑的键盘，学习打字的方法； **自我完善**：通过慕课平台展示自己的作品、观看其他同学的作品，从与其他同学的交流互动中学习更多的内容，如特殊符号的打字方法、二维码的制作生成等； **制作发布**：运用已掌握的打字技巧，为自己做一张电子名片。

续表

序号	课程名称	媒介素养内涵维度						内涵在课程中的具体体现
		受者素养				传者素养		
		使用	自我完善	分析	评价	制作发布	伦理道德	
5	畅游网络海洋	√	√	√				**使用：**学习如何进行信息搜索； **自我完善：**通过慕课平台的学习，掌握更多的信息搜索、判断搜索结果是否真实、是否符合自我需要的方法； **分析：**分析搜索结果的真实性、判断搜索结果是否符合自我需要。
6	我的守则我做主	√	√	√		√	√	**使用：**学会调节亮度、音量等，能适度地使用媒介，保护身心健康； **自我完善：**通过慕课平台展示自己的作品、观看其他同学的作品，从与其他同学的交流互动中学习更多媒介产品制作方法； **分析：**了解互联网中存在不良信息，知道要保护自己，不观看、不传播不良信息； **制作发布：**完成课后布置的作业“与爸爸妈妈一起制作家庭媒介使用守则”，提高学生制作媒介产品的能力； **伦理道德：**使用公用媒介设备时，不随意更改设备的设置参数，不随意给设备加设密码，尊重他人的作品，不随意更改和删除他人作品。
7	平板电脑与语文学科学习	√	√			√		**使用：**学习使用蕴含多种媒介形式的语文电子教材、汉语电子字典； **自我完善：**利用媒介学习语文学科内容； **制作发布：**利用媒介撰写多媒体作文，表达自己的观点和感受。
8	学习的好帮手	√		√			√	**使用：**学习正确使用电子教材、教学互动平台的方法； **分析：**分析电子教材中不同媒介形式的信息蕴含的意义，从中获取内容，满足自身需求； **伦理道德：**学习慕课平台讨论区的发言规则，知道虽然网络平台具有虚拟性，但也要为自己的发言、行为负责，发言时语言要健康，尊重其他同学。另外，学习保护自我隐私，看管好个人慕课账号、密码；尊重他人隐私，不随意盗取他人慕课账号、密码或发布不良信息。

续表

序号	课程名称	媒介素养内涵维度						内涵在课程中的具体体现
		受者素养				传者素养		
		使用	自我完善	分析	评价	制作发布	伦理道德	
9	平板电脑与数学学科学习	√	√			√		**使用**：学习使用多种与数学相关的应用程序； **自我完善**：利用媒介学习数学学科内容； **制作发布**：利用媒介制作电子统计图。
10	初次体验幻灯片	√	√	√		√		**使用**：初步学习使用幻灯片制作程序的方法；能从互联网上搜索资料填充幻灯片； **自我完善**：通过慕课平台展示自己的作品、观看其他同学的作品，从与其他同学的交流互动中学习更多关于幻灯片制作的方法； **分析**：能分析从互联网上搜索到的资料的真实性和准确性，并判断资料是否符合自己想要表达的内容； **制作发布**：可以完成简单的幻灯片制作。
11	谁是幻灯片高手	√	√	√		√	√	**使用**：学习幻灯片制作程序的进阶功能，有使用字体、字号、颜色、动画效果的意识；能从互联网上搜索资料填充幻灯片； **自我完善**：利用媒介学习本课内容； **分析**：能分析从互联网上搜索到的资料的真实性和准确性，并判断资料是否符合自己想要表达的内容； **制作发布**：可以完成进阶式幻灯片的制作； **伦理道德**：具备尊重他人版权、知识产权的意识，给引用的内容标注出处。
12	平板电脑与美术学科学习	√	√			√		**使用**：学习使用多种与美术相关的应用程序； **自我完善**：利用媒介学习美术学科内容； **制作发布**：利用媒介制作电子贺卡、绘制中国画。
13	我是图片小达人	√	√	√		√	√	**使用**：使用媒介进行图像创作； **自我完善**：利用慕课等平台传播、分享自己创作的图像，并从他人的图像创作中获得经验； **分析**：能从内容、形式（如拍摄角度、景别和颜色等）分析图片所蕴藏的含义； **制作发布**：制作图像作品； **伦理道德**：有肖像权、版权意识，能够文明地创作、传播图像。

续表

<table>
<tr><th rowspan="3">序号</th><th rowspan="3">课程名称</th><th colspan="6">媒介素养内涵维度</th><th rowspan="3">内涵在课程中的具体体现</th></tr>
<tr><th colspan="4">受者素养</th><th colspan="2">传者素养</th></tr>
<tr><th>使用</th><th>自我完善</th><th>分析</th><th>评价</th><th>制作发布</th><th>伦理道德</th></tr>
<tr><td>14</td><td>平板电脑与英语学科学习</td><td>√</td><td>√</td><td></td><td></td><td></td><td></td><td>使用：学习使用蕴含多种媒介形式的英语电子教材、英文电子词典；
自我完善：利用媒介进行英语听、说、读、写的学习。</td></tr>
<tr><td>15</td><td>总结</td><td>√</td><td>√</td><td>√</td><td>√</td><td>√</td><td>√</td><td>回顾以往所有课程的内容。</td></tr>
</table>

“正式研究”阶段的“平板电脑：推开数字化学习之门”课程内容与“试研究”阶段相比，主要变化包括：

第一，为解决学生对媒介素养各内涵内容掌握不均衡的问题，我们根据“试研究”阶段的发现，重新调整了课程顺序及每节课的内容，努力增加“利用媒介资源完善自我”“媒介内容分析”“媒介作品制作与发布”及“媒介伦理道德”维度内容的比重。例如，我们将“我的守则我做主”一课从原先的第3节调至第6节。因为这节课的主要内容是引导学生自己制定规则，来解决大家在使用平板电脑学习时遇到的问题，学生需要经历一段时间的体验，才能更全面地发现问题并提出解决方案。课程进行调整后，不但学生在完成学习任务时更能有的放矢、得心应手，而且媒介素养五个维度内涵的内容也都能在课中得到体现。又如，我们减少了一节媒介素养融合课，但增加了一节名为“我是图片小达人”的纯媒介素养课。这是因为原有的5节融合课教学模式类似，教学目标主要集中在“媒介使用”和“利用媒介资源完善自我”两个维度。根据观察，我们发现学生很快就能达成这些目标，因此可以减少这方面的课时。“我是图片小达人”这节课的内容是帮助学生深入了解图片的内容及形式，如拍摄角度、景别、颜色等更具媒介素养特色的内容。这些内容对增强学生的“媒介使用”“利用媒介资源完善自我”“媒介内容分析”“媒介作品制作与发布”及“媒介伦理道德”这五个维度的内涵的理解都有帮助，而且与“谁是幻灯片高手”的内容遥相呼应，具有对课程目标的深化、提升作用。另外，我们重新修改、完善了每节课的教学设计，尽量平衡了五个维度内容的比重。修改后各维度的内容在全部课程中出现的次数和所占比重分别为，14次（93.3%）、12次（80%）、8次（53.3%）、9次（60%）和5次（33.3%）。除“媒介使用”维度的比重没有提高外，其他各维度内容的比重都分别比“试研究”阶段提高了50%、20%、26.7%和20%。这种调整使得课程整体内容更充实，对媒介素养各维度内容的覆盖更均衡。

第二，为能帮助学生更好地实现技能和情感·态度·价值观层面的目标，我们在“试研究”阶段就引入了互动教学平台，并尝试在每周40分钟的课堂教学外，通过布置作业、开设在线课程等方式，尽量增加学生的媒介接触时间和练习机会。但我们在“试研究”阶段布置的作业次数不多，学生对互动教学平台的应用还不熟练，课外教学尚未形成体系，因此未能充分发挥在线学习对帮助学生达成技能和情感·态度·价值观层面目标的作用。在“正式研究”阶段，我们吸取教训，精心设计了每节课的课后任务，所有任务都包含一个或多个媒介素养内涵，帮助学生通过动手练习来达成技能和情感·态度·价值观层面的目标。例如，第4课“看谁手指更灵活”的主要内容是教学生使用平板电脑的各种输入法。因此，这节课后我们为学生布置了设计、制作电子名片的任务。因为名片含有“姓名”“学校”“班级”“电子邮箱”“QQ号”等各种内容，学生需要使用“中文”“英文”“标点符号”“数字”“特殊符号”等各种输入法才能完成，这无疑全面锻炼了学生在“媒介使用”中的打字技能。除此之外，电子名片本身就是“媒介作品”，我们没有要求学生使用相同的软件完成任务。结果出乎意料，学生们提交的作业形式多样，既有使用常见的Word、PowerPoint等办公软件制作的，也有使用专业的Photoshop绘图软件制作的，还出现了个别使用在线二维码生成器制作名片的学生。在我们将这些各具特色的作品展示给同学们，并邀请使用不同方法的学生上台分享自己的经验后，学生们不但学习了比课程内容丰富得多的内容，而且极大地激发出了他们探索媒介、运用媒介进行个性化创造的热情。除布置作业以外，我们还开设了在线课程，方便学生在课后预/复习课程内容、及时解决学习中的问题。具体来说，我们选用超星慕课（mooc.chaoxing.com）平台，按照“平板电脑：推开数字化学习之门”的课堂教学进度，开设了配套的虚拟在线课程。一方面，慕课平台的使用为学生实现“利用媒介资源完善自我”维度的目标提供了实践机会；另一方面，慕课平台作为虚拟教学手段，打破了实体课程在时间、空间等方面的局限，延展了实体课堂的长度和广度，将课上学习与课下学习、教师讲授与同伴学习相结合，增加了学生的学习、展示、交流机会，这也是移动互联网时代学习方式变革的重要体现。

第三，为实现课程编排的科学性、合理性，我们还根据“试研究”阶段发现的问题，对课程顺序进行了有针对性的调整，在保证课程连贯的基础上，加强了纯媒介素养课与融合课之间的协调配合，使媒介素养教育校本课程能够更好地为国家课程服务。

2. 正式研究阶段的课程实施情况

“正式研究”阶段，我们以中国传媒大学附属小学2010年入学的全体四年级6个班186名学生为教学对象，教学于2014年9月9日开始，至2014年12月23日结束，完全按照研究计划执行。每班每周有1课时的课堂教学，每课时40分钟，持续15周。教师共布置课后作业14次，收到合格的作业917份，平均每次有35.2%的同学保质保量按要求完成任务。其中，完成情况最好的4次作业分别来自“结业大比拼”“谁是幻灯片高手”“初次体验幻灯片”“学习的好帮手”这4次课，分别有91%、62%、45%和37%的同学按要求提交；“畅游网络海洋”“我的守则我做主”“看谁手指更灵活”“神奇的手势”这4课的作业完成情况最差，仅有17%、22%、24%和28%的同学提交。除“媒介大调查”一课外，教师将其余9节纯媒介素养课的内容，按照授课进度发布在超星慕课平台上。100%的同学登录过超星慕课平台查阅在线课程，26%的同学长期（指6次及以上）在平台上学习，37名学生参与过超星慕课的讨论区发言，共发布信息98条，点赞86次。

在进行“正式研究”的过程中，我们了解到，部分家长因为害怕上网学习对孩子的身心健康产生不良影响，因此限制或禁止学生参与在线学习；另外，还有20.99%的学生家里不具备完成作业和在线学习的条件，如没有电脑和网络等。为解决这些问题，我们一方面主动与家长联系，通过三次发布书面的“家长说明信”，争取家长的理解及支持。89.9%的学生家长在收到“说明信”后允许学生使用媒介设备完成作业和在线学习；另一方面，我们征得校长的同意，将每周一、周五中午12:20—13:10设置为学生自主实践的时间，为家里缺乏学习条件的学生开放数字化教学专用教室，让有需要的同学在学校完成课后作业、参与在线学习。据统计，“正式研究”阶段我们共为学生开放数字化教学专用教室25次（每次50分钟），为266人次提供了接触媒介、练习技能的机会。这些措施无疑极大地弥补了课堂教学难以达成技能和情感·态度·价值观层面目标的不足；同时，也极大地激发了我们的思考——是否能够研发线上与线下教学相配合的新型教学方法。

3. 正式研究阶段的主要发现

如前所述，为了改善对媒介素养课程教学效果测量方面的不足，我们接受相关专家的建议，对教育评价领域的理论及研究成果进行了系统的学习。通过学习我们了解到，问卷测量或者说标准化测试，对直观、具体地反映学生在知识和情感·态度·价值观类目标上的变化最为有效，而要了解学生对技能类目标的掌握情况，最好通过系统分析学生行为或学生作业来得出。因为学生知道什么、有什么样的态度，常常与他们的实际行为并不一致。[①]为此，在“正式研究”阶段我们首先以前期研究成果为基础，重新编制了“移动互联网时代小学生媒介素养水平调查问卷”，并以此问卷为工具在教学开始前及结束后对学生在知识、情感·态度·价值观类目标上的表现进行了测量。对学生在媒介素养教育技能层面的表现的考察，我们则主要通过教师在课堂教学中对学生的观察，以及对课程实施期间回收的共778份作业进行的统计分析得出。

在问卷调查方面，为了提升问卷质量，我们不仅围绕新的课程目标增加了问题数量，而且特意对问卷的信度、效度进行了检验。根据检验结果，剔除了不恰当的题目，最终形成了信度、效度都符合科学规范的调查问卷。定稿后的“移动互联网时代小学生媒介素养水平调查问卷”（全文见附录五）由“主体问题”和“其他问题”两大部分组成，共35题，涉及了单选、多选、填空和矩阵四种题型。其中，“主体问题”26道，比“媒介素养和品德与社会学科融合课程开发实验研究”中使用的问卷（共有题目16道）及“媒介素养教育教学法研究”中使用的问卷（共有题目9道），在问题数量及内容分布上都更为合理。科学有效的测评工具是确保课程高质量的重要保障，因此，不断改进测评工具，是我们课程建设研究的重要组成部分。

在问卷实施方面，我们分别于2014年9月9日及2014年12月25至29日，对参与教学的四年级全体学生进行了前测及后测，其中，前测共181名同学参与，后测共177名同学参与，分别占全体186名同学的97.3%和95.2%，问卷回收率及有效率均为100%。为保证前测、后测数据可以进行比较，我们剔除了只参加一次调查的样本，以及因缺失姓名而无法匹配的样本。最终，适合分析的样本数量为146份，占全体学生总人数的78.5%。

为反映课程对学生在知识、情感·态度·价值观类目标上的影响，我们使用“卡方检验”“秩和检验”和“配对样本T检验”的方法，对每位学生的前测、后测结果进行了比较分析，结果如表4.4至表4.6所示：

---

① THORNDIKE R M, THORNDIKE-CHRIST T.教育评价：教育和心理学中的测量与评估[M].方群，吴瑞芬，陈志新，译.北京：商务印书馆，2018：250-253.

表4.4 课程实施前后学生的媒介素养知识和情感·态度·价值观目标达成与否的卡方检验结果

测量因子	具体项	卡方值	自由度
积极的媒介使用前后测变化	整体情况	245.50*	64
	平板电脑的使用情况	177.618*	49
	网络的使用情况	285.743*	100
利用媒介资源学习前后测变化	求助	98.055	49
	求助媒介的具体情况	157.644*	64
	知识来源的情况	91.392*	49
利用媒介资源生活前后测变化	与教师交流	106.780*	64
	与学生交流	202.769*	64
媒介产品制作与发布前后测变化	整体情况	340.590*	64

*p<.01; **p<.05

表4.5 课程实施前后学生的媒介素养知识和情感·态度·价值观目标达成与否的秩和检验结果

测量因子	具体项	负秩和	正秩和	Z值
健康的媒介使用前后测变化	连续使用时长	1054.00	962.00	−0.341
	坐姿	1615.50	869.50	−2.327**
有节制的媒介使用前后测变化	受媒介中无关内容干扰	345.50	735.50	−2.280**
	严格控制媒介使用时间	1032.50	452.50	−2.633*
	使用媒介有计划	1387.50	692.50	−2.393*
媒介产品制作与发布前后测变化	网上发布信息	830.00	881.00	−0.210
媒介伦理道德前后测变化	肖像权	2260.00	1226.00	−2.419**
	文明发言	718.00	272.00	−2.777*
	版权	2249.50	1236.50	−2.342**

*p<.01; **p<.05

表4.6　课程实施前后学生的媒介素养知识和情感·态度·价值观目标达成与否的配对T检验结果

测量因子	具体项	配对差值					T值
		平均值	标准差	均方误差	基于均方差的两两配对T检验（95%置信区间）		
					低值	高值	
利用媒介资源生活前后测变化	向媒体反映不良事件	1.10784	3.80959	0.37721	0.35957	1.85612	2.937*
媒介内容分析前后测变化		−1.15068	3.29125	0.27239	−1.68904	−0.61233	−4.224*
媒介评价前后测变化		−.21918	1.62095	0.13415	−0.48432	0.04597	−1.634

*p<.01; **p<.05

综合上述结果可以看出，学生在知识和情感·态度·价值观层面的媒介素养水平于课程实施后有了明显提高，这说明课程对实现媒介素养的知识和情感·态度·价值观目标产生了积极影响。具体到媒介素养内涵的六个方面：在受者素养中，对于“媒介使用”来说，课程实施后学生在积极、有节制地使用媒介方面得分提升明显，表明他们掌握了这一内容；而在健康地使用媒介方面得分不稳定，缺乏不宜过长时间连续使用媒介的意识。在“利用媒介资源发展自我”方面，虽然课程对学生利用媒介资源学习的求助意识没有产生影响，但他们知道了更多的求助途径，遇到困难除了靠父母、教师的帮助外，还可以运用网络等媒介手段处理问题。除此之外，课程的开设提高了学生利用媒介资源丰富生活的意识，学生可以通过多种媒介方式与教师、同学联系、交流。遇到生活中难以解决的问题和不文明现象时，学生也知道通过媒介手段维权，保障自己的利益。在“媒介内容分析”方面，学生开始认识到并非所有的媒介内容都适合自己浏览，媒介上的信息也并非完全真实、准确，阅读、观（收）看媒介上的各类信息时需要去粗取精、去伪存真。“媒介评价”因不适宜四年级学生学习，所以本课程中未涉及相关内容。在传者素养中，学生“媒介作品制作与发布”的整体水平有明显提升。课程实施后，学生表明他们更愿意制作媒介作品，参与点播、转发等媒介活动。但是对于上网发言、参与网络讨论，学生在课程学习前后的变化不大。在“媒介伦理道德”方面，课程实施后，学生知道要尊重他人“肖像权”“版权”，文明上网的意识得到了显著提升。

针对学生媒介素养教育技能目标的实现情况，我们对课程实施期间收集到的

13次共778份作业了进行详细的统计分析，结果发现：

第一，能够按时保质保量提交作业的学生人数，随着课程的推进总体呈增长趋势，这表现在后半阶段完成作业的学生人数远高于前半阶段。具体情况如图4.2所示：

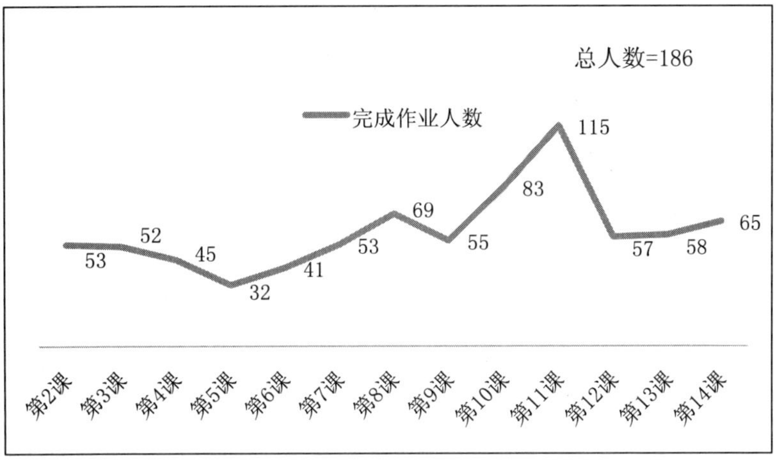

图4.2　学生提交作业变化趋势图

第2课至第14课的作业提交人数分别是：53、52、45、32、41、53、69、55、83、115、57、58和65，分别占全体人数的28.5%、28.0%、24.2%、17.2%、22.0%、28.5%、37.0%、30.0%、44.6%、61.8%、30.6%、31.2%和35.0%。前期作业提交人数有小幅波动，主要是因为课程刚开始，新奇的作业内容和形式对学生来说很有吸引力，因此不少学生的参与意愿强烈。但过了最初的热情期，提交作业的学生人数有所回落，表现出学生们完成课后作业的正常水平。自第5课之后，提交作业的学生人数明显上升，除第9课（融合课程）有所波动外，提交作业的人数经历了一个强势上涨的过程，但在最后3节课却出现了大幅下降的情况。据我们了解，最后3节课提交作业的学生数量明显减少的原因是，临近期末考试，不少学生没有时间、精力完成作业。不过，根据图4.2，我们仍能明显看出，免除期末考试的影响，在课程后半阶段，学生提交作业的数量远高于前半阶段，这很好地证明了学生“使用媒介”完成作业，“制作、发布媒介作品”的能力得到了提升。

第二，通过对学生的作业内容、质量的仔细分析，我们也发现，随着课程的顺利推进，学生作业的完整性、创意精彩程度也呈现逐渐增强的趋势。后半阶段，被评为“优秀”的作业数量越来越多，媒介素养内涵在作业中的体现也越来越明显。

例如，在“我是幻灯片高手”这一课提交的115份作业中，86%的学生作品被评为优秀，远高于初期的62%。这些优秀的幻灯片作品，都体现了“图文并茂”“选用正确的文字属性表达含义”“引用他人资料时注明出处”等媒介素养内涵，这说明学生不仅了解了“媒介使用”“媒介作品制作与发布”“媒介伦理道德”等维度的知识，更能在媒介作品创作中表现出这些维度的行为，这是媒介素养教育能力目标得以达成的最佳证明。

第三，除对学生作业的分析结果证明媒介素养技能类目标得到了较好的实现外，学生及家长提交的“期末总结”也充分表明，此次课程的开展对学生达成媒介素养教育各维度的目标有积极作用。在139份学生（占总人数的74.7%）以及140份家长（占总人数的75.3%）的“期末总结”中，66.9%的学生和67.1%的家长主动提到课程增强了学生的“媒介使用”能力；31.6%的学生及68.6%的家长主动提到课程实施后，学生有“使用媒介资源解决生活、学习问题”的意识和能力，遇到困难时，学生除了向家长寻求帮助外，更多会通过网络搜索等途径解决；23.0%的学生在教师没有要求的情况下，主动选择媒介手段制作总结，也说明他们具备了“媒介作品制作和发布”的意识与能力。不过，“健康的媒介使用”仍然是家长最关心的话题，24.3%的家长在课程实施后，依旧认为孩子不具备健康使用媒介的意识和能力，担心不良的媒介使用习惯会影响他们的身心健康。

综上所述，经过调整及改进后的移动互联网时代“数字化媒介素养教育校本课程”，确实对实现学生在媒介素养各维度的知识、技能、情感·态度·价值观目标成效显著，但在实现“健康地使用媒介”及“主动在网上发布信息”这两个维度的目标方面，仍有改进空间。

（五）研究收获

从我们确定构建移动互联网时代的数字化媒介素养教育课程体系这一研究思路开始，到“平板电脑：推开数字化之门”这套课程初步成型，一转眼，两年时间过去了。回顾这两年来的研究历程，再加上自2010年起我们在传媒附小筹备并开展“媒介素养和品德与社会学科融合课程开发实验研究”及“媒介素养教育教学法研究”的点点滴滴，我们发现四年多的努力，不仅让我们取得了很多课程内容、教学方法方面的成果，更让我们对课程开发的深层规律、学校生态的特点，以及我们在未来研究中应注意的问题有了更为深刻、清晰的认识。

第一，通过几轮研究，我们深切地感受到媒介素养教育课程开发是理论与现实持续互动的过程，如果要让课程既能充分实现理论的主张，又能在现实中简便可行，质量可控，那么这一过程必定是长期的、渐进的。这不仅体现在媒介素养概念的内涵需要根据媒介技术的发展、社会环境的改变、教学条件的升级及时更新，更体现在当我们试图将抽象理论转化为具体课程，特别是落实到教师的一言一行，从而转变为学生的认识与行为时，我们所要面对的谁来教、对谁教、教什么、何时教、怎样教等一系列需要解答的问题，而每个回答都会对教学效果（即理论的实现程度）产生重要影响。回想我们的研究过程，会发现很多看上去科学合理的设想，一经实践检验就暴露出各种问题。例如，在“试研究”阶段，我们为了尽量达成本轮课程开发希望实现的数字化媒介素养课程对国家课程起到支撑作用的目标，便从总课时中拿出1/3课时（共5课时）用于进行数字化媒介素养融合课的开发与实施。然而，实践表明与我们合作的国家课程教师仍处于熟悉数字化设备的初期，而我们对语文、数学、英语等国家课程的目标、内容等也不够了解，因此我们在设计融合课时，对媒介的定位及运用方式比较单一，结果造成这些融合课在实现媒介素养教育目标时，都集中在“媒介使用”和“利用媒介资源完善自我”两个维度，而这又进一步造成整套课程对媒介素养教育目标各维度的覆盖不均衡，这无疑会造成课程的“先天不足”。在“正式研究”阶段，我们对融合课的课时数进行了删减，增加了教学目标更丰富的“我是图片小达人”一课，从源头上使整套课程能够实现的媒介素养教育目标更全面、更均衡。

这种经过实践检验发现的问题，在我们的研究中不胜枚举，这无疑让我们对“实践是检验真理的唯一标准”这句话有了更深刻的体会。令人欣慰的是，虽然很多设想在实践中状况百出，但通过实践我们发现，问题并不可怕，只要及时调整，我们通常能在下一轮实践中看到可喜的变化。只是课程开发的周期较长，特别是针对小学生的研究，为了看到学生的显著变化，每一轮研究至少要持续半学期或一学期，而每进行一次调整改进，便意味着研究周期的成倍增加。作为课程开发研究者，我们必须树立长期奋斗、耐心改进的决心，才能慢慢见证理论与现实的完美对接。

第二，随着我们对构建移动互联网时代的数字化媒介素养教育课程体系这一研究思路践行的不断深入，我们认识到学校教育并非是不同学科彼此独立、平行开展、互不影响的机械拼盘，相反，学校教育是不同学科之间、教师与学生之间、教学内容与教学环境之间……各种要素相互影响、相互制约，牵一发就会动全身的生态系统。回想在黑芝麻胡同小学开展研究的时期，不得不说我们当时的视野过于狭窄，一心只想着如何将媒介素养理论变为媒介素养课程，如何把课上好。在我们眼中，学生似乎只有一门媒介素养课要上，学校似乎是除了媒介素养课便空无一物的地方。现在想想，如果每门课程的开发者都持这样的观点，那无疑会造成课程间的割裂，不同学科间的内容交叉、重叠，矛盾、冲突将难以避免，这无疑会给学生学习制造困难及阻碍。感谢技术的发展，特别是数字化教学环境的引入，让我们有机会突破学科自我中心，从学校教育的全局出发，以更立体、更多元的视角审视媒介素养教育应该在学校教育中发挥的作用及其发挥作用的方式，从而为媒介素养课程的开发找到完全不同于以往、更有利于学生身心发展的方向。通过本轮的研究，我们充分验证了该方向的合理性、可行性。在今后的研究中，我们要继续深入了解学校生态系统的运作机制，以更符合学校生态运作规律的方式开发课程，推动学校变革。

第三，在与多学科教师密切合作、深入交流后，我们意识到，尽管新的教学环境是激发新的教学内容以及教学方法创新的重要源头，而像媒介素养这样的新课程是体现新教育理念、实现新教育目标的重要载体，在学校这个元素众多、牵一发而动全身的生态系统中，教师是实现各种转变、确保教学高效的关键，我们应在未来的研究中给予教师更多的关注。反思以往的研究，我们一直将课程开发的重点放在将理论转化为教学内容上，后来虽然也注意到了教学方法对教学效果的影响，然而，如果将来要实现媒介素养在所有国家课程中的渗透，甚至帮助学校完成从现有教学模式向数字化教学模式的转变，那么教师无疑将成为最重要的节点。这是因为，一方面，再先进的理念、再前卫的技术都需要教师去运用、去落实，离开合格的教师，所谓的先进理念、前卫技术都只是空中楼阁、水中泡影；而另一方面，无论是对媒介素养这一新领域还是对新型的数字化教学环境来说，教师都像学生一样成了“学习者”，而学习有其自身规律。我们应当充分理解教师在面对大量学习任务时的心态，给予他们及时有效的支持和帮助，允许教师循序渐进地完成对新知识、新技术的学习和掌握，并在不断的实践中逐步深化对媒介素养概念及数字技术的理解和运用。在本轮研究中，除了开发数字化媒介素养教育校本课程外，我们也首次尝试开展了针对全校教师的系统培训，取得了非常可喜的成果。后面将详细介绍我们在教师培训方面的进展及思考。

第四，令我们特别欣喜的是，数字化教学环境的引入，不仅为我们更新媒介素养概念的内涵、拓展研究思路创造了契机，而且为我们深挖媒介技术的潜力，进行教学方法创新，突破以往教学中的难点提供了可能。这些教学方式的创新，成为我们吸引教师学习关于媒介的知识、努力转变教学方式的关键。例如，我们在本轮研究的“正式研究”阶段，除课堂教学外，也尝试在慕课平台上开设了同步的网络课堂。在网络课堂的教学中，我们尝试了近年来基础教育界非常热门的微课视频、翻转课堂、互动讨论等多种新型教学方式。通过观察，我们发现网上课堂不仅极大地扩展了实体课堂的时空，为学生提供了便捷的个性化学习机会，从而促进了学生对课程内容的消化与吸收；与此同时，基于网络的学习本身就是学生运用媒介、进行媒介参与及创作的过程，这不仅使媒介素养教育一直倡导的“做中学”理念得到落实，而且使需要很多时间让学生开展实践活动的“导轨式”教学法有了在课外实施的可能。通过对“正式研究”阶段学生学习成效的定量、定性分析，我们发现网络课堂确实对提高学生的媒介素养水平、促进课程目标的达成有显著作用。每当我们向其他学科教师分享我们在教学中运用媒介技术的经验时，他们也总是兴致勃勃，很有学习的意愿。然而，需要坦陈的是，尽管我们是对媒介特性较为了解的专业研究者，但我们只是比一般教师了解更多关于媒介的知识而已，关于如何运用媒介创造性地解决教学中的难点，我们也只是刚刚开始尝试，仍缺乏系统、成熟的研究成果。但通过本轮尝试，我们发现我们应当充分发挥自己的优势，在今后的研究中多关注基于新技术的教学方法创新，并以此为切入点，在不断丰富完善媒介素养教育校本课程教学方式的同时，也为其他教师提供更多引领示范，让媒介在学校教育中发挥更积极的作用。

综上所述，通过本轮研究我们充分验证了构建移动互联网时代的数字化媒介素养教育课程体系这一研究思路的正确性、可行性，同时也对研究中的不足、需要注意的问题等有了更多了解。构建移动互联网时代的数字化媒介素养教育课程体系这粒种子，必定会在我们的悉心照料、耐心培育下茁壮成长。

二、数字化媒介素养与国家课程融合课例开发师资培训

自我们与传媒附小开展合作研究以来，张丽荣校长、温建新副校长就始终高

度重视对教师的培训，这不仅因为我们把在传媒附小的研究重点定位于开发媒介素养与国家课程的融合课，在课程开发中我们需要与各学科教师深入交流、密切合作；还因为我们各项研究所依托的由北京教育科学研究院基础教育课程教材发展研究中心主持的多项课题研究，其重点是帮助教师熟悉掌握数字化教学环境，并探索新环境下的新型教学规律，所以自合作伊始，教师培训便是我们重要的工作内容。但由于数字化教学的前沿性，以及我们将品德与社会学科作为首轮融合课开发的起点，在开展“媒介素养和品德与社会学科融合课程开发实验研究”及“媒介素养教育教学法研究”阶段时，我们主要聚焦在对课程内容的开发、教学效果的检验，以及研究者自身对数字化教学环境的熟悉和探索上，对教师的培训主要采取教师自愿、少量尝试等方式，仅对特别感兴趣，有主动学习意愿的教师进行少量的培训。然而，新颖的教学环境及教学内容从一开始就吸引了大量的老师来观摩学习。据统计，2012—2013学年第一学期，全校主动观摩“数字化媒介素养和品德与社会融合课”及“影视制作主题媒介素养课”的教师数量达到345人次，平均每位教师观摩了4—5次。另外，2012—2013学年第一学期，除薛宝卫老师承担了“数字化媒介素养和品德与社会融合课”的全部教学任务外，王会如、吴东波、关秀伟、唐峥等几位教师主动向我们提交了使用平板电脑授课的教学设计。2012—2013学年第二学期，又有不少教师主动开发了基于数字化教学环境的媒介素养与本学科融合课教学设计。经过一年多的熏陶、观摩，很多教师打消了最初的畏难情绪，体现出积极尝试的意愿。在这种背景下，2013年9月，当我们启动新一轮的研究时，经与张丽荣校长、温建新副校长的多轮研讨，我们改变了上一轮研究中以课程开发为主，以教师培训为辅的安排，制订了同时开展课程开发与系统性教师培训的计划。通过创新教师培训方式及建立要求明确、奖罚分明的制度，我们从专业支持和制度激励两方面确保教师的培训成果有效。

经过为期一年多的努力，我们不仅完成了对传媒附小38名各学科骨干教师的系统培训，使20位教师具备了熟练运用平板电脑授课的能力，还分别在四至六年级的语文、数学、英语、音乐、美术、品德与社会等学科中精选典型课例，进行数字化国家课程与媒介素养融合课精品课例的开发。2014年6月20日，在北京教育科学研究院基础教育课程教材发展研究中心的支持下，中国传媒大学附属小学成功举办了“微风吹来及时雨——基于手持移动终端学生学习方式系统变革实验研究项目市级研讨会”，向来自全市乃至全国的400多位与会代表，展示了传媒附小教师的研究成果，引起了与会代表的强烈反响。下面我就从“专业支持”和“制度设计”两方面介绍一下我们在本阶段开展教师培训的主要经验。

（一）专业支持方面

前期通过开放我们的实验课堂，邀请教师自由观摩，我们了解到绝大多数教师都高度认可顺应时代发展、及时转变教学方式的重要性、必要性，很多教师多次向我们表达希望学习相关知识及技能，甚至进行新型教学尝试的愿望。但不少教师也指出常见的专家讲座式培训并不能解决他们的问题，因为与前沿理念相比，他们更需要实际操作技能。教师的反馈让我们意识到创新培训方式的重要性。经过多方调研、反复改进，我们借鉴驾校课程的特点，设计了理论讲座与实操演练并行，以实操演练为主，以理论讲座为辅的培训方案。此外，为了减小教师实操演练的难度，提升教师练习的效果，我们还设计了“课堂观摩记录表”“融合课设计创意一览表”等，并为教师在学习的各环节提供丰富的示范、示例，提供及时的答疑或陪伴式练习。事实证明，充分、合理的专业支撑能够极大地改善教师的学习意愿及学习效果。

具体来说，我们为教师提供的专业支撑主要包括理论讲座和实操演练两部分。其中，理论讲座自2013年9月开始至12月结束，每月进行一次，共4次，每次90分钟。4次讲座的主题分别是“反身看媒介：媒介与教学的关系”“媒介素养是什么”“媒介素养教育如何教”“媒介素养教育实践中的常见问题及探讨”。这几次讲座，为教师介绍媒介素养的基本概念，提供理论支撑，介绍成功案例，进行系统的知识导入或答疑。

在实操演练方面，我们首先开放“试研究”阶段和“正式研究”阶段的“数字化媒介素养教育校本课程”课堂，为教师提供观摩学习的机会。为提升教师的观摩效果，引导教师重点观察平板电脑等媒介在课堂教学中的应用情况，结合理论讲座深入思考媒介素养概念的内涵，我们特地制定了“中国传媒大学附属小学数字化媒介素养教育校本课程听课记录表”（如表4.7），并要求参加培训的教师根据自己的工作时间、兴趣等，每学期至少选听4节课，确保教师通过反复观摩、思考，由表及里地认识媒介在课堂教学中的作用，激发教师进行教学创新。

表4.7　中国传媒大学附属小学数字化媒介素养教育校本课程听课记录表

课程主题			
授课教师		记录人	
授课时间		授课地点	
课程内容			
教师、学生课堂表现，平板电脑运行情况等			
收获与反思			

在填写“听课记录表”的具体方法方面，我们要求教师“在观摩媒介素养课时，带上拍照、录像设备，及时捕捉您认为值得关注的细节，并在听课记录后附上您精选的图片及文字说明”。这是因为鼓励教师尝试制作图文并茂的听课记录，不仅有助于提升教师的媒介素养，而且有助于教师不断提高自己的电子教材制作水平，这对数字化教学来说是很重要的技能储备过程。除了日常观摩，我们还要求教师在学期结束时，提交观摩总结（如表4.8）。

表4.8　中国传媒大学附属小学数字化媒介素养教育校本课程观摩总结

本学期，我一共观摩媒介素养课＿＿＿＿＿＿节，撰写听课记录＿＿＿＿＿＿篇。

我对听课的情况感到＿＿＿＿＿＿（满意/一般/不满意），因为＿＿＿＿＿＿＿＿＿＿＿＿＿＿

＿＿

＿＿

＿＿

我最主要的收获是＿＿＿＿＿＿＿＿＿＿＿＿＿＿＿＿＿＿＿＿＿＿＿＿＿＿＿＿＿＿＿＿

＿＿

＿＿

＿＿

我仍需解决的困惑是＿＿＿＿＿＿＿＿＿＿＿＿＿＿＿＿＿＿＿＿＿＿＿＿＿＿＿＿＿＿＿

＿＿

＿＿

＿＿

我所教授的学科是＿＿＿＿＿＿，我希望开展的研究主题是＿＿＿＿＿＿＿＿＿＿＿＿＿＿

＿＿

＿＿

＿＿

＿＿

＿＿

＿＿

＿＿

＿＿

＿＿

＿＿

＿＿

我们为教师提供的观摩总结模板，降低了教师梳理思路的难度，规范了教师的思考路径；同时，通过及时收集、详阅教师的观摩总结，我们也能及时了解教师的建议意见，并对教师希望开展的融合课研究主题给予及时反馈和针对性指导。加强与教师的互动交流，不仅能够激发、保护教师的研究热情，也能使我们对教师的帮助更及时、更有效。

当教师通过观摩产生初步的融合课想法后，我们会及时为教师提供融合课开发的指导，即从课程标准和教材两个维度，为教师提供开发融合课的示范材料。例如，《义务教育语文课程标准（2011年版）》中，课程总目标包括“能阅读日常的书报杂志，能初步鉴赏文学作品，丰富自己的精神世界”及“初步具备搜集和处理信息的能力，积极尝试运用新技术和多种媒体学习语文”。[①]这些目标也是媒介素养教育中的重要目标。而语文学科小学阶段（1—6年级）的阶段目标中也包含了很多媒介素养教育的目标，如“能提出学习和生活中的问题，有目的地搜集资料，共同讨论”“为解决与学习和生活相关的问题，利用图书馆、网络等信息渠道获取资料，尝试写简单的研究报告”“对自己身边的、大家共同关注的问题，或电视、电影中的故事和形象，组织讨论、专题演讲，学习辨别是非善恶”等。[②]我们将对各学科课程标准的梳理结果提供给教师，作为教师构思媒介素养与本学科融合课的重要依据。

除了从课程标准出发为教师提供融合课参考资料外，我们也从教师更为熟悉的教材入手，为教师提供方法示范。例如，我们以“品德与社会”学科四年级上册第一单元的教材[③]为例，为教师列举了每一教学主题可与媒介素养教育结合的建议，如表4.9所示。

①② 义务教育语文课程标准：2011年版中华人民共和国教育部网站[EB/OL].（2012-01-05）[2013-06-30].http://www.moe.gov.cn/publicfiles/business/htmlfiles/moe/moe_711/201201/xxgk_129268.html

③ 北京教育科学研究院，首都师范大学出版社.品德与社会：四年级上册[M].北京：首都师范大学出版社，2010：35-40.

表4.9 媒介素养教育和品德与社会学科融合点举例

（四年级上册第一单元：由购物想到）

主题	内容	媒介素养教育结合点
1.多样的购物天地	各种形式的购物场所	P.4：学会利用各种媒介。如可以运用照片、视频、表格等呈现最后的调查结果。 P.5：了解媒介的特点，培养批判性思维。讨论网上购物的利与弊，让学生学会全面、客观地看待网络。
	多种多样的服务	P.6:学会利用各种媒介。如可以借助图片、录像等，记录自己、家人的一次购物经历，也可以写一篇图文并茂的购物日志，说明自己和家人在购物时享受的各种服务。
	异国购物场所的风情	P.8：学会利用各种媒介搜集信息、整理信息。如可以通过上网搜索、查阅书籍、向他人咨询等方式搜集他国购物场所、购物特点的资料，提高媒介礼仪。在呈现资料时，注意注明资料来源。
2.买东西的学问	识别包装上的信息	P.10：学会分析信息。仔细阅读包装上的信息，分析商品的特点。 P.12：学会分析广告中的信息。提供一些商品的广告，让学生学会分析广告中包含的信息。帮助学生学会客观、全面地看待广告。
	价格中的小秘密	P.13：了解广告、名牌在商品价格中的作用，学会理性消费。比较相同质量、不同品牌的商品在价格上的差异，介绍广告在消费链条中的作用。
	消费者要自我保护	P.15：学会利用各种媒介搜集信息。如通过网络搜集中国消费者协会的相关资料，了解中国消费者协会的投诉电话等信息。
3.购物时要节省	我家的经济来源 量入为出 （两个主题）	PP.16—19：学会使用媒介。可以让学生利用表格记录家庭收入和支出情况；也可鼓励学生使用录音、录像等方式采访爸爸、妈妈关于家庭收入、支出的情况。
		P.20：学会正确、理性看待名牌，养成合理消费的好习惯。介绍名牌的特点，让学生了解名牌产生的原因，学会理性消费。
	勤俭节约是美德	P.21：发挥创造性，制作媒介作品。鼓励学生动手制作纸质“记账本”，同时鼓励学生通过电脑等媒介制作电子“记账本”，帮助学生学会用多种方式解决生活中的问题，并思考不同媒介形式的优缺点等。
4.做文明的小顾客	尊重售货员 爱护商品 遵守店规 （三个主题）	PP.22—25：通过表演活动，锻炼学生的表达能力、团队合作能力，学会换位思考，培养批判性思维。也可以组织学生进行主题活动表演，把学到的知识通过表演的形式展现出来。

在为教师提供示范材料后，再引导教师在学期末以自己下学期的教学计划为基础，从中挑选适合进行数字化媒介素养教育融合课开发的主题，尝试填写“融合课设计创意一览表”，如表4.10所示：

表4.10 融合课设计创意一览表

<table>
<tr><td colspan="4">教师姓名：____________ 学科：____________</td></tr>
<tr><td colspan="4">拟实施融合课的年级____________ 教材：____________</td></tr>
<tr><th>单元</th><th>主题</th><th>内容</th><th>媒介素养教育结合点</th></tr>
<tr><td></td><td></td><td></td><td></td></tr>
<tr><td></td><td></td><td></td><td></td></tr>
<tr><td></td><td></td><td></td><td></td></tr>
<tr><td></td><td></td><td></td><td></td></tr>
<tr><td></td><td></td><td></td><td></td></tr>
</table>

要求教师至少找到一个“主题”进行填写，多则不限。在收到教师完成的“融合课设计创意一览表”后，我们会尽快评估创意的科学性、可行性，并为提交创意质量较高、课例开发价值较大的教师，提供“融合课例开发流程详解”自学材料。具体内容包括：

● 融合课例开发流程概览

图4.3　融合课例开发流程示意图

各环节的具体内涵及注意事项如下所述。

1.确定研究课例

选择和确定研究课例是开发课例的第一步，建议您根据自己本学期的教学计划及兴趣选择1—2个课例进行尝试。

关于确定课例的时间，根据前期实验的经验，建议您最晚在学期开始后一个月内确定本学期研究的课例。

关于课例的数量，不应求多，前期开发时建议选择1—2节即可。

关于课例的选择，因为课例研发时间至少为2个月，所以所选课例尽量安排在教学计划的中后期，这样既有充分的准备时间也有充分的修改和完善时间。

2.教学目标的确定

媒介素养教育融合课的教学目标是将两个学科的教学目标有机结合，因此，您必须既要了解媒介素养教育的教学目标，又能清晰地把握本学科的教学目标。媒介素养和品德与社会学科融合课为例：

表4.11　媒介素养和品德与社会学科融合课课例的目标结合点（示例）

课程内容	品社课教学目标	品社课教学重难点	媒介素养教育的教学目标
辽阔疆域、众多邻国	1.知道我国幅员辽阔，为祖国感到自豪，激发学生热爱祖国的情感。 2.学会看中国地图，学会从地图中通过观察、对比、分析等方式获取有效信息。 3.了解我国的地理位置、海陆疆域。知道与我国相邻的国家众多。	重点：了解我国的地理位置、海陆疆域。知道与我国相邻的国家众多。 难点：学生识图能力的培养以及学生从地图中通过观察、对比、分析等方式获取有效信息的能力的培养。	1.知识维度：知道各种人造技术（纸制地图、电子地图）的传播特点。 2.技能维度：能够根据自己的需求，选择合适的载体或技术（纸制地图、电子地图、地球仪）。 3.技能维度：掌握使用各种载体（纸制地图、电子地图）的方法和技能。 4.情感·态度·价值观维度：积极主动地学习、使用各种技术（纸制地图、电子地图、照相机、网络等）。

续表

课程内容	品社课教学目标	品社课教学重难点	媒介素养教育的教学目标
行政区划	1.学会看行政区划地图，学会从地图中通过观察、对比、分析等方式获取有效信息。 2.了解我国的行政区划。	重点：了解我国的行政区划。	1.知识维度：知道各种天然载体和人造技术对人类身心产生的影响（平板电脑不仅是游戏机，也是学习工具）。 2.技能维度：能够根据自己的需求，选择合适的载体或技术（能够根据物品的特点，选择合适的记录方法）。 3.情感·态度·价值观维度：培养文明、负责地使用媒介的品质（传播信息时，尊重他人的版权及肖像权、隐私权等）。

3.教学内容的组织

确定课程目标之后，您可以根据两个学科的教学目标及教材，设计、组织教学内容，积累素材，编写教案。

在设计融合课教学内容时，建议您提前积累和本课主题相关的各种文字、图片、声音、视频、教学软件（例如App Store中的应用程序）、教育游戏等材料，并思考如何运用这些材料实现教学目标。还应注意考虑教学环境，比如是采用数字课堂还是传统课堂，将教学内容的组织与教学环境联系起来。

4.教学实施

组织、设计好课程之后，就可以安排教学时间，进行实际教学了。课程实施之前需要做好各方面的准备，不仅包括确定课程实施的时间、地点、教学对象、课时等方面，也包括教材、课件、教学设备等教具的准备，还包括课程实施中人员分工的问题，比如现场录像、拍照等任务的具体分配等。

下面是我们制定的媒介素养和品德与社会学科融合课课例“祖国多辽阔”实施计划表，供您参考。

表4.12　媒介素养和品德与社会学科融合课课例实施计划表（示例）

序号	教师	时间	地点	内容	班级	教学设备	录像、拍照
第1次试讲	薛宝卫	2012年9月7日上午第1节	实验教室	祖国多辽阔	五(1)班	电子教材iBooks、课件Keynote、iPad学生机和教师机、iTeach教学平台	由专家团队成员负责（已协调好）

续表

序号	教师	时间	地点	内容	班级	教学设备	录像、拍照
第2次试讲	薛宝卫	2012年9月7日上第2节	实验教室	祖国多辽阔	五(2)班	电子教材iBooks、课件Keynote、iPad学生机和教师机、iTeach教学平台	由专家团队成员负责（已协调好）
第3次试讲	薛宝卫	2012年9月7日下午第1节	实验教室	祖国多辽阔	五(3)班	电子教材iBooks、课件Keynote、iPad学生机和教师机、iTeach教学平台	由专家团队成员负责（已协调好）

5. 教学评价

教学评价是课程开发中非常重要的环节，如果没有这个环节，我们就无法判断教学目标是否实现。因此，在制定课程目标时，您就应当考虑教学评价的方法；在组织教学内容时，您可根据评价方法恰当地设计课程内容，并在实施课程时及时进行测量。在课程实施结束后，有意识地收集整理学生作业或对学生进行专门的测试、访谈等。

下面是教学评价与教学环节对应情况的示意图（图4.4），供您参考：

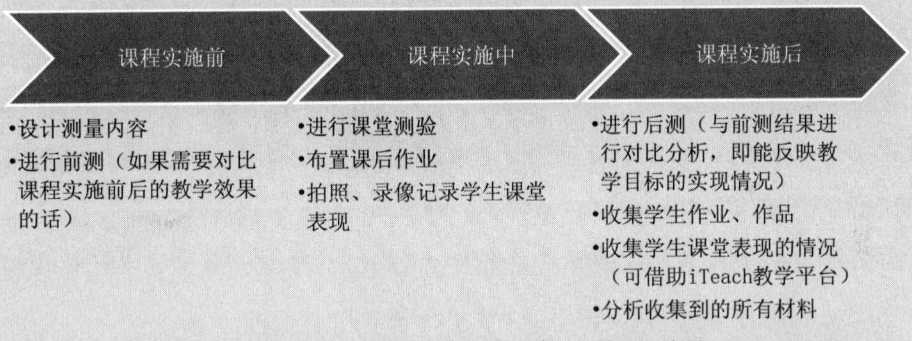

图4.4　教学评价与教学环节对应情况示意图

● **课例开发中教师应注意的事项**

课例开发中各个环节的顺序并不是绝对的，有些环节是相互影响的，因此，在开发课例时，您应该综合考虑各个环节，不能割裂各环节间的联系。

如果您经过一学期的课堂观摩、师资培训等，还未找到合适的课例开发创意，建议您将自己的困惑记录下来，及时和专家团队联系，解决问题。

如果您在确定课例之后，无法找到两个学科的教学目标结合点，可以与本学科课题组教师交流，或者是约专家团队去听您的常态课，和您一起研讨。

在组织课程内容、编写教案时，如果您遇到困惑，没有思路，可以与课题组联系，在课题组例会中与大家一起研讨，也可以与专家团队交流，说明自己遇到的问题或疑惑。

如果您已经编写完教案，请您将教案发送给课题组负责人，课题组会安排教案研讨、说课等活动，与您一起修改教案。

教师应该充分认识教学评价的重要性，并在确定教学目标，组织教学内容、教学实施等各个环节都考虑到教学评价的具体内容和方法，并严格按照评价计划进行测量，以防错过最好的测量时机。

课程评价方法应尽量做到科学、客观，建议您在确定评价方案时，多和专家团队交流，解决自己的困惑，保证评价方案的科学、可行。

● 专家建议

精品课例的形成需要反复、多次地试讲、修改，因此，请您做好不断试讲和修改的心理准备。

在实施课程之前，需要根据情况，和不同班级的学科教师协调，选定试讲的时间、班级、地点，并及时通知相关人员观摩听课，以利于后期研讨。

每次试讲前，请您提前一周和课题组成员沟通，确定课程实施中的各项内容，并将课程实施计划发送给课题组负责人。专家团队成员及课题组成员会协助您完成教学，进行现场听课，并及时安排课后研讨。

如果您想尝试在数字化教学专用教室进行教学，请您详阅《数字教学教师入门指导手册》，对数字课堂的相关技能进行学习和掌握。

很多教师表示，这份详尽、细致的自学材料是他们完成首次融合课设计的重要依托。回顾2013—2014学年为期一年的教师培训，第一学期主要从教师的感官体验入手，从观摩、反思这样比较简单的实践练习开始；并利用每月一次的理论培训，加强教师的知识储备，并给予教师充分的吸收、消化、转化时间。2014年1—2月，我们利用寒假集中帮助十几位教师进行了课例设计，为第二学期的实践演练奠定了坚实基础。

(二)制度建设方面

如果说为教师提供全面、细致的专业支持,是确保教师提高参与意愿及学习成效的基础,那么科学合理的制度设计就是提升教师积极性、催生教师完成更多高质量成果的重要保障。为此,张丽荣校长、温建新副校长深入了解教师参与研究的情况,从学校的整体发展需求出发,专门制定了《中国传媒大学附属小学教师参与媒介素养教育融合课研究项目管理办法》(以下简称"《办法》")。

首先,依据参与教师自我评估、自愿报名的情况,《办法》将参与教师分为"普通成员""核心成员""负责人"三类,对不同类别的教师实行分级分类管理。其中,对普通成员的管理规定包括:

第一,为了保证参与研究的教师能够及时了解研究进展,学校要求普通成员按照"数字化媒介素养教育校本课程教学计划",每月至少观摩一节课,并认真填写课题组制定的"听课记录表"。

第二,为了提高参与研究的教师使用平板电脑上课的水平和技能,学校要求"普通成员"教师在2013—2014学年第一学期,至少使用平板电脑试讲一节课。课程内容不限,但需要独立使用Keynote应用程序制作课件。

第三,"普通成员"应按照"媒介素养教育融合课课例实施计划表"所示,在试讲课程前后及时与课题组成员研讨、总结,并按时按量全勤参与师资培训。

对核心成员的管理规定包括:

第一,为了保证参与研究的教师能够及时了解研究进展,学校要求核心成员按照"数字化媒介素养教育校本课程教学计划",每月至少观摩一节课,并认真填写课题组制定的"听课记录表"。

第二,依照"数字化媒介素养教育校本课程教学计划",薛宝卫、王颖、孙略、王智威、夏巧玲、陈希思等老师,需要承担至少一节实验课的设计、开发和讲授。内容以"平板电脑与所教授学科"为主,帮助四年级学生提高使用平板电脑进行学科学习的能力。教师应使用Keynote程序完成课件的制作,若课程需要电子教材,应及时制作电子教材脚本,并与课题组成员联系、沟通,在驻校工程师的帮助下完成电子教材的制作工作。

对负责人的管理规定包括：

为了方便课题组成员之间的沟通，学校为项目配备了行政管理、技术、课程三类负责人。其中，温建新副校长担任行政负责人，负责管理课题组内部的日常工作；薛宝卫老师担任技术负责人，主要负责解决课题组内部出现的技术问题；孙略老师担任课程负责人，主要负责管理教师的试验教学工作。课程负责人应及时了解参与教师的试讲安排，并与课题组成员沟通试讲时间，安排研讨和总结，做好沟通、联系课题组成员的工作。

其次，《办法》根据学校发展需要、教师培训目标、项目研究目标等，为激励参与教师更好地参与项目研究，完成培训任务，也专门制定了清晰、简洁的奖惩措施，主要包括：

奖励措施：

第一，推荐论文发表。学校会安排中国传媒大学的项目参与人员指导、协助教师撰写相关论文，并推荐发表。

第二，参加学术会议。学校会为项目参与教师尤其是核心成员教师创造交流展示机会，推荐教师参与国内、国际学术会议，促进教师的专业成长。

第三，学校将于2013—2014学年第一学期期末根据《办法》对参与教师进行考核。通过考核的成员，学校将会给予一定的物质、精神奖励。

惩罚措施：

学校每两个月考核教师参与项目的情况，对不能完成任务的成员，将收回由学校提供的平板电脑。

在完备、详尽的专业支持及明确合理的制度设计的双重保障下，本轮教师培训稳步推进，效果显著。截至2013学年第一学期末，薛宝卫、王颖、孙略、王智威、夏巧玲、陈希思6位教师，全部顺利完成了他们承担的“数字化媒介素养教育校本课程”中的学科融合课设计及实施任务，将融合课种类一举从单一的品德与社会学科拓展至语文、数学、英语，甚至少先队活动中。这不仅让我们有机会验证媒介素养融入更多国家课程的可行性，更极大地激发了其他教师尝试、探索的意愿。经过期末的集中反思以及寒假中紧锣密鼓的准备，一大批主题新颖、创意独特的融合课设计教案出炉，让我们看到了传媒附小教师的巨大潜力。

三、数字化媒介素养与国家课程融合课例开发成果

（一）成果概况

与我们在“媒介素养和品德与社会学科融合课程开发实验研究”中，努力以品德与社会学科教材为框架，开发连续的、系统性的媒介素养融合课不同，在本轮教师培训中，我们鼓励教师从本学科教学中的痛难点出发，利用媒介的特性，通过一课时或几课时主题鲜明的融合课，创造性地解决以往教学中解决不了的问题。通过实验研究我们发现，连续的、系统性的媒介素养融合课会给国家课程的课时造成压力，此外，也会造成某些融合点的牵强或重复；同时，我们也希望融合课通过其实际效果，增强教师学习、运用媒介相关知识及技能的动力，避免教师因看不到积极作用而产生抵触情绪或应付了事。尽管在这种视角下，教师对媒介的认识更侧重于基础教育界长久以来持有的“用媒介教”的思想，并不完全符合媒介素养理论强调的“教关于媒介”的定位，但经过对教师学习阶段的评估，我们发现现阶段教师仍处于对平板电脑、移动网络等新型媒介的初步接触、了解阶段。在这一阶段，只要教师愿意在教学中大胆使用媒介，并获得良好的体验，那么相信随着教师运用媒介次数的增加及能力的提升，关于媒介的知识会自然而然越来越多地被融入教学中。

在这种针对痛难点，力争点上突破的指导思想的引领下，通过2013学年第一学期对38位四至六年级各学科骨干教师的长期熏陶、系统培养，到2013学年第二学期开学前，我们已经收到几十份不同学科融合课的初步设计。在朝阳区教委学科教研员的帮助下，我们从中精选了10份涵盖语文、数学、英语、音乐、美术、品德与社会共6个学科的典型课例，在第二学期开学后进行反复推敲、打磨，最终经过多轮教学检验，成为一批教学效果显著，具有高度创新性的课例成果。2014年6月20日，在北京教育科学研究院基础教育课程教材发展研究中心的支持下，中国传媒大学附属小学成功举办了“微风吹来及时雨——基于手持移动终端学生学习方式系统变革实验研究项目市级研讨会”。此次研讨会并开5个会场，用2课时完整呈现10节课教学过程的方式，向来自全市乃至全国的400多位与会代表，展示了这些课例成果。这10节课例的所属年级及学科、课程主题、主创教师、主要亮点等如表4.13所示：

表4.13　中国传媒大学附属小学2014年度融合课精品课例成果一览表

序号	年级及学科	课程主题	主创教师	课例亮点
1	四年级数学	图形的拼组	王智威	本课最大的特点在于，利用课前微课解决了较为简单的教学内容，使教师能将有限的课堂教学时间用于提升学生的空间想象能力、抽象概括能力等，突破了原有教学中学生课上动手操作时间有限的难点。此外，在课堂教学中，应用程序解决了教具展示形式单一、数量有限、学生参与机会不足等问题，使学生获得了全员参与的机会，保护了学生的学习积极性。最后，应用程序改善了常态教学的交流展示受时间等方面限制的问题，学生可以全员参与到生生互动评价的过程中，提高了学生的独立思考、参与讨论的能力。
2	六年级数学	奇妙的等积变形	苗月菊	本课最大的亮点体现在，互动教学平台的即时反馈功能使教师能够根据学情及时调整课堂教学，使课上复习内容更有针对性。此外，利用微课，在课前帮助学生梳理体积的公式推导过程和基本公式的运用，节省了宝贵的课堂时间。
3	四年级语文	习作评改	孙略	本课的优势在于利用数字化学习工具进行作文评改，让学生成为评价和被评价的主体，突破了传统教学中教师一人评价，学生被动旁观的困境；同时也突破了传统教学中，只能由教师选取有限的几篇范文供大家学习或观看的模式，实现了生生评价，并进行及时反馈，极大地增强了学生的参与性及写作练习的深度与强度。
4	四年级语文	向你推荐一本书	李羚	本课在课前通过学生完成互动教学平台上的学习任务，帮助教师更准确地了解了学生的读书情况及口语表达水平，为更好地依据学情设计教学提供了帮助。此外，学生在平台上讨论的内容，为丰富课堂教学内容提供了很好的资源，使教师的课堂教学更贴近学生的实际生活。通过互动教学平台的分享功能，学生可以上传自己的作品并评价他人的作品，这使得学生的资源转化为教学资源。在教学时，师生探讨的话题不再仅局限于书本提供的范例或内容，而是来源于学生自己的生活。课后，学生还可以在平台上相互进行交流和评价，使课堂向生活中延伸。
5	五年级英语	Who is this man?	徐静	本课的亮点分为以下三个方面：第一，教师利用互动教学平台能够及时地得到学生的学习反馈，从而使针对不同班级的个性化分层教学成为可能。第二，通过“翻转课堂”，学生课前在家自主学习教师上传到网上的视频，课堂变成了师生间和生生间的答疑、互动及知识运用的场所，提升了学生的思维品质。第三，游戏化的课后练习，一改以前英语作业枯燥乏味的特点，让学生在提高语言实际应用能力的同时，也体验了英语学习的乐趣。
6	六年级英语	一般过去时语法复习	王聪	本课的优势在于利用数字化学习工具将传统的英语测试变成全体同学共同参与的闯关游戏，极大地激发了学生的学习兴趣。题目的订正修改环节由教师的课堂“独唱”变为师生“合唱”，实现了以学生为中心的教育理念。同时，这种交流并没有因为40分钟的课堂教学结束而结束，很多学生继续借助互动平台在课后进行相互交流和评价，使教学时空得到极大延展。

续表

序号	年级及学科	课程主题	主创教师	课例亮点
7	六年级音乐	我的变奏曲	罗玉屏	本课的优势体现在：第一，以往的教学受乐器数量、种类等限制，教师只能带领学生反复听辨变奏曲，在教师的引导下让学生理解变奏概念和变奏方法等抽象知识，学生难以参与实际创作，因此对知识的理解非常表浅。第二，以往教学中即使真的组织学生进行创作，一般也会采取让学生记录乐谱的方法。学生和教师都不能及时欣赏到实际的音乐效果，因此趣味性、吸引力都大打折扣。本课中学生能够运用应用程序，迅速把音乐创作变成有声音乐作品，并通过展示及时做到师生间、生生间的互动反馈。不仅做到了全员参与，实践性强，而且高度符合小学音乐教育重学生体验，轻知识传输的教学要求。
8	四年级美术	笔墨游戏大熊猫	和蕊	本课最大的亮点：首先，在于利用难度各异的微课视频，让不同层次的学生在同一节课上都得到有针对性的指导，尊重了学生的个性。其次，微课视频可以反复观看，突破了原有教学中教师示范无法多次反复、多角度观看的局限，让学生能够更好地学习相关技能。最后，智能设备使学生能够方便地保存自己的作品，并进行再创作，这很好地提高了学生学习的积极性，并记录了学生的学习轨迹，突破了原有教学中学生作品无法得到很好保存及利用的问题。
9	四年级品德与社会	这里是北京	王颖	本课最大的亮点在于，小学生受生活经历所限，对教学主题缺乏基础知识及实际体验，而传统纸质教材受版面限制，内容非常简略，不利于学生理解教学主题。电子教材不仅没有版面限制，而且还可以呈现图片、视频等多种形式的内容，极大地拓展了教材的丰富度，为学生全面、深入了解课程主题提供了有力支撑。此外，以往的教学中只有教师能够操控课件，而基于平板电脑的教学可以让学生根据自己的情况选择性地阅读课件、电子教材，从而使个性化学习成为可能。
10	六年级品德与社会	风靡世界的音乐	薛宝卫	本课最大的亮点在于，互动教学平台使更多的学生能够深度参与课堂讨论及交流，而且每位学生的观点、作品都能被记录，这使得一直被推崇但难以落实的档案袋评价法终于成为可能。此外，借助课前的反转学习可以提高课堂教学效率，这使得品德与社会课一直以来课时不足的难题得到解决。

以上10节课例完整的教学设计及主创教师的教学反思，全文发表在2014年第5期《新课程教学（电子版）》上。[①]这批课例成果的成功展示及正式出版，标志着中国传媒大学附属小学构建移动互联网时代的数字化媒介素养教育课程体系这一研究思路，特别是其中以开发“数字化媒介素养教育校本课程”为载体，创新培训形式，开展教师培训的计划取得了重要进展。以数字化媒介素养教育校本课程为起

① 李羚，等.学生借助平板电脑实现多方位交流学习：人教版小学语文四年级下册《向你推荐一本书》教学设计与反思等共10份课例研究成果[J/OL].新课程教学（电子版），2014（5）:13-41.

点，构建校本课程与国家课程相互支撑、有效衔接的课程体系，逐步实现学校所有课程教学方式跨时代转变的蓝图正在稳步实现。

（二）成果特色

仔细检视这一阶段中国传媒大学附属小学如雨后春笋般涌现的各学科数字化媒介素养融合课课例成果，会发现与每份教学设计所蕴含的亮点相比，更重要的是我们通过与各年级、不同学科教师的反复切磋，逐步找到了引导教师转变对媒介的认识，通过解决教学痛难点问题这一现实需求，将新型媒介技术巧妙引入课堂的方法。以孙略老师创作的“习作修改展示课”教学设计（详见表4.14）为例，熟悉基础教育教学设计惯例的读者会发现，我们在常规的教学设计流程中，增加了三个重要的环节，即备课阶段的“媒介技术解决教学痛难点的构想”、教学过程中的“工具或平台应用”以及教学结束后的“与常态课对比的优势”。

表4.14　中国传媒大学附属小学数字化媒介素养融合课教学设计举例

教学基本信息					
主题	习作修改展示课				
课题	走进田园，热爱乡村				
学科	语文	年级	四年级	主讲教师	孙略
相关内容	习作评改				
教材版本	人民教育出版社，2004年9月第1版				

教学内容分析
本课是一节习作修改展示课，本组教材的专题是“走进田园，热爱乡村”，本次习作修改活动是综合性学习的继续，是对学习中观察田园风光、了解作物成长、调查生活变化、感受田园美景、体验乡村生活、搜集资料信息等训练成果的一次综合性展示与交流，也是学生将学习本组课文所获得的知识能力的一次迁移，有助于学生的口语、书面表达能力得到提高。
学生情况分析
学情调研目的：了解学生对乡村生活的认识及文字表达水平。 学情调研的内容与方法：借助谈话法与互动教学平台了解学生对乡村生活的印象，通过互动教学平台中学生的习作掌握学生的文字表达水平。 学情调研结果分析：通过谈话，发现学生现在离乡村生活比较远，不善于发现乡村生活中的点滴，并对乡村生活认识有局限性，只关注景色，忽略其他生活。通过平台上的学生习作，发现学生的语言比较通顺，但缺少形象生动的修辞。

续表

学习目标

根据微课的习作指导方法，学生能够把自己的感受与收获用文字的形式表达出来。
通过互动教学平台，学生能够准确评价同学的作文。
进一步感受乡村田园生活的美好，培养积极健康的审美情趣。

重点难点

学习重点：学生能将自己的收获文从句顺地写出来，主动运用修辞方法和优美词句，并对其他文章做出准确评价。
学习难点：学生能将自己的收获写成文字，内容符合要求，表达通顺有条理，能主动运用修辞方法和优美词句。

媒介技术解决教学痛难点的构想

1.对实现目标的构想
通过数字化学习工具来实现传统习作评改课薄弱的“生生互评”的环节。引导学生掌握正确的写作方法，尊重学生的个性，最大限度实现人人参与、共同分享、互说互评，互相感染得到启发，实现有效的及时反馈和以学生为主体的目的。
2.所运用的工具资源汇总
（1）课前，运用互动教学平台发布微视频请学生提前学习，让学生能很方便地看到其他同学的作品，进行欣赏和评价。
（2）课中，运用手持移动终端对学生修改的作文进行展示，并通过互动教学平台进行即时评价及反馈。
（3）课后，运用互动教学平台，提供课后学习资源，展示课堂成果。
3.翻转部分的构思
根据本节习作课的特点，将习作指导与方法通过微视频的形式讲授。视频分为两部分：
（1）回顾本单元所有课文。再次体会“走进田园，热爱乡村”的宗旨。虽然单元中每篇文章从不同角度描写了乡村景色和生活，但它们都表达了同样的情感，即对乡村田园生活由衷地热爱、赞美与向往。
（2）进行具体的写作指导。包括如何写田园风光，要抓住景物的特点，从景物的形状、颜色、姿态等方面进行准确描绘，展开联想。注意运用时间、空间顺序写，运用比喻、拟人、排比等修辞手法把景物写得生动形象。学生通过微视频习作指导进行本单元作文练习，并把作品展示到讨论平台，进入生生共享阶段。

教学流程示意

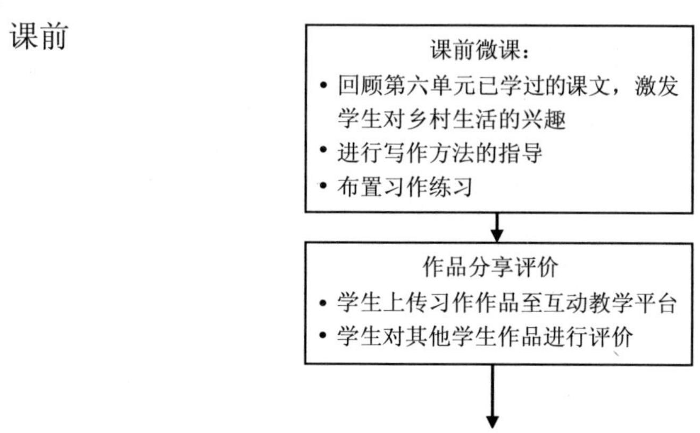

续表

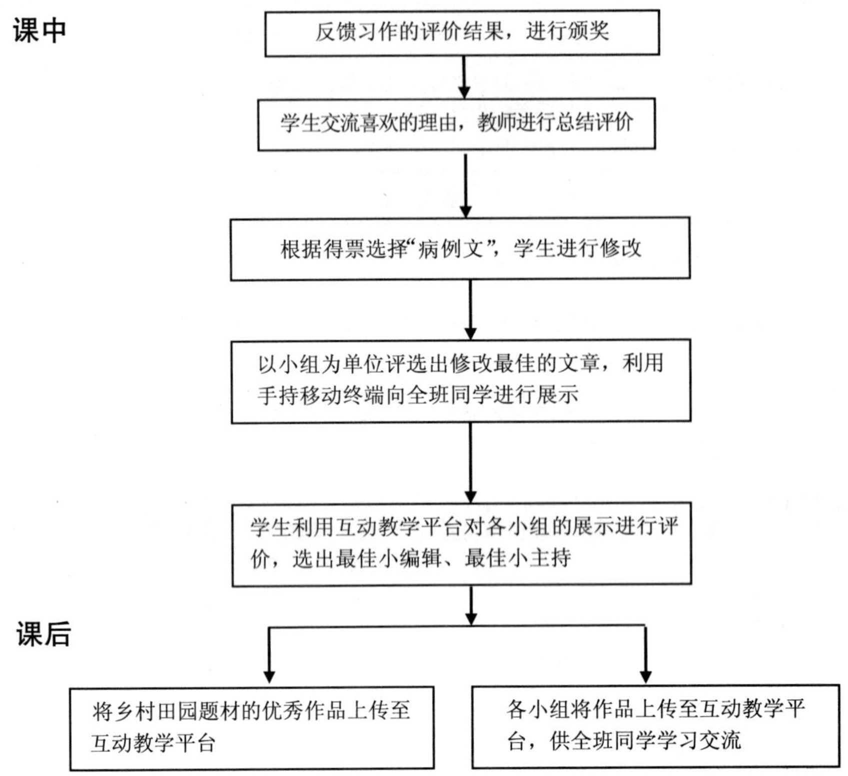

教学过程

环节	教师活动	工具或平台应用
情境导入	（1）播放歌曲《走在乡间的小路上》； （2）教师导入本课。 【设计意图：把一个严肃的习作课堂变得多姿多彩一些，营造轻松和谐的学习前奏】	Keynote
习作互评	（1）在互动教学平台上展示学生习作评价结果； （2）展示学生作品，进行颁奖； （3）学生交流喜欢的理由； （4）教师进行评价总结（关注学生点评，并及时归纳板书）。 【设计意图：通过交流，再次反馈学生通过微课学习的习作方法是否扎实。教学中，通过教师的适时点评、学生的互动评价等形式，培养学生的赏析能力及口语交流能力，并养成一种自觉的习作评价行为】	超星慕客平台
合作探究	（1）按照板书（即习作要求）对得票数较低的“病例文”进行修改； （2）以小组为单位选出最佳修改文章，进行汇报展示； （3）进行现场投票，选出最佳小编辑、最佳小主持。 【设计意图：引导学生对“病因”进行诊断，并依据习作要求修改此文章。此设计环节充分发挥学生学习的自主性、探究性和合作性，体现了课堂的互动性，充分激发学生的学习兴趣】	iTeach教学平台

续表

环节	教师活动	工具或平台应用
总结方法	教师总结写好作文的方法。	
好文推荐	(1)指导学生登录互动教学平台欣赏乡村田园题材的优秀作文; (2)指导学生将小组优秀的修改文上传至互动教学平台,供同学交流学习。	超星慕客平台
与常态课对比的优势		
本课的优势在于利用数字化学习工具进行作文习作课的教学。通过数字化的学习工具,实现了生生评价,并进行及时反馈。 **优势一:通过微课延展课堂。** 在课前通过微课回顾本单元课文,激发学生对乡村田园生活的向往,同时进行写作指导,将在传统课堂中课上的知识传授转移到课下,节省了课堂教学时间, **优势二:利用多种工具实现生生评价。** 通过多种互动教学平台,让学生成为评价和被评价的主体,突破了传统教学中"教师一人评价,学生呼应"的沉闷状态,也突破了传统教学中只能由教师选取有限的几篇学生作文供大家学习或观看的形式。 **优势三: 实现即时反馈。** 利用多种互动教学平台进行评价,并能即时显示评比结果,突破了传统教学中只能对有限几篇文章投票,无法实现当堂反馈的模式。		
参考资料		
谢舒潇,李招忠,林秀曼. 多元化背景下数字化学习资源的整合与应用[J]. 电化教育研究,2007: 21–23.		

尽管这三个环节看上去平淡无奇,但实际上,它们是我们与极度缺乏媒介相关知识的教师在反复切磋中发现的,能够引导教师重新审视媒介的作用、有针对性地进行数字化媒介素养融合课设计的重要指引。这是因为,在教师以往的经验中,媒介特别是网络、平板电脑、智能手机等新型媒介的最主要功能是娱乐休闲,教师一时间很难将这些媒介与教育教学相联系。我们通过设置这三个环节,并向教师展示成功运用媒介特性解决教学痛难点的实例,先极大地扭转教师对媒介作用的认识,然后再帮助其深入学习关于媒介的知识、技能,并引导其努力挖掘媒介特性与现有教学痛难点之间的对应关系。一旦对应成功,不仅相关教师会收获巨大的成功体验,而且能立刻丰富我们提供给其他教师的案例库。事实证明,这样简单、专注的教学设计思路,不仅能够极大地提升教师学习关于媒介知识、技能的动力,而且会使教师对媒介知识、技能的运用靶向清晰、目标明确,极大地增加了媒介素养融合课的实际意义。每一位教师的发现不仅立刻成为其他教师学习、效仿的范例,而且也会不断激发更多教师深入钻研、思考关于媒介的知识及其在教学中的应用方法。

（三）阶段性发现

通过对传媒附小众多教师创新的过程及阶段性成果的深入分析，我们发现目前基于智能终端、移动网络的数字化教学环境，主要从“微课视频”及“基于网络传播的即时反馈功能”这两方面，对原有教学产生了重要的积极影响。

经过反复验证，我们发现广受国内外教育同行关注和热议的微课视频，确实能在教育教学中发挥重要作用，但是这种积极影响并不是无条件的，而是以教师对微课视频的种类及其特性的深刻理解和灵活运用为基础的。那么，微课视频到底有哪几种？又分别适合完成哪些学习目标呢？通过实验，我们发现微课视频主要可以分为“卡通动漫类”“教师示范类”“纪实风光类”“角色扮演类”“师生互动类”等类型。

其中“卡通动漫类”特别适合将抽象的原理、数学公式、语法等知识，或历史场景、历史故事等已经无迹可寻的事物，进行形象化的演示，从而帮助学生更好地理解、记忆这些内容。

“教师示范类”指的是教师通过视频演示绘画技法、体育动作要领或实验操作流程等。与纸质教材通过文字、图片讲解这类知识的方式相比，视频具有形象、直观、逼真等特点，而且在人人具有手持移动终端设备的条件下，学生可以根据自己的学习进度，随时暂停、快进快放、反复观看这类视频，从而使学生在练习掌握这类知识时，就像有了私人教练一样方便。

所谓“纪实风光类”视频指的是从已有的影视纪录片作品中，根据教学需要截取所需的片段重新编辑加工，成为重要的学习资源。如在王颖老师创作的“这里是北京”一课，其教学目标是帮助学生了解北京的地理位置、自然环境，特别是要学生了解、掌握北京的主要名山、河流及重要的水利工程等知识。可是受年龄、生活阅历等限制，学生很难对北京的主要名山、河流等有清晰的印象和准确的把握，且纸质教材上的描述又是极为简短、抽象的。为解决这一教学难点，王颖老师上网搜索，发现有题为《北京的山》的纪录片，于是王颖老师将这个纪录片中的部分段落进行剪辑加工，成为本堂课中帮助学生完成学习目标的重要资源。孙略老师在语文习作评改课“乡村景物描写”的课前预习环节，也使用这类视频解决了学生生活范围狭窄、直接经验有限的问题，用适合学生认知特点的方式拓宽了学生视野，帮助学生更好地实现了学习目标。

“角色扮演类”视频指的是根据学习目标，教师创设一个生活情境，由学生在视频中表演如何将课堂学习内容还原到现实生活中，从而帮助学生在书本知识与生活实际间建立联系，引导学生更好地学以致用。如李羚老师在“向你推荐一本书”这节课中，以及苗月菊老师在“奇妙的等积变形”这节课中，就都采用了这种类型的视频。通过观察我们发现，这类视频特别有助于启发学生完成知识迁移，从而将学生的课堂学习有效地延展至学生在实际生活中的技能提高或思维水平提升。

“师生互动类”视频则是模拟课堂教学的场景，由教师与部分学生在视频中展示相关知识的讲授、学习过程。这类视频特别适合学生在课下自学，是课堂教学的有效延展。我们发现，这类视频特别适合学生在课前自学或复习一些较简单的基础知识，这样教师就能将宝贵的课堂教学时间用于解决难度更大的复杂知识了。

然而，我们发现微课视频要想在教学中发挥以上作用，单靠视频本身是不行的，因为学生的学习能力、学习意愿并不一致，特别是对自制能力、抽象思维能力还非常弱的小学生来说，如果没有即时、便捷的学习效果监测、反馈机制，那么微课视频的教学功能是很难实现的。因此，基于网络传播技术的互动教学平台是运用微课视频教学的必要组成部分，这种新型的信息传播技术让教师能够通过在线检测、在线讨论等方式，及时了解学生学习微课视频的效果。事实上，也只有得到反馈的教学活动才是完整的教学活动，所以，微课视频必须与互动教学反馈平台配合使用。此外，基于网络传播的即时反馈对传统教学方式也产生了革命性影响，这种影响体现在：

首先，基于网络技术的互动反馈与原有教学中师生基于纸笔作业的交流反馈，无论在速度上，还是效率上，都不可同日而语。这种变化的出现，让教师从每日批改作业的繁重劳动中解脱出来，从而有了更多时间、精力思考、研究教学设计，改进监测、辅导方法。

其次，与反馈速度和效率相比，更重要的是这种运用数字技术进行的沟通，每一个数据、每一项指标都会被记录、存储，不仅极为精确，而且能够形成大数据资源。通过对大数据进行挖掘、分析，原来只能靠教师经验模糊掌握的学生情况，会变得清晰、具体。这种转变使教师能够更好地针对学生的思维特点、学习习惯进行有效指导，从而使因材施教、鼓励学生个性化发展等教育理想成为现实。

再次，基于网络的互动教学平台还有一个非常值得我们关注的特性是，与传统教室中通常是教师对学生的一对多单向传播，或某学生与教师间的一对一沟通模式不同，基于网络的传播是任意两点间都可实时沟通的，因此在传统教学中比较匮乏的生生互动在网络互动教学平台上成为一大亮点。例如，学生们能够方便地看到全班同学的作文，能够实时了解每个人对某一讨论主题的意见，能够欣赏到全班同学的绘画作品、音乐作品等，并且能够随时与任意同学进行讨论、发表意见。这种新型的沟通模式，打破了教师在传统教学中唯一的、独占的“传道解惑者”地位，使同伴间的学习成为可能。而研究表明，对学习者来说，同伴间的学习是让学生收获最多、兴趣最高，同时也非常有利于学生自然完成社会化过程的学习方式。

学习是一个循序渐进、循环往复的过程，“微课视频”教学与“互动反馈平台”的组合运用，并不仅仅局限在课堂教学中，特别是随着手持智能终端和移动网络技术的发展和普及，学习越来越不受时间和空间的限制。因此，我们特意研究了这两项功能在课前、课中、课后不同阶段的运用模式。概括来说，“微课视频”和“即时反馈”功能在学生学习的不同阶段分别可以发挥以下功能：

在课前，教师可以根据教学需要录制适当的微课视频，让学生进行课前自主学习；通过互动教学平台上的学习效果即时检测，师生都可以带着问题进入课堂，这不仅使课堂教学定位更精准、教学更有效，也使得教师能够用节省下来的时间更从容地处理复杂知识，或将课堂教学重点从传授知识变为开拓学生思路、提升学生思维水平。

在课堂教学中，教师可以借助微课视频改善教师示范作用不均衡、教具有限、学生展示机会匮乏等问题，让每个学生得到同等的关注，保护学生参与课堂活动的积极性等。此外，即时反馈功能不仅能帮助教师在课堂教学中随时检测学生的学习效果，实时调整教学重点，而且能够为学生提供生生互动的机会，改变了传统课堂中师生沟通的模式，给予了学生横向交流的机会，使学生的课堂参与度大大提高。

在课后学习中，教师可以通过微课视频对学有余力的学生进行进一步指导，帮助其发展自己的兴趣和特长，特别是在网络资源的帮助下，教师可以给出辅助资源列表，让学生在网络世界中自主探寻。当学有余力的学生在课堂教学结束后按照教师的指引进行自主探究时，及时反馈平台可以成为学生展示自我学习成果的空间，这无疑为同学之间的相互竞争、相互激励提供了机会，增强了学生的学习动力，营造出同学间良好的学习氛围。

通过以上分析不难看出，将媒介技术引入课堂只是我们深入研究媒介特性、进行教育创新的起点。尽管大部分教师，甚至我们自己，对移动互联网时代媒介技术的发展潜力以及这些发展变化将会对教育教学产生怎样的影响，认识还非常粗浅，但我们相信，只要怀着不断运用媒介特性改进教育教学的目标，那么随着实践经验的增加，我们的思考与认识会不断深入。

四、传媒特色课程体系初现

截至2014年年底，或者更准确地说，到2015年上半年，当我们完成对“平板电脑：推开数字化之门”这套数字化媒介素养教育校本课程“正式研究”阶段教学效果评估数据的统计与分析，确认参与学习学生的媒介素养水平各维度都有显著提升后，这一轮为期两年的研究终于画上了圆满的句号。

通过这轮研究，我们顺利验证了构建移动互联网时代的数字化媒介素养教育课程体系这一研究思路的可行性，数字化媒介素养教育校本课程与国家课程实现有效衔接、互相支撑的设想初步得以实现。通过两年来坚持不懈的努力，以及数百位师生的密切配合，我们不仅在教学内容方面积累了“平板电脑：推开数字化学习之门”以及数十个四至六年级各学科极具创意、效果显著的数字化媒介素养教育融合课课例；更重要的是，在师资储备方面，经过传媒附小的科学规划、耐心培养，已经有数十位教师能够熟练开展数字化教学。然而，在为取得的成绩感到欣慰的同时，我们也要看到构建课程体系的蓝图还只是雏形初现。即使仅以四至六年级的学生为教学对象，目前，我们已经开发的课程内容还仅有针对四年级第一学期的校本课程，以及其他年级段零星的媒介素养融合课。我们是否能以移动互联网时代对人才的新需求为指针，为四至六年级的学生构建更为完备的传媒特色课程体系，让传媒附小的学生，通过在传媒附小的系统学习，成为掌握时代先机的佼佼者呢？

常年的实践研究让我们明白，一轮研究的结束，往往只是下一轮更深入的研究的开始。正当我们努力构想新研究计划时，2014年9月，传媒附小双喜临门，一方面喜获乔迁新校址的重大发展机遇，教学条件获得极大改善；另一方面，在北京市教委及朝阳区教委充分利用区域优质教育资源，提升学校办学水平的思想指导下，传媒附小（前身为“北京市朝阳区定福庄二小”）正式更名为中国传媒大学附属小学，新校名与时代发展趋势高度契合，为学校特色化发展注入崭新动力。在学校发展进入新阶段的大背景下，张丽荣校长、温建新副校长开始了对更为全面的传媒特色课程体系建设方案的构想。

第五章　中国传媒大学附属小学传媒特色课程体系建设方案

如前所述，经过5年的摸索，我们终于在移动互联网的时代背景下，找到了将媒介素养教育有效融入学校教育体系的路径。2014年9月，定福庄第二小学喜迁新址并正式更名为中国传媒大学附属小学，这为传媒附小的跨越式发展，同时也为我们继续推进研究，提供了新的契机。首先，传媒附小的新名称让学校大力发展传媒特色课程体系更加名正言顺。学校选定在课程建设中融入传媒元素，凸显传媒特色，绝不仅仅是因为学校毗邻中国传媒大学，因此独享中国传媒大学所具有的许多优质资源，而是因为媒介技术的发展已经使如何与媒介共生成为当代儿童健康成长必须解决的大问题。在传媒技术日新月异的发展态势下，传媒附小的传媒特色课程体系建设必将为我国更多中小学顺利适应时代发展提供有益的借鉴。其次，学校办学条件的极大改善，让我们在前期研究中萌生的建设与新型课程内容相匹配的教学环境等设想有了充分实现的机会，这无疑会极大地提升课程的教学效果，从而为传媒附小的众多学子带来更愉悦的学习体验。2015年6月，当大家初步适应了学校的新家园，“数字化媒介素养教育校本课程研究”也即将告一段落时，张丽荣校长、温建新副校长带领我们，开始了对更加综合、长期、全面性课程体系建设方案的思考。

一、学校传媒特色化发展的整体构想

在展开对传媒特色课程体系具体细节的研讨前，我们先从宏观层面对课程体系服务的对象、课程体系建设的目标以及总体架构进行了详细讨论及确定，这为整个课程体系的建设指明了方向，奠定了基调。

首先，从小学生的身心特点、认知规律出发，学校经过多次论证，决定以四至六年级学生为对象，尝试构建覆盖三年学程，以数字化媒介素养教育校本课程为先导或补充，以数字化媒介素养与国家课程融合课为拓展，以常态国家课程为主体的传媒特色课程体系。选择以四至六年级学生为对象，一方面是因为一至三年级的学生仍处在学习习惯初步养成，以建设积极心态、锻炼健康体魄为主要任务的学习阶段；另一方面则因为媒介素养教育强调培养学生的批判性思维、鉴赏能力等高阶思维，这些目标对10岁以下的儿童来说难度过大。此外，关于电子设备的适用年龄目前国内外尚无定论，本着对学生健康负责，科学、合理等原则，我们最终确定了传媒特色课程以四至六年级学生为服务对象。

其次，建设传媒特色课程体系的目标，是以帮助学生更好地适应移动互联网时代对人才的新需求为指针，以媒介素养教育理论为基础，通过循序渐进、由易到难、由少到多的数字化媒介素养教育校本课程，主题多样、灵活开展的数字化媒介素养融合课程，以及常态实施的国家课程间的相互配合、有效衔接，确保学生在高质量地完成国家课程学习的同时，帮助学生顺应时代潮流，树立健康、科学的媒介观，提升媒介素养水平，为今后有效参与数字化学习及融入媒介化社会做好准备。

最后，根据学校教育的生态属性以及我们前期的研究经验，能够成功实施的传媒特色课程体系并不只是各门各类课程内容的简单堆砌，而必须是以时代精神及学术理论为指引，以充实、合理的课程内容为核心，以配套的教学环境为支撑，以优质的师资队伍为保障的综合系统。这一系统应如图5.1所示，即时代发展对未来人才的客观要求及媒介素养理论研究的最新成果是雄鹰的头颅，它们从根本上确保课程体系的前沿性、科学性。以此为依据开发出的由简到难、互相配合、相互支撑的课程内容则是雄鹰的躯干，它是课程理念及目标得以落实的载体。适应各类课程教学所需的教学环境、软硬件技术，以及对课程内容有着准确理解，具备相应教学能力的师资队伍则是雄鹰的左膀右臂，它们是确保课程内容能够得以准确实施，从而达到课程预期目标的重要保障。对传媒特色课程体系建设来说，只有这些要素都具备并协调发展，才能让学生借“雄鹰”之力，自由翱翔在21世纪的天地之间。

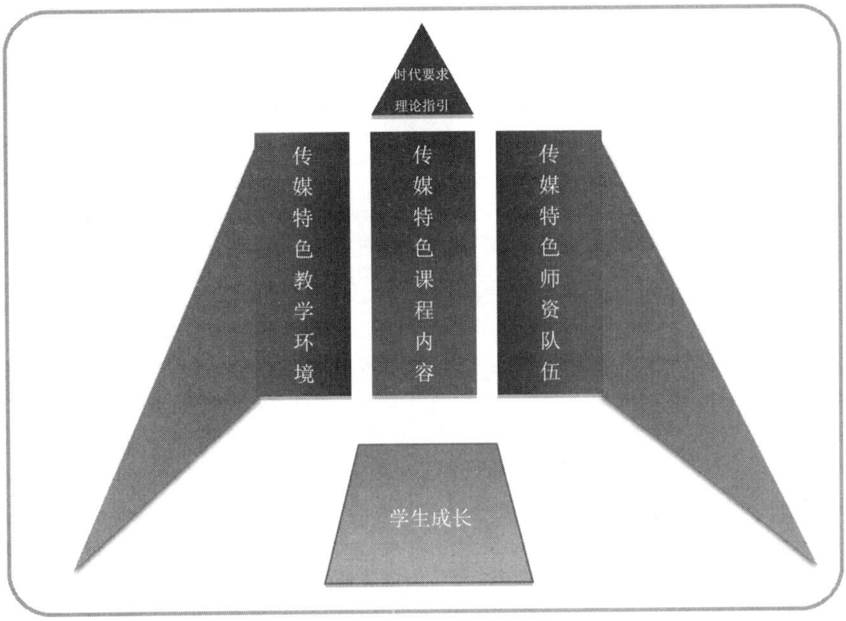

图5.1　中国传媒大学附属小学传媒特色课程体系总体架构示意图

二、传媒特色课程体系的具体内容

在确定了传媒特色课程体系的服务对象、目标、总体架构之后，我们通过与四至六年级的骨干教师进行反复研讨，并经学科专家多轮审核，以四至六年级学生的认知特点及现有国家课程的教学计划为依据，设计了针对不同学生、起到不同作用的课程内容方案。在方案中，共包括数字化校本课程、各学科的数字化融合课程及国家常态课程三类课程。其中，数字化校本课程从现有的“平板电脑：推开数字化学习之门”，扩展为难度分为四级，共八门，能够满足四至六年级学生连续学习，并与国家课程有效衔接的系列性数字化校本课程。除“平板电脑：推开数字化学习之门”为全体四年级学生必修的入门课程外，其余七门可供具有不同能力的学生自主选择，主要起到帮助学生巩固、强化数字化学习能力，促进学生的国家课程学习等作用。各学科的数字化融合课程则主要由各学科教师根据教学需要灵活实施，每学期每门课建议实施1—3次，主要起到丰富学生学习体验、改善国家课程教学效果等作用。国家常态课程是学生日常学习的主体，起到为学生提供基础营养的作用。虽然这三类课程的特点、目标不同，但是在传媒特色课程体系中，它们紧密关联，相互支撑。只有它们协调均衡发展，才能确保整个体系顺利达成建设目标。这三类课程的具体构成、授课对象、课程性质及主要内容如表5.1所示：

表5.1　中国传媒大学附属小学传媒特色课程体系课程内容明细表

课程类别	课程名称及课时数	教学对象及实施时间	课程性质	课程概要
数字化校本课程	平板电脑：推开数字化之门（15课时）	四年级全体学生/四年级上学期	校本必修	面向全体学生的媒介素养教育入门级校本课程。旨在帮助学生认识、了解当今时代各种媒介的特点，培养学生积极主动运用各类媒介的意识和技能，帮助学生形成科学、健康使用媒介的习惯，系统提升学生的媒介素养水平，帮助学生做好参与数字化学习以及应对未来生活的准备。
	我的镜头会说话（10课时）	四年级选修学生/四年级下学期	校本选修	这两门课程是以平板电脑为学习工具的初阶媒介素养教育校本课程，旨在帮助刚刚掌握平板电脑操作方法的学生通过练习拍摄照片或内容简单的视频，配合国家课程或各学科的融合课程，丰富学生的表达手段，增加学生学习的趣味性、时代性。可在四年级下学期由各班学生根据自己的兴趣，任选一门进行学习。
	Hello! 录像信（10课时）	四年级选修学生/四年级下学期	校本选修	
	我的新闻我来做（15课时）	五年级选修学生/五年级上学期	校本选修	这三门课程是供对平板电脑的使用方法已经较为熟练的学生，通过更为复杂的短视频制作学习更深入的媒介素养知识，同时也为音乐、美术、语文、品德与社会等国家课程提供融合机会的中阶媒介素养教育校本课程。可在五年级上学期由各班学生根据自己的兴趣，任选一门进行学习。
	自制MV（15课时）	五年级选修学生/五年级上学期	校本选修	
	玩转广告（15课时）	五年级选修学生/五年级上学期	校本选修	
	我的动画大片（20课时）	五年级选修学生/五年级下学期	校本选修	这两门课程是需要具有较高平板电脑操作能力，以及更多学生共同参与，能够承载更丰富教学目标的高阶媒介素养教育校本课程。五年级下学期及六年级的学生，可根据自身兴趣，自由选择一门进行学习。旨在满足对媒介知识特别感兴趣，学有专长的学生的学习需求。
	一起制作电视剧（20课时）	六年级选修学生/六年级全年	校本选修	
各学科的数字化融合课程	语文、数学、英语、美术、音乐、体育、品德与社会等（每门课每学期1—3课时）	全校学生	国家课程必修课	从语文、数学、音乐、美术等国家课程的教学需要出发，对特别适合进行数字化媒介素养融合课的教学主题，鼓励教师进行数字化融合课教学，将国家课程进行校本化实施，使我校的国家课程在实施过程中具有鲜明的传媒特色。这不仅有利于丰富学生的学习方式，激发学生兴趣，提升国家课程的教学效果，也有利于巩固我校媒介素养教育校本课程的教学效果，促进我校教师的专业化及学校的特色化发展。
国家常态课程	语文、数学、英语、美术、音乐、体育、品德与社会等（课时按国家规定执行）	全校学生	国家课程必修课	按照各学科课程标准的要求，以常态化方式实施的课程，是学生每日在校学习的主要方式，为学生提供基本营养。

在数字化校本课程中，之所以加入“我的镜头会说话”“Hello! 录像信”“我的新闻我来做”“自制MV”“玩转广告”“我的大动画”“一起制作电视剧”这些主题丰富、难易各异的课程，是因为通过前期研究我们发现，让学生合作制作各种类型的媒介作品，是一个既能深化学生的媒介素养学习，又能将媒介素养课程与其他国家课程有机结合的好方法。例如，如果我们让学生以小组为单位合作拍摄以语文课文中某个成语为题的成语故事小视频，那么学生就既要掌握视频拍摄与制作的媒介素养知识、技能，同时还要完成准确理解成语意思的语文学习目标。此外，学生还同时完成了团队合作、创造性思维等以往很难实现的目标。而拍摄视频故事并不是实现语文学科目标的专利，事实上，让学生拍摄一条反映数学原理的视频，也是检测学生对相关数学概念理解情况的妙招。当学生为了拍摄定格动画而自己设计人物、场景，甚至采用各种原料自制这些道具时，很多美术学科的教学目标就蕴含其中了。至于MV、新闻、广告、电视剧，更是蕴含了很多与国家课程的结合点。鉴于不同类型媒介作品的复杂程度不同，学科教师对媒介作品创作的知识、技能掌握不足，因此，我们决定将这些难易各异的媒介制作主题课程开发为长短不一的媒介素养教育校本课程。在学生完成对“平板电脑：推开数字化学习之门”的学习后，根据学生的水平及兴趣，为他们在不同阶段提供丰富的校本选修课程，以巩固、提升学生的媒介素养水平，并为其他学科的融合课提供有力的支撑。

2015学年至2016学年，经过两轮的研发及修订，上述七门媒介作品制作主题的数字化校本课程全部按计划开发完毕。2018年10月，连同“平板电脑：推开数字化学习之门”，共八门校本课程的教材由中国传媒大学出版社正式出版，这标志着传媒附小传媒特色课程体系建设取得重要进展。

三、传媒特色课程的环境支撑

上述传媒特色课程的顺利实施，需要各种软硬件要素的支撑。通过实践感受及对教学环境理论的深入学习，我们逐渐了解到数字化学习环境、移动智能学习环境等概念及建设标准。借助传媒附小喜迁新址的契机，我们从学校实际出发，分别对传媒特色专业教室及传媒特色学生公共学习空间两类教学环境进行了精心设计及分步建设。

（一）传媒特色专业教室建设

与强调知识讲授的课程不同，传媒特色课程与学生的日常生活结合紧密，多采用小组合作、角色扮演、动手实践等教学方式，特别是在使用平板电脑、移动网络等先进教学工具的情况下，学生经常需要在课堂中自由活动，而常见的秧田式桌椅摆放方式，或者不便移动的桌椅，极大地限制了教学活动的组织和顺利开展。为摆脱限制，使教学活动能够顺畅开展，经过多方调研，我们最终找到了可移动式智能桌椅，以及灵活多变的教学白板、教师工作台等新型教学家具。例如，如图5.2所示的可移动一体化桌椅，教师能在一堂课中根据教学需要随时变换桌型，为学生小组讨论、作品展示等学习需要，提供更为理想的环境支撑。

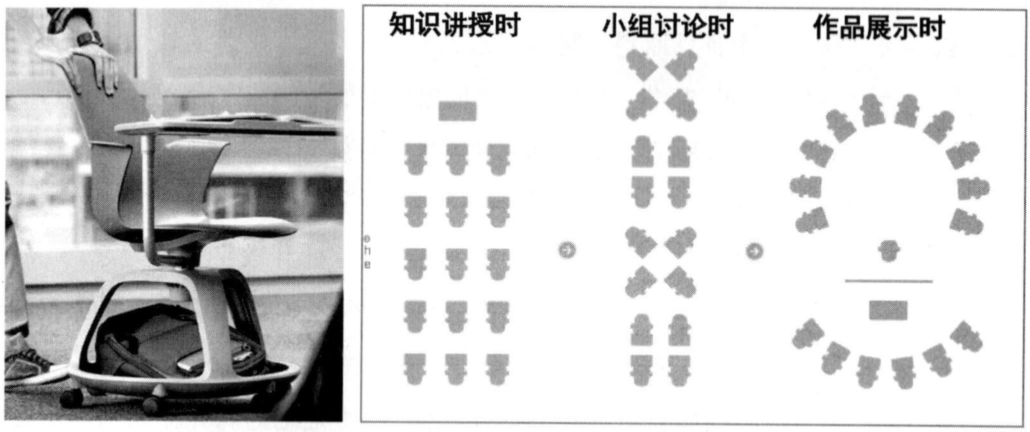

图5.2　可移动一体化桌椅教学应用示意图

除了用这些新型桌椅为师生提供更灵活方便的学习空间外，由于传媒特色课程需要学生动手完成大量的媒介作品，因此学生需要相应的媒介产制工具。在这方面学校已经有了良好的前期积累，截至2014年9月，学校已经先后购置了150余台iPad平板电脑，为学生练习拍照、摄像、进行数字化学习提供了重要的基础条件。

为了能给师生提供更好的上课体验及影音作品编辑、制作机会，借助学校乔迁新址，教室资源充裕的机会，我们特向学校申请建设一间传媒特色专用教室。张丽荣校长对我们的申请给予了大力支持。在此教室的建设过程中，我们选择了可移动的一体化桌椅，同时还为学生配备了15台iMac一体机。到2015年9月，我们选购的桌椅、电脑等设施设备全部到位，焕然一新的传媒特色专业教室如图5.3、图5.4所示。

图5.3　配备了可移动一体化桌椅及iMac一体机的传媒特色专用教室全景图

图5.4　配备了可移动一体化桌椅及iMac一体机的传媒特色专用教室场景图

传媒特色专业教室建成后，一举成为最受学生欢迎的教室。灵活、可移动的桌椅，完备的设施，不仅为教师开展多样的学习活动提供了便利，更为学生践行传媒特色课程倡导的“做中学”理念提供了强有力的支撑。

（二）传媒特色学生公共学习空间建设

除了赋予正式教学环境更大的灵活性、适应性之外，我们在前期的教学实践中发现，校园内能让学生自我组织、合作学习，特别是打破班级、年级界限的非正式学习环境严重不足，而传媒特色课程中的很多教学主题，如“自制MV”“玩转广告”“我的大动画”“一起制作电视剧”等，不仅需要学生以小组为单位合作完成，而且还需要丰富的场景用于媒介作品创作。可传统的教学环境除了整齐划一的教室，就是空无一物的走廊，场景单一，就连小组合作都要将学生的单人课桌拼在一起来进行，不仅搬动麻烦，而且很多时候拼凑在一起的桌子高低不平，很容易移动，不利于学生进行海报创作、脚本设计等任务。在前期的教学实践中，我们常常慨叹如能在学校的走廊、大厅等公共空间，为学生提供自由讨论、研讨作品的场所和必要设施就好了，那无疑能为学生的自主学习提供更好的环境支持。此外，这些场所的运用，需要学生提前制订计划，并按照学校的相关制度进行预约，这将为锻炼学生的组织策划能力、时间管理能力等学科知识以外的社会生存技能提供难得的机会。事实上，根据我们的调研，为学生提供类型丰富、功能多样的非正式学习空间，已经成为世界先进国家在基础教育改革中着重探索的领域，只有为学生提供教室以外的自主学习空间，才能让学生真正成为学习的主人，从而增强学生对于学习活动的投入度和参与感。

传媒附小的新校址为我们提供了梦想成真的机会。与旧校址单调死板、公共空间匮乏的教学楼相比，新校址的教学楼采用了先进的设计理念，不仅教室空间更宽敞，而且每层楼除教室外都有充足的公共空间。根据传媒特色课程的教学需要及智能教育的教学空间设计原理，我们将位于教学楼二、三、四层的公共空间，按“开放区”“半开放区”“封闭区”三类空间进行设计。其中，“开放区”适宜学生做不打扰他人的自主学习，如观看微课视频、阅读图书等；“半开放区”适合学生进行需要小声讨论的活动，教师可以在远处随时关注学生的研讨情况，这样的环境既确保了学生的安全，又给予了学生充分的自主性；“封闭区”则适合学生进行比较激烈的研讨，或者教师对有需要的学生进行私密辅导。这三类空间的整体布局如图5.5所示：

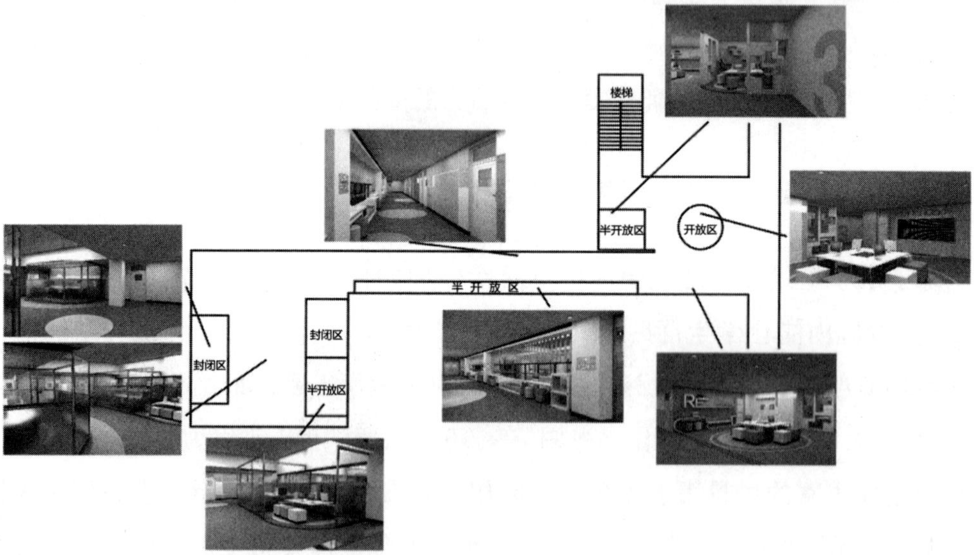

图5.5 中国传媒大学附属小学新教学楼学生公共学习空间总体布局示意图

三类空间的具体情况如图5.6至5.9所示：

图5.6　中国传媒大学附属小学新教学楼三层学生公共学习空间开放区示意图

图5.7　中国传媒大学附属小学新教学楼四层学生公共学习空间开放区、半开放区示意图

图5.8　中国传媒大学附属小学新教学楼三层学生公共学习空间封闭区示意图

图5.9 中国传媒大学附属小学新教学楼三层学生公共学习空间半封闭区示意图

经过三年的分期建设，截至2017年9月，传媒附小的特色学生公共学习空间全部建成并投入使用。特别需要提及的是，公共空间的桌椅都是可移动的，师生可根据活动需要，随时调整桌椅位置。楼道墙面采用了玻璃书写板及毛绒扎板间隔布局的设计，这使得学生在公共空间内可以随时随地讨论、随时随地书写、随时随地展示。传媒附小极具未来特色的公共空间建设，不仅深受本校师生的喜爱，极大地促进了传媒特色课程教学的开展，还吸引了全国各地教育界的同行前来参观学习。2015年5月13日，苹果公司CEO蒂姆·库克先生因传媒附小在数字化教学方面取得的突出成就，专程前来参观访问，这也从一个侧面说明了传媒附小在传媒特色课程体系建设方面取得的优异成绩。

四、传媒特色的师资队伍建设

如我们前期研究反复发现的，能否具有合格的师资队伍是制约传媒特色课程能否顺利实现教学目标的重要前提。尽管我们在师资培养方面摸索出不少行之有效的方法，并且已经取得可喜的阶段性成果，但是，我们需要看到，要精通媒介素养理论及各式各样关于媒介的知识，即便对我们这些专业的研究人员来说都十分不易，更不要说让日常工作繁重的教师在短时间内去深入学习和掌握关于媒介的知识了。与此同时，媒介技术仍在飞速发展，大量的新知识、新技能仍在源源不断地涌现，如何让学校教师跟上技术进步的步伐，确保学校的各类传媒特色课程能够被高质量地开展呢?

通过我们的观察、思考以及实践经验，我们认为对一所小学来说，完全依靠自身现有的师资来完成传媒特色课程的建设及师资培养，是相对困难的，进展也会相对迟缓。因此，我们建议传媒附小发挥与中国传媒大学深度合作的优势，建立一支由专业研究者及学校教师相互配合，充分体现科学研究与教学实践相结合的特色师资队伍。通过持续开展研究项目以及师资培训项目，由专业研究者负责开发和更新学校的数字化校本课程，辅导并支持学校的现有师资重点开发及实施各学科的数字化融合课程。这两类人员分工协作，共同确保传媒特色课程的有效开展。两类人员的分工如表5.2所示：

表5.2　中国传媒大学附属小学传媒特色师资队伍构成、来源及分工

教师类别	来源	主要职责
专业研究人员	聘请中国传媒大学媒介素养方向的专业研究人员	积极参与学校传媒特色课程体系建设的规划、研讨，为学校传媒特色发展规划提供专家意见； 负责按照学校传媒特色课程建设方案，带领研究生开发数字化校本课程； 根据学校需要，对学校教师进行专业培训，为学校教师自主进行各学科的数字化融合课程开发及讲授提供专业支持； 为学校传媒特色发展提供更为丰富的资源、平台。
学校教师团队	学校现有教师队伍（可从学习意愿强烈，具有较好媒介使用技能的教师中优先选择及储备）	积极参与学校传媒特色课程体系建设及具体课程内容研发； 认真参与学校组织的教师培训； 按照学校要求或积极自主开展本学科的数字化融合课程开发及讲授，努力提升课程开发及讲授能力。

尽管中国传媒大学能够为学校提供专业研究人员支持，但学校现有师资依然是学校进行传媒特色课程体系建设的主要力量。只有学校自身的教师队伍得到了发展，学校才能得到根本的、可持续的发展，因此，教师的传媒特色专业能力培训及不断提升是创建传媒特色学校的重要环节和必经之路。为了使教师经过长期积累，真正成为能够胜任各类传媒特色课程开发及教学的专家型教师，学校需要为教师提供循序渐进、科学、有效的培训机会。在培训形式方面，我们觉得前期采用的理论与实践相结合，以实践演练为主，以理论讲解为辅的形式更符合一线教师的

需要，建议学校继续采纳这种思路设计具体的培训内容。

作为国内少数系统开展传媒特色课程体系建设的学校，学校及教师的经验都十分宝贵，因此，我们鼓励有课程开发及讲授经验的教师及时撰写教学设计、课堂实录、教学反思、学术论文、经验总结等各种类型的研究成果，我们则协助学校及教师争取发表成果，并积极介绍、推荐教师参与国际、国内相关会议，为教师的专业发展搭建平台。

教师从事科研工作实属不易，能在繁重的日常教学压力下长期参与研究，努力开发课程就更值得被鼓励。因此，我们建议学校制定有效、合理的管理制度、激励机制，提升教师的参与意愿。

一转眼，我们的研究团队在传媒附小已经度过十个寒暑，最初怀抱的将媒介素养作为一种元素融入已有国家课程的“种子”，几经现实打磨，在移动互联网时代的浪潮洗礼下，终于在传媒附小这片沃土生根发芽、茁壮成长。前面五年的积累，转变为2015年上半年制定的“传媒特色课程体系建设方案”。到2017年9月，已经完成所有传媒特色教学环境的建设。到2018年11月，七门数字化校本课程教材成功出版。我已经记不清从何时起，媒介素养主题的教师培训成为学校每年暑期集训的固定项目。从校长到教师，几乎人人都已成为我的朋友，关于课程内容、教学方法、课堂趣事的讨论，贯穿我们每次在食堂的碰面、在走廊的闲谈之中。在取得这些成绩的同时，新的枝叶也已经开始生长，更多的研究经历及收获需要我们继续书写。

衷心感谢传媒附小的领导及全体师生，是你们多年来的无私付出、全力支持，让我作为研究者能以课程开发为载体，深度参与伟大的时代变革。希望我们能在未来开展更多富有创意的研究，用更多优质的课程，帮助孩子们享受这美妙的时代，体验无比丰富的人生。

附录一　小学生趣味问卷（前测）

亲爱的同学：

你好！为了了解同学们在生活和学习中的一些情况，为我们进行科学研究提供参考，我们特地设计了此问卷。我们的调查和平时的考试不一样，不计成绩，希望你按照自己的真实想法认真填写。

本问卷共5页，请认真填写所有的题目，不要漏题。我们将对你的所有回答严格保密。

谢谢你的帮助！

小学生媒介素养教育融合课程研发项目组

你的基本情况

请在选中的答案序号上画圈“○”。

Q1. 学校：______________

Q2. 班级：______________

Q3. 姓名：______________

Q4. 性别：（1）男　　（2）女

趣味选择题

如果没有特殊说明，均为单项选择题。请在选中的答案序号上画圈“○”。

Q5.下列媒介中最适合激发人情绪的是________。

（1）文字　　（2）声音　　（3）图像　　（4）形状

Q6.当你想让没有来过你们学校的朋友了解你们学校教学楼的样子，你会____。

（1）写一段话　（2）拍一组照片

（3）录一段声音　（4）画一幅画

Q7.当你想快速知道从学校到颐和园乘车所需的时间，你觉得以下哪种方法最合适？

（1）查阅纸制地图　（2）看地球仪

（3）用电子地图　（4）坐车测量一下

Q8.如果你想准确地了解一个国家的国土面积，你觉得最好的方法是____。

（1）看两个国家的风景照　（2）看地图比大小

（3）查阅数据　（4）问爸爸妈妈或老师

Q9.在运用网络上的信息时，怎样才能辨别信息的真伪？（可多选，不限数量）

（1）通过多种渠道核实　（2）找权威的网站确认

（3）听从大多数网友的意见　（4）转发之后看别人的评价

Q10.在传递信息方面，你觉得文字与影像相比____。

（1）文字更高级　（2）影像更高级

（3）各有特点　（4）一样

Q11.请仔细观察下面的图片，你认为____

（1）左边的人高　（2）右边的人高

（3）一样高　（4）无法判断谁更高

Q12.如果你用数码相机拍了一张照片，想立刻给不在北京的朋友看，你会____。

（1）把照片打印出来寄给她/他　（2）通过网络发送给她/他

（3）用U盘拷贝给她/他　（4）不知道该怎么办

Q13.在使用电脑时，以下哪些行为有助于保护我们的视力？（可多选，不限数量）

（1）每隔30分钟远眺远方　　（2）根据环境调节屏幕亮度

（3）屏幕越大，眼睛离屏幕越远　（4）将屏幕调得亮一些

Q14.如果想保存网页上的图片，你会____。（可多选，最多选3个）

（1）保存整个网页　（2）将图片另存为一个文件　（3）不知道该怎么办

（4）用QQ截图　　（5）印屏幕PrtScn（Print Screen）的方式

（6）向别人求助　　（7）其他方法，请注明____。

Q15.你觉得以下哪种做法是不正确的？（可多选，不限数量）

（1）在加油站用手机打电话　　（2）与朋友合影后直接将照片传到网上

（3）在地铁上用手机外放歌曲　（4）使用网上下载的信息时标明来源

Q16.引用网上的图片或文字时，应该____。（可多选，不限数量）

（1）想怎么用就怎么用　　（2）标明信息的出处

（3）注明上网检索的时间　（4）标明信息的发布者

Q17.学校召开运动会，你需要拍摄一张比赛的照片，加上文字，并迅速传到网上（比如传到QQ空间），最合适的拍照工具是____？（学校的运动场有无线网）

（1）数码单反相机　（2）胶片相机

（3）数码卡片相机　（4）手机或者平板电脑

Q18.你认为照相机和摄像机可以用来____。（可多选，不限数量）

（1）记录一件事情　（2）旅游时拍照、录像留念

（3）收集学习资料　（4）表达自己内心的想法

Q19.____被称为北京科技快速发展的龙头。

（1）中关村科技园区　（2）亦庄科技园区　（3）昌平科技园区

Q20.我们使用的自来水，采用的运输方式是____。

（1）管道运输　（2）水路运输　（3）铁路运输

Q21.有“北京市的一盆净水”美誉的是____。

（1）官厅水库　（2）十三陵水库　（3）密云水库

Q22.“饭可以一日不吃，觉可以一日不睡，书不可以一日不读”出自____。

（1）高尔基　（2）毛泽东　（3）孔子

Q23.“世界读书日”是每年的____，鼓励人们发现读书的乐趣。

（1）4月23日　（2）6月1日　（3）4月22日

Q24.北京有中国最古老的学府_____。

(1)北京大学　　(2) 国子监　　(3)人民大学

Q25.学校组织学生到自然博物馆参观，需要使用有乘车路线的图，下列三幅图中较为合理的是_______。

(1)博物馆导游图　　(2)北京市政区图　　(3)北京市交通图

Q26. 适合老北京人生活居住的是_______。

(1)

(2)

(3)

趣味判断题

请在括号内填写答案，正确的写“√”，错误的写“×”。

Q27.北京人是生活在北京地区的远古先人，距今已经70多万年了。(　)

Q28.在制作幻灯片时，图片越多幻灯片越美观。(　)

Q29.“自古节时无妙术，如今缩地有奇谋”描述的是高速列车对人们生活的影响。(　)

Q30.北京的胡同最早起源于明代。(　)

Q31.我国的青藏铁路跨越了世界上最高的高原，也被人们称为“天路”。(　)

Q32.在给别人拍照时一定要征求别人的同意。(　)

趣味填空题

Q33.交通运输是指把_______或_______从一个地方运到另一个地方。

Q34.北京是一座历史悠久的古城，它与_______省和_______市相邻。

Q35.首都北京是我国的_______中心、_______中心、_______中心。

趣味连线题

Q36.根据情况选择恰当的交通运输方式，用直线连起来。

(1)从庞各庄运西瓜到北京城区　　A.航空运输

(2)从北京往昆明运送急救药品　　B.管道运输

(3)陕西的天然气输往北京　　C.水路运输

(4)我和妈妈一起游览三峡风光　　D.公路运输

Q37.把下列北京的特产与其区县用线连起来。

(1)磨盘柿　　A.平谷

(2)西瓜　　B.怀柔

(3)板栗　　C.房山

(4)水蜜桃　　D.大兴

这是最后一页啦！

谢谢你的参与与配合！

附录二　小学生趣味问卷（后测）

亲爱的同学：

你好！为了了解同学们在生活和学习中的一些情况，为我们进行科学研究提供参考，我们特地设计了此问卷。我们的调查和平时的考试不一样，不计成绩，希望你按照自己的真实想法认真填写。

本问卷共5页，请认真填写所有的题目，不要漏题。我们将对你的所有回答严格保密。

谢谢你的参与！

小学生媒介素养教育融合课程研发项目组

你的基本情况

请在选中的答案序号上画圈“○”。

Q1. 学校：____________

Q2. 班级：____________

Q3. 姓名：____________

Q4. 性别：（1）男　　（2）女

趣味选择题

如果没有特殊说明，均为单项选择题。请在选中的答案序号上画圈“○”。

Q5. 下列媒介中最适合激发人情绪的是________。

（1）文字　　（2）声音　　（3）图像　　（4）形状

Q6.当你想让没有来过你们学校的朋友了解你们学校教学楼的样子，你会____。

（1）写一段话　　（2）拍一组照片

（3）录一段声音　　（4）画一幅画

Q7.当你想快速知道从学校到颐和园乘车所需的时间，你觉得以下哪种方法最合适？

（1）查阅纸制地图　　（2）看地球仪

（3）用电子地图　　（4）坐车测量一下

Q8.如果你想准确地了解一个国家的国土面积，你觉得最好的方法是____。

（1）看两个国家的风景照　　（2）看地图比大小

（3）查阅数据　　（4）问爸爸妈妈或老师

Q9.在运用网络上的信息时，怎样才能辨别信息的真伪？（可多选，不限数量）

（1）通过多种渠道核实　　（2）找权威的网站确认

（3）听从大多数网友的意见　　（4）转发之后看别人的评价

Q10.在传递信息方面，你觉得文字与影像相比____。

（1）文字更高级　　（2）影像更高级

（3）各有特点　　（4）一样

Q11.请仔细观察下面的图片，你认为____。

（1）左边的人高　　（2）右边的人高

（3）一样高　　（4）无法判断谁更高

Q12.如果你用数码相机拍了一张照片，想立刻给不在北京的朋友看，你会____。

（1）把照片打印出来寄给她/他　　（2）通过网络发送给她/他

（3）用U盘拷贝给她/他　　（4）不知道该怎么办

Q13.在使用电脑时，以下哪些行为有助于保护我们的视力？（可多选，不限数量）

（1）每隔30分钟远眺远方　　（2）根据环境调节屏幕亮度

（3）屏幕越大，眼睛离屏幕越远　　（4）将屏幕调得亮一些

Q14.如果想保存网页上的图片，你会_____。（可多选，最多选3个）

（1）保存整个网页　　（2）将图片另存为一个文件

（3）不知道该怎么办　　（4）用QQ截图

（5）印屏幕PrtScn（Print Screen）的方式

（6）向别人求助　　（7）其他方法，请注明_____。

Q15.你觉得以下哪种做法是不正确的？（可多选，不限数量）

（1）在加油站用手机打电话　　（2）与朋友合影后直接将照片传到网上

（3）在地铁上用手机外放歌曲　　（4）使用网上下载的信息时标明来源

Q16.引用网上的图片或文字时，应该_____。（可多选，不限数量）

（1）想怎么用就怎么用　　（2）标明信息的出处

（3）注明上网检索的时间　　（4）标明信息的发布者

Q17.学校召开运动会，你需要拍摄一张比赛的照片，加上文字，并迅速传到网上（比如传到QQ空间），最合适的拍照工具是_____。（学校的运动场有无线网）

（1）数码单反相机　　（2）胶片相机

（3）数码卡片相机　　（4）手机或者平板电脑

Q18.你觉得制作图文并茂的幻灯片，可以用来_____。（可多选，不限数量）

（1）展示学习成果　　（2）记录生活中发生的事情

（3）收集、整理学习资料　　（4）表达自己内心的想法

Q19.公元前221年，_____统一了中国。他还统一了文字、货币、度量衡。

（1）唐太宗　　（2）秦始皇　　（3）康熙帝

Q20._____被誉为植物和动物的王国。

（1）苏州　　（2）海南岛　　（3）西双版纳

Q21._____是新疆绿洲文明的象征，被称为中国古代三大工程之一。

（1）万里长城　　（2）坎儿井　　（3）京杭大运河

Q22.我国有北京、上海、_____4个直辖市。

（1）天津和深圳　　（2）重庆和深圳　　（3）天津和重庆

Q23.台湾是中国第一大岛，明朝末年，民族英雄_____收复了台湾。

（1）康熙帝　　（2）忽必烈　　（3）郑成功

Q24.被人们称为“聚宝盆”的是_____，它也是海拔最高的盆地。

（1）塔里木盆地　　（2）柴达木盆地　　（3）吐鲁番盆地

Q25.世界上最早的水利工程是_____。

（1）长江三峡水利枢纽工程　　（2）黄河小浪底水利枢纽工程

（3）都江堰水利枢纽工程

Q26.我国五种地形俱全，其中 ____占的面积最大。

（1）高原　　（2）丘陵　　（3）山地

Q27.我国地势的特点是_____。

（1）西低东高　　（2）西高东低　　（3）西北高东南低

Q28.我国面积最大的省区是_____。

（1）新疆维吾尔自治区　　（2）西藏自治区　　（3）内蒙古自治区

趣味判断题

请在括号内填写答案，正确的写“√”，错误的写“×”。

Q29.中国是一个海陆兼备的国家，我国以12海里宽度的海域作为领海。（　　）

Q30.在制作幻灯片时，图片越多幻灯片越美观。（　　）

Q31.我国在香港、澳门、深圳实行“一国两制”。（　　）

Q32.黄土高原是中华民族的发祥地之一。（　　）

Q33.沙漠里的绿洲的水源主要是冰川融水。（　　）

Q34.在给别人拍照时一定要征求别人的同意。（　　）

趣味填空题

Q35.中国的2个特别行政区分别指的是__________和__________。

Q36.国位于__________的东部、__________的西岸。

Q37.“小桥、流水、人家”是人们对江南水乡的描述，这里主要的交通工具应该是__________。

趣味连线题

Q38.将这些事物与相关的地区用直线连起来。

（1）窑洞	A.黄土高原
（2）棉花	
（3）雪橇	B.东北平原
（4）国际冰雪节	
（5）沟壑纵横	C.华北平原
（6）小麦	

这是最后一页啦！

谢谢你的参与与配合！

附录三　小学生媒介素养教育融合课程开发研究前测访谈提纲

一、访谈对象

以班级为单位，按照性别进行分层抽样，每组包括3名男生、3名女生，每个班抽取两组。本次访谈共有8组（48名）学生参加。

二、访谈时间

每次访谈大概进行30—50分钟，在大课间或者放学后进行访谈。

三、访谈内容

1. 关于各种媒介使用的基本情况

1.1 你们家有什么媒介？

1.2 你觉得电脑、照相机、摄像机、手机对你来说重要吗？为什么？

1.3 平时使用电脑进行学习吗？一般学习什么内容呢？

1.4 平时生活中使用照相机、手机拍照或拍视频吗？经常拍吗？一般拍什么内容？为什么要拍？

1.5 父母是否教过你如何使用电脑、照相机、摄像机、手机等？父母是做什么工作的？

2. 关于搜集资料的基本情况

2.1 以前在课上，老师会不会为你们布置搜集资料的作业？

2.2 你们是怎么搜集资料的呢？

2.3 你能不能搜集到想要的资料呢？老师会不会给你们一些指导，比如给一些网站或搜索的关键词呢？

2.4 你是怎么使用你搜集到的资料的？是不是拿来直接用呢？有没有想过搜集的资料可能并不正确？

2.5 你知道如何辨别信息的真伪吗？

3. 关于幻灯片制作和鉴赏的情况

3.1 你做过幻灯片吗？

3.2 你觉得下面两张幻灯片哪一张更好，为什么？

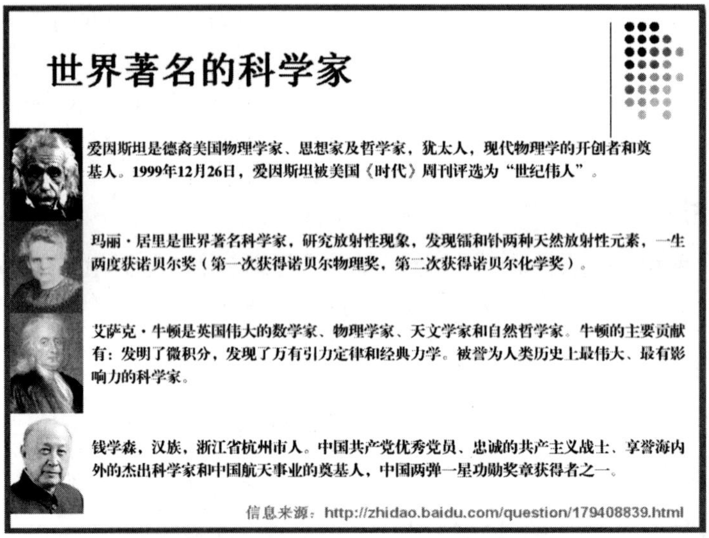

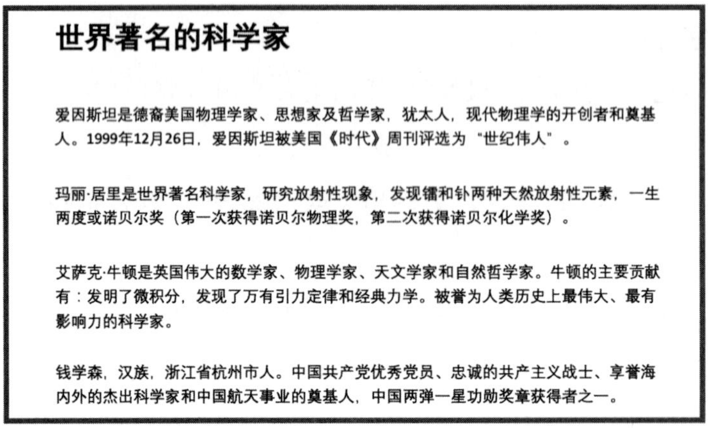

3.3 如果有专门的课程教你怎样做幻灯片你感兴趣吗？

4. 关于课程兴趣的基本情况

4.1 你喜欢上这学期的品德与社会课吗？

4.2 你觉得这学期的品德与社会内容有意思吗？为什么？

（完）

附录四　小学生媒介素养教育融合课程开发研究后测访谈提纲

一、访谈对象

本次访谈学生为参加前测访谈的学生，共访谈8组（48人）学生。

二、访谈时间

每次访谈大概进行30—50分钟，在大课间或者放学后进行访谈。

三、访谈内容

1. 关于课程兴趣的基本情况

1.1 你喜欢上这学期的品德与社会课吗？为什么？

1.2 你觉得这学期的品德与社会课和以往的品德与社会课有什么不同，为什么？

2. 关于搜集资料的基本情况

2.1 这学期，课上或课下老师会不会为你们布置通过网络搜集资料的作业？

2.2 你是怎么搜集资料的呢？你能不能搜集到想要的资料呢？需不需要父母帮助呢？

2.3在搜集资料前老师或父母会不会给你们一些指导，比如介绍一些权威的网站或搜索的关键词？你觉得学习这些有必要吗？

2.4你是怎么使用你搜集到的资料的？是不是拿来直接用？会不会标注资料的网址、作者等？你觉得标注这些有用吗？

3. 关于发送电子邮件的基本情况

3.1 你们会发送电子邮件吗？在学校里有没有通过电子邮件发送作业到老师的邮箱呢？

3.2 发送电子邮件的时候需要别人帮忙吗？

3.3 有没有人教过你们如何发送电子邮件及添加附件？信息技术课上有没有学习过？

3.4 在发送电子邮件的时候应该注意什么，你能说一下吗？

3.5 你觉得用电子邮件交作业是一种好的学习方法吗？你觉得学习发送电子邮件有必要吗？

4. 关于幻灯片制作和鉴赏的情况

4.1 你做过幻灯片吗？这学期你在品德与社会课上做过幻灯片吗？

4.2 做幻灯片时是一个人独立完成的吗？还需要别人帮忙吗？

4.3 有没有老师专门讲过如何制作幻灯片？

4.4 你觉得什么样的幻灯片是好的幻灯片？

4.5 你觉得制作图文并茂的幻灯片重要吗，为什么？

（完）

附录五　移动互联网时代小学生媒介素养水平调查问卷（前、后测）

亲爱的同学：

你好！当你拿到这份问卷时，请接受我们最诚挚的问候！

随着数字化时代的来临，媒介对我们生活、学习的影响越来越大。为了帮助学生更好地适应数字化学习环境，我校开设了移动互联网时代媒介素养校本课程“平板电脑：推开数字化学习之门”。为了解同学们的媒介素养水平和平板电脑使用情况，确保这门课程开设的科学性、有效性，我们组织了这次调查。

我们的调查和平时的考试不一样，答案没有对错之分，只要你按照自己的真实情况和想法认真填写即可。你的回答对于这门课程的开设非常重要，请如实填写，独立完成，不要留空白，我们将根据国家有关法律对你提供的信息予以严格保密。

谢谢你的帮助！

中国传媒大学附属小学

中国传媒大学媒介素养教育研发小组

一、主体问题

Q1. 你为什么使用媒介？（多选题，最多选3个）

（1）为了娱乐　　（2）为了消磨时间　　（3）满足好奇心

(4)为了获得购物信息　(5)寻求解决学习、生活中遇到的问题

(6)增加新知识、新见闻　(7)为了了解别人对各种事物的看法　(8)其他

Q2. 你平时连续使用媒介的时长是:(单选题)

(1)1小时以内(不含1小时)　(2)1–2小时之间(不含2小时)

(3)2–3小时之间(不含3小时)　(4)3小时及以上

Q3. 使用媒介时,你会注意自己的坐姿吗?(单选题)

(1)经常会　(2)偶尔会　(3)很少会　(4)完全不会

Q4. 以下说法,与你个人使用媒介的实际情况相符的是:

	非常不符合	不符合	说不清	符合	非常符合
当我查询信息时,我知道挑选什么媒介才能找到需要的信息					
看新闻时,我最在意标题和开头的那段话					
媒介中赞同的观点,我也会赞同					
对于媒介中的报道,我常会想办法用其他方式来求证是否真实					
我认为媒介中的内容都适合我看					

Q5. 对下面的说法你是否认同?

	同意	不同意
明星代言广告是因为他们喜欢该产品		
新闻报道都是经过编辑、记者选择的		
电视剧里面包含了制作人的价值观		
绝大多数媒介都是没有偏见的		
新闻能否刊(播)出,记者拥有绝对主导权		
媒介上的一些广告信息是企业付费才能刊播的		
电视/电台音乐排行榜的歌曲是观(听)众最喜欢的		

Q6. 遇到以下情况,与你个人的实际情况相符的是:

	非常不符合	不符合	说不清	符合	非常符合	没有遇到
身边看不惯的事情,我会向媒体反映						
买到假冒伪劣商品,我会向媒体投诉						
看到交通事故,我会主动向媒体反映						

Q7. 你做过以下哪些事？（多选题，不限数量）

（1）向报纸、杂志投稿

（2）从电（视）台点歌/点播

（3）参与电视、广播节目（如手机投票、热线电话、现场表演等）

（4）在社交网站（如人人网、QQ空间、微博等）上发布原创内容

（5）在社交网站（如人人网、QQ空间、微博等）上转发、评论他人的内容

（6）制作照片并上传到网上

（7）制作（微）视频并上传到网上

（8）上述行为我都没有

Q8. 如果在使用媒介时遇到问题，你会求助吗？（单选题）

（1）经常求助　　（2）有时求助

（3）很少求助　　（4）不求助（选4，跳过Q9题）

Q9. 如果在使用媒介时遇到问题，你通常会求助谁？（多选题，最多选3个）

（1）家长　（2）老师　（3）同学、亲戚、朋友

（4）自学　（5）按说明书操作　（6）上网查找解决方法　（7）其他

Q10. 你在学习时，是否会被电影、电视、网络、电子游戏等无关内容干扰，而放弃学习？（单选题）

（1）经常会　（2）偶尔会　（3）很少会　（4）完全不会

Q11. 你认为以下哪种媒介对你的学习帮助最大？（多选题，最多选3个）

（1）图书　（2）报纸、杂志　（3）广播　（4）电视

（5）电脑　（6）平板电脑　（7）手机　（8）其他

Q12. 除了课堂交往，你主要通过哪些方式与老师交流？（多选题，最多选3个）

（1）见面　（2）电话　（3）电子邮件　（4）即时通信工具（QQ、微信等）

（5）社交网站（人人网、微博等）　（6）短信　（7）其他　（8）不交流

Q13. 除了课堂交往，你主要通过哪些方式与同学交流？（多选题，最多选3个）

（1）见面　（2）电话　（3）电子邮件　（4）即时通信工具（QQ、微信等）

（5）社交网站（人人网、微博等）　（6）短信　（7）其他　（8）不交流

Q14. 给同学拍照时，你会询问他们是否愿意被拍吗？（单选题）

（1）经常会　（2）偶尔会　（3）很少会　（4）完全不会

Q15. 你使用平板电脑的频率是________（单选题）

（1）每天都使用　（2）一周几次　（3）每个月几次　（4）大约三个月一次

（5）至少半年一次　（6）从不使用（选6，跳过Q16题）

Q16. 你使用平板电脑时最常做什么事？（多选题，最多选3个）

（1）上网浏览、获取信息　（2）学习（包括阅读电子书籍、查资料等）

（3）观看视频　（4）玩游戏　（5）听音乐　（6）聊天　（7）其他

Q17. 你上网吗？（单选题）

（1）经常上网　（2）偶尔上网　（3）很少上网

（4）从不上网（选4，跳过Q18—26）

Q18. 你上网经常做的事情有哪些？（多选题，最多选3个）

（1）浏览新闻资讯　（2）收发邮件　（3）使用搜索引擎查找信息　（4）学习

（5）使用社交网站（如人人网、QQ空间、微博等）（6）使用即时通信工具聊天

（7）购物　（8）娱乐（如听歌、看视频等）　（9）玩游戏　（10）其他

Q19. 你是否能够严格控制自己上网、玩电子游戏的时间？（单选题）

（1）每次都能严格控制　（2）多数情况下能控制

（3）多数情况下不能控制，但我想控制　（4）不想也不能控制

Q20. 上网时，你是否会制订明确的上网计划？（单选题）

（1）没有明确的计划，看网站推荐或听别人推荐

（2）有计划，但是常常会受到其他内容的干扰

（3）有明确的目的，达到目的后才会去浏览其他内容

（4）有非常明确的目的，达到预定目的后会立即下线

Q21. 你获得网络知识的主要来源是：（多选题，最多选3个）

（1）学校课程/课外辅导班　（2）父母指导

（3）向朋友、同学、亲戚请教　（4）通过书籍等自学

（5）通过报纸、杂志、电视等其他媒介学习　（6）说明书、指南　（7）其他

Q22. 你会不会主动在网上发布信息？（单选题）

（1）经常会　（2）偶尔会　（3）很少会　（4）完全不会（选4，跳过Q23）

Q23. 你发布信息的目的是什么？（多选题，最多选3个）

（1）娱乐　（2）让更多的人知道某件事，引起关注　（3）分享自己的见解

（4）学习的需要　（5）没有特别的目的，纯粹个人喜好

Q24. 你认为在网络上是否可以随意发布信息?（多选题，最多选3个）

（1）在网络上说什么是自己的事，没有约束

（2）不可以，法律不允许的内容绝对不能发

（3）不可以，违背道德的内容不能发布

（4）不可以，受技术方面的制约，有些内容不能发布

Q25. 发布信息或观点时，会不会考虑对别人产生的影响?（单选题）

（1）着重考虑，网络是公开化的平台，发表言论不能产生坏的影响

（2）部分考虑，将某些影响过于不好的言论删除或修改

（3）稍加考虑，但不会影响自己的表达

（4）从不考虑，最重要的是表达自己的观点

Q26. 若转发他人的信息，你会_______（单选题）

（1）原封不动地使用，注明出处　　（2）原封不动地使用，不注明出处

（3）稍加修改后使用　　（4）变为自己的信息后再使用

（5）只是作为参考　　（6）从不转发他人信息

二、其他问题

Q27. 姓名：_______

Q28. 性别：

（1）男　（2）女

Q29. 班级：

（1）1班　（2）2班　（3）3班　（4）4班　（5）5班　（6）6班

Q30. 你家有以下哪些物品？（多选题，不限数量）

（1）电视　（2）数码相机　（3）数码摄像机　（4）MP3/MP4　（5）手机

（6）电子游戏机（如PSP或Wii）　（7）收音机　（8）平板电脑（如iPad）

（9）电脑（台式机或笔记本）　（10）电纸书（如Kindle或汉王电纸书）

Q31. 你最喜欢使用以下哪些媒介？（多选题，最多选3个）

（1）电视　（2）数码相机　（3）数码摄像机　（4）MP3/MP4　（5）手机

（6）电子游戏机（如PSP或Wii）　（7）收音机　（8）平板电脑（如iPad）

（9）电脑（台式机或笔记本）　（10）电纸书（如Kindle或汉王电纸书）

Q32. 你家能通过有线上网吗？（单选题）

（1）能　（2）不能

Q33. 你家能通过无线上网吗？（单选题）

（1）能　（2）不能

Q34. 你课余时间最常做什么？（多选题，最多选3个）

（1）看电视　（2）写作业　（3）上网　（4）玩电子游戏　（5）跟同学玩

（6）看课外书　（7）休息　（8）其他

Q35. 以下是一些与父母相关的媒介活动，哪种与你个人的实际情况相符？

	从不这样	很少这样	有时这样	经常这样	总是这样
父母告诉我不少媒介知识					
父母帮助我找到合适的网址					
父母为我通过网络寻找与学习有关的信息					
父母和我一起使用媒介					
父母和我一起谈论媒介内容					
父母和我通过电子邮件、QQ等方式对话					
父母和我一起玩电子（网络）游戏					
父母规定我使用媒介的时间					
父母限制我使用媒介的活动					
我使用媒介之前要先得到父母的同意					

参考文献

[1] 张洁，杜军. 畅游媒介海洋：小学生媒介素养教育教学手册[M].北京：中国少年儿童新闻出版总社，2010.

[2] 李秉德. 教学论[M].北京：人民教育出版社，1991.

[3] 杜威. 杜威教育论著选[M]赵祥麟、王承绪，编译.上海：华东师范大学出版社，1981.

[4] 陶行知. 陶行知全集：第1卷[M].成都：四川教育出版社，2005.

[5] 凯洛夫. 教育学[M].北京：人民教育出版社，1953.

[6] 邵瑞. 中国媒介教育[M].北京：中国传媒大学出版社，2006.

[7] 何惠仪，莫蔚姿，陈洁萍.小学传媒教育全攻略：教师手册[M].香港：突破出版社，2003.

[8] 列宁. 列宁全集：第38卷[M].北京：人民出版社，1986.

[9] 布鲁纳. 教育过程[M].邵瑞珍，译.北京：文化教育出版社，1982.

[10] 王道俊，王汉澜. 教育学[M].北京：人民教育出版社，1999.

[11] 吴翠珍，陈世敏. 媒介素养教育[M].台北：巨流图书股份有限公司，2007.

[12] 杨小微，张天宝. 教学论[M].北京：人民教育出版社，2007.

[13] 沃泽曼，伊芙妮. 新小学科学教育[M].宋戈，袁慧，译.北京：北京师范大学出版社，2006.

[14] 吉罗克斯. 跨越边界：文化工作者与教育政治学[M]刘惠珍，等译.上海：华东师范大学出版社，2002.

[15] 施良方. 课程理论：课程的基础、原理与问题[M].北京：教育科学出版社，1996.

[16] 钟启泉. 课程论[M].北京:教育科学出版社，2007.

[17] 阿姆斯特朗. 当代课程论[M]陈晓端，译.北京:中国轻工业出版社，2007.

[18] 有宝华. 综合课程论[M].上海：上海教育出版社，2002.

[19] 德雷克，伯恩斯. 综合课程的开发[M].廖珊，黄晶慧，潘雯，译.北京：中国轻工业出版社，2007.

[20] 安桂清，刘宇. 时尚文化·课程开发[M].合肥：安徽教育出版社，2008.
[21] 张学波. 国际媒体素养教育的课程发展[M].广州：暨南大学出版社，2009.
[22] 单晓红. 媒介素养引论[M].杭州：浙江大学出版社，2008.
[23] 北京市教育科学研究院，首都师范大学出版社.品德与社会[M]北京：首都师范大学出版社，2009.
[24] 中华人民共和国教育部. 义务教育语文课程标准：2011年版[M].北京：北京师范大学出版社，2011.
[25] 秦学智.试论人类传媒素养教育的历史开端和古今传媒素养课程的设课方式[C].2010中国媒介素养研究报告，2010.
[26] 胡蕊卿. 浅议融入式媒介素养教育课程[C].第二届西湖媒介素养高峰论坛，2008.
[27] 刘晓晔. 信息技术课和媒介素养教育的融合融合课[C].2010年杭州西湖媒介素养高峰论坛，2010.
[28] 孙玮玮.融入式媒介素养教育可行性初探[C].2009年香港传媒与青少年健康成长国际会议，2009.
[29] 张立国，杨娟. 我国媒介素养教育研究的现状与反思[J].中国电化教育，2011（9）.
[30] 秦学智，帕金翰. “超越保护主义”媒介教育观点解读[J].比较教育研究，2006（8）.
[31] 郭富平，汪舒仪.我国媒介素养教育研究发展的实证分析[J].电化教育研究，2011（7）.
[32] 张梅. 媒介素养教育的模式转变与实践路径[J].湖北大学学报（哲学社会科学版），2008（5）.
[33] 聂竹明，张新明.台湾大学生媒介素养教育内容、模式及启示[J].电化教育研究，2008（8）.
[34] 姚进凤. 大学生媒介素养教育之教学策略浅议[J].学校党建与思想教育，2010（20）.
[35] 成盼盼. 媒介素养教育授课方法初探[J]. 少年儿童研究，2009（20）.
[36] 袁文文. 加拿大媒体素养教育内容及课堂教学活动分析[J]. 现代教育技术，2007（1）.
[37] 刘晓婷，陈晓慧，马雪玲. 美国媒介素养教育课程实施现状及案例述评[J]. 外国教育研究，2011，38（3）.
[38] 蔡骐. 媒介教育中的案例教学法[J]. 现代传播，2007（1）.
[39] 肖文. 案例教学法在媒介素养教育中的应用[J].中小学电教，2008（9）.
[40] 大卫·伯金汉，张开，林子斌.媒介素养教育在英国（上）：访谈与思考[J].现代传播，2006（5）.
[41] 徐永贵，梁启兵.国内外媒介素养教育研究比较分析[J].中国教育技术装备，2006（12）.
[42] 赵云铃. 美国媒介素养教育核心原则解析与借鉴[J].中小学信息技术教育，2010（1）.
[43] 阳化冰. 媒介素养教育及其作用[J].当代传播，2005（2）.

[44] 卜卫. 媒介教育与网络素养教育[J].家庭教育（中小学家长），2002（11）.

[45] 韦宁，陈益林. 关于我国综合课程实施的几点思考[J].科教文汇（上旬刊），2009（8）.

[46] 张新立，胡来林. 师范生媒介素养教育融合课程方式研究[J].电化教育研究，2010（12）.

[47] 况瑞娟，薛宝卫. 媒介素养教育和品德与社会的融合课：以融合课《辉煌的电影艺术为例》[J].中国教师，2011（18）.

[48] 荣耀军. 媒介素养教育与传统文本分析教育的融合：《外国文学》教学法试探[J].中国传媒科技，2011（18）.

[49] 聂竹明. 论媒介素养与大学生思想政治教育的融合[J].东南传播，2010（7）.

[50] 韩莉. 新闻英语与大学生媒介素养教育[J].齐鲁师范学院学报，2011（4）.

[51] 任慧霞. 融入式媒介素养教育初探：《图像的设计与加工》教学案例及反思[J].中小学电教，2012（3）.

[52] 刘晓. 媒介素养教育的策略和途径[J].中小学信息技术教育，2012（11）.

[53] 彭玲. 中学教育中开展媒介素养教育的途径研究[J].文教资料，2012（18）.

[54] 耿益群，刘燕梅.美国K-12媒介素养教育课程及其特点分析[J].外国中小学教育，2012（2）.

[55] 杜红梅. 美国母语课程媒介素养的内容及启示[J].现代教育技术，2010，20（2）.

[56] 庄怡清. 走出品德课时教学目标的误区[J].中小学德育，2012（12）.

[57] 于翠玲. 媒介素养教育融入中学语文教学的思路[J].河北师范大学学报教育科学版，2010（12）.

[58] 张帆. 与媒介素养教育整合下的语文课程发展趋向探究[J].内蒙古教育，2010（12）.

[59] 张毅，张志安.美国媒介素养教育的特色与经验[J].新闻记者，2007（10）.

[60] 许文莹. 试论中学语文教育与媒介素养教育的融合[D].首都师范大学，2011.

[61] 宋莎莎. 高中语文课堂教学媒介素质培养策略研究[D].辽宁师范大学，2011.

[62] BUCKKINGHAMD. Media education: literacy, learning and contemporary culture[M]. London, UK:Polity Press in Association with Blackwell Publishing Ltd, 2003.

[63] HOBBSR. Reading the media: media literacy in high shool English [M]. New York, America: Teachers College Press, 2007.

[64] HOBBSR. Digital and media literacy: a plan of action [M]. Washington: The Aspen Institute, 2010.

[65] SCHARRER?, ERICA?. In Real Life, They Don't Use Anvils: A Media Literacy Curriculum on Conflict and Violence [J]. Howard Journal of Communications, 2012:13.

[66] PINKLETON, BRUCE E. A statewide evaluation of the effectiveness of media literacy training to prevent tobacco use among adolescent [J]. Health Communication, 2007(21).

[67] SCHARRER, ERICA. sixth graders take on television: media literacy and critical attitudes of Television violence [J]. Communication Research Reports, 2005(22).

[68] PINKLETON, BRUCE. Media literacy and smoking prevention among adolescents: a year 2 evaluation [R]. International Communication Association, 2003.

[69] HOBBSR. The seven great debates in the media literacy movement [J]. Journal of Communication, 1998(48).

[70] HAYESM. Telling stories: News media, health literacy and public policy in Canada [J]. Social Science & Medicine, 2007(9).

[71] BUCKINGHAMD.Media education in the UK: moving beyond protectionism[J]. Journal of Communication, Winter 1999.

图书在版编目(CIP)数据

移动互联网时代的媒介素养概念和课程建设 / 张洁等编著. -- 北京：中国传媒大学出版社，2021.3

ISBN 978-7-5657-2834-1

Ⅰ. ①移… Ⅱ. ①张… Ⅲ. ①中小学生—传播媒介—素质教育—研究 Ⅳ. ①G254.97

中国版本图书馆 CIP 数据核字(2020)第 228019 号

移动互联网时代的媒介素养概念和课程建设

YIDONG HULIANWANG SHIDAI DE MEIJIE SUYANG GAINIAN HE KECHENG JIANSHE

编　　著　张　洁　张丽荣　温建新　徐　雯
策划编辑　李水仙
责任编辑　李水仙
特约编辑　李鸾莹
责任印制　李志鹏
封面设计　拓美设计

出版发行　中国传媒大学出版社
社　　址　北京市朝阳区定福庄东街 1 号　**邮　　编**　100024
电　　话　86-10-65450528　65450532　**传　　真**　65779405
网　　址　http://cucp.cuc.edu.cn
经　　销　全国新华书店

印　　刷　北京玺诚印务有限公司
开　　本　787mm×1092mm　1/16
印　　张　14.25
字　　数　255 千字
版　　次　2021 年 3 月第 1 版
印　　次　2021 年 3 月第 1 次印刷

书　　号　ISBN 978-7-5657-2834-1/G · 2834　**定　　价**　69.00 元

本社法律顾问：北京李伟斌律师事务所　郭建平
版权所有　翻印必究　印装错误　负责调换